2017年国家社会科学基金重大项目(17ZDA307)

云南师范大学学术精品文库

现代汉语存现句认知研究

费惠彬 著

中国社会科学出版社

图书在版编目(CIP)数据

现代汉语存现句认知研究/费惠彬著. —北京：中国社会科学出版社，2023. 12

ISBN 978-7-5227-2890-2

Ⅰ. ①现… Ⅱ. ①费… Ⅲ. ①现代汉语—存现句—研究
Ⅳ. ①H146. 3

中国国家版本馆 CIP 数据核字(2023)第 240418 号

出 版 人　赵剑英
责任编辑　顾世宝　王　越
责任校对　李　莉
责任印制　戴　宽

出　　版　中国社会科学出版社
社　　址　北京鼓楼西大街甲 158 号
邮　　编　100720
网　　址　http://www.csspw.cn
发 行 部　010-84083685
门 市 部　010-84029450
经　　销　新华书店及其他书店

印刷装订　北京君升印刷有限公司
版　　次　2023 年 12 月第 1 版
印　　次　2023 年 12 月第 1 次印刷

开　　本　710×1000　1/16
印　　张　17.75
插　　页　2
字　　数　247 千字
定　　价　99.00 元

序

2022年年底至2023年年初这一段时间，我不幸感染新冠病毒；2023年1月4日，我发着烧参加了自己主持的国家社科重大项目的结项鉴定会，我要作的汇报也只好由别人代读。幸好项目顺利结项，我的阳性几天后也随之转阴。这一段时间于项目，于个人，都过得“七上八下”的，2月底，我到美国探亲，见到了因为疫情缘故三年天各一方的妻女。费惠彬1月4日在线上参加了结项鉴定会，这些情形我想她一定也会记忆深刻的。她是这个课题组中的一员，是26本对外汉语教学参考语法书系中《存现句》一书的作者。1月4日召开结项鉴定会之前，这本书就已经作为成果之一递交到全国社科规划办了。

没想到的是，我到美国不久，就接到费惠彬的来信，希望我给她的另一本专著《现代汉语存现句认知研究》写个序，并发来了那本书的原稿。她在信中告诉我：“这本书是我在参加您的课题撰写《存现句》一书时受到启发，尝试从认知的角度阐释存现句的认知机制而撰写的。这本书是《存现句》一书的扩展研究。”这几天，我一直在翻阅《现代汉语存现句认知研究》这本书，很为费惠彬的勤奋、聪慧所震撼。短短几年的时间，有如此丰硕的成果问世，不是一般人都能做到的。给这本书写序，尽管是一个艰难的任务，但我也要努力地完成。我很想跟读者们介绍这本书的三个较为明显的特色，这种特色体现出了一种碰撞，而碰撞之后则实现了一种连接。

存现句是语义上表示何处存在、出现、消失了何人或何物的句式；结构上一般有三段，即（处所）+存现动词+（人或物）。这个句式在现代汉语中较为常用，在母语语法教材和二语语法教材中是必然会涉及的，多年来研究的论文和专著自然也很多见。但由于这个句式结构较为固定，变化不多，在分析和解释上做出相应的提高就比较困难。所以我们可以这么说，存现句的研究是一个“老课题”。《现代汉语存现句认知研究》这本书用较新的认知理论，来解决或者说分析解释存现句研究中一些存在的问题：如何看待所谓的“存现动词”性质特点，作者运用认知语法“有界无界”的理论，从动词的“持续性”特征出发，讨论“存在、有、居住”这些存现动词的性质特点；如何分化存在句中两种不同的“着”字句，作者认为“存在句中的动态助词‘着’对动作的状态没有限制，具有与动态或静态状态无关的拓扑特性”，这些看法都具有较强的解释力。这是一种新理论和老课题的碰撞，也可以说是新理论和老课题的紧密连接，确实起到了解决问题的作用。我自己在2014年出版的《现代汉语现实空间的认知研究》一书中做过这方面的研究，我觉得费惠彬的解释是超过我的。

还想跟读者介绍的是这本书的研究方法。传统的存现句研究，脱不开“三段论”的桎梏，研究的路子大致相似，研究的角度大致相同，论文看多了，千人一面；专著确实也出了好多本，每本书也有一定的突破，但总体来说，新意还是不够。“出新”是不容易做到的，特别是面对结构比较固定，语义比较单一，研究成果比较丰盛的存现句时，如何“出新”就显得特别地重要。我认为《现代汉语存现句认知研究》这本书是能够让人眼睛一亮的。首先，这本书的纲目不是传统的“三段”，而是以认知语法的某种理论作为线索渐次展开的。例如拓扑理论、有界—无界理论、构式理论、情景植入理论、隐喻—转喻理论、图形和背景理论等，从这些认知语法的基本理论出发来分析存现句的各个部分。其次，这本书除了分析存现句的各个组成部分，更多的是将存现句作为一个整体来研究的，第四章《存现句特殊构式分析》依次从构式的角度分析了“专有名词存在句”“‘是’字存在句”“无动存在句”“‘V有’字句”，第五、第六、第七三章也是从整体分析入手的。分析和观察视角的出新，体现了新方法和旧模式的碰撞以及连接，这也是我着力推荐本书的原因之一。

认知语言学的研究目的就是探知语言中协调统一的整体概念构建系统。看得出来，《现代汉语存现句认知研究》研究的重点，就是存现句这个概念结构之间的依存关系，比如隐喻映射中的概念结构、语义框架中的概念结构、文本和语境之间的概念结构以及概念范畴如何构成更大的结构系统等问题。同时，这本书还研究了涉及认知主体相关的情感范畴的语言结构，比如注意和视角、期望和情感等。这本书用构式理论研究存现句的形态结构和句法模式，就体现了认知语言学的研究目标。长期以来，存现句的表现方式和结构形式限制了材料的更新，对这些陈旧材料进行加工就显得特别重要。可以这么说，认知语言学的理论是改善加工工艺的最好途径。在“存现句的隐喻和转喻”这一章中，作者列举了20多种“容器隐喻”，用了将近100条语言材料，证明“因为容器（即背景）被理解为无固定形状和结构，且能够不断扩展延伸，这使得存现句中容器的概念得以很大的扩展，使许多非常抽象的事物都可以成为背景”。新的解释扩大了存现句的认识范围，从而给予了那些陈旧材料以新的生命。这不得不说是这本书的成功之处。我把这一点归纳为新的加工思路和陈旧的原生材料的碰撞和连接，也是让我十分感慨和钦佩的。

我想对这本书的介绍就到这里了。当然这本书还有许多可以改进提高的地方，比如参考文献需要更新和完善，标点符号的使用应该执行2012年新颁布的“标点符号用法”等。下面我要说的是和这本书有极大关联的作者的一些情况。

费惠彬是2003年到上海师范大学攻读语法方向的博士学位的。上海师范大学有很好的语言学传承，张斌先生的务实和不尚虚华的研究作风，影响了上海师大语法专业一代又一代学人，在上海师大，费惠彬应该是受到了很好的专业熏陶。但是如果只是沉浸在过去的知识系统和学习体验中，费惠彬是写不出《现代汉语存现句认知研究》这本专著的，因为那时的语法课程中，还没有导师开设认知语法的课。我想，上海师大教给费惠彬的，应该是研究的方法和学习的体验。时代变了，学习也在发生变化，一次性的学校教育将成为历史。在学习化社会里，终身教育不但是人们普遍的观念，而且会形成了一种观念和制度。在观念上，每一个人都要认识到，学习将是他终身的任务和职责，不能把人生机械地划分为“读书”和“工作”两个阶段，学习是每一个人从出生到死亡持续进行的全过程。作为一个面向新世纪的大学教授，要多读书，读好书。费惠彬是终身学习的实践者，她今天取得的成绩，很多知识和技能是她在工作的过程中学习和体悟出来的，是她好学、善学的体现。而这一点在《现代汉语存现句认知研究》一书中得到了很多展现，读者可以在许多章节的叙述和分析中，去慢慢地辨识和体会。

2017年我在杭州师范大学工作时，申请到了国家社科重大项目“对外汉语教学语法大纲研制和教学参考语法书系（多卷本）”，其中教学参考语法书系的作者，曾经在全国范围内进行过三次遴选，费惠彬就是被很多专家推选出来的作者之一，担任《存现句》一书的撰写任务。由于疫情原因，在长达五年研发的时间里，课题组和费惠彬之间的联系，大多数是在网上进行的；作者互相之间也只能在网上熟识并了解、在网上交谈和讨论。这个项目的研发，有多达50多位研究人员，作为课题组的首席专家，费惠彬是我最为信任、最为依赖的作者之一，这源自于她的守时和守信。我们都知道，社会交往中的惜时守时是现代人的基本德行之一，信守时间是社会交往的前提和基本条件，也是公共生活的基本准则。而信守诺言遵守契约是现代社会生活得以进行，人与人之间的交往得以继续的基本原则。这个道理很多人都懂，但真正落实其实是不容易的。重大项目的研发，守时、守信的重要性更是重要。在课题研发的漫长过程中，费惠彬总是按时交出手中的成果，质量、数量都是上乘。我想，《现代汉语存现句认知研究》这本专著在撰写《存现句》的同时问世，没有“守时、守信”的基本准则对自己约束，也是万万做不到的。

费惠彬从上海师范大学毕业之后，一直留在云南师范大学，从事对外汉语教学工作。对外汉语专业是一门发展历史不长的新兴学科，因此科研意识和科研成果相对缺乏，专业建设和发展的原动力不足；云南和东南亚许多国家相邻，留学生特别是东南亚的留学生数量繁多，对外汉语教师工作量大，教学负担重；云南地处南疆，与内地联系较少，在科研上属于需要支援和倾斜的“西部”。种种不利，都是费惠彬需要面对的，更何况她还要照顾年迈的父亲，家务的拖累也是不轻的。在这些困难面前，费惠彬交出的成绩是优秀的，不仅因为她“上进”，也因为她“上心”。“上进”前面已经说了不少，还想说的是，费惠彬所具有的教师的素养是与时俱进的。作为现代社会里的大学教师，她在自己职业素养的提高上，已经开始更多地考虑未来，考虑可持续发展，这一点我觉得她做得很及时，做得很好。至于“上心”，是指费惠彬的科研意识。十年前，我曾经跟从事对外汉语教学工作的教师们说，大家要做“科研指导教学，教学反哺科研”双向良性互动的探索者，协调好教学和科研的关系，要争取和承担更多的研究课题。研究课题怎么找，那就要靠“上心”了，《现代汉语存现句认知研究》就是一个很好的例子。

新冠疫情前，我去云南昆明出差多趟，每次去都会跟费惠彬见面，了解了不少她教学科研上的情况，上面对作者费惠彬的介绍，从“好学、善学”，到“守时、守信”，再到“上进、上心”，这十二个字应该是费惠彬科研、教学，乃至做人、做事的真实写照。真心地期待费惠彬在科研上做出更大的成绩。

自从接到费惠彬来信，要我写序开始，我一直在重重压力之下。我怕写不好这个序，辜负了费惠彬的期望。今天是5月1日，国内是劳动节，我“劳动”了整整一天，写了将近1千字，算是完稿了。交稿吧，这样今天晚上就可以睡得安稳些了。

齐沪扬

2023年5月1日于美国波士顿

目　　录

第一章　汉语存现句中的虚构运动和虚构静止

本章主要讨论现代汉语存现句中存在的虚构运动和虚构静止，我们这里所说的虚构运动和虚构静止并不是事实上发生的真实运动或真实静止，而是指在观察者的感知中出现的运动和静止。这里要强调的是观察者感知中的事件，并不是真实的客观事件，因此有时候会出现一些矛盾的情况，即观察者感知的事件或状况往往和真实的事件或状况有所出入。但是在语言表达中，人们往往倾向于把认知中的感知经验看作是一种真实存在的事件或状况，并运用相关的语言手段将其表达出来，在存现句中也是如此。

下面我们先看一下存现句本身具有的功能。现代汉语存现句分为两类，一类为表示某处存在某物的存在句，另一类为表示某处出现或消失某物的隐现句。其中的存在句表示事物存在的状况，因此相对而言，更多的是表示一种静态的存在。我们在存在句的分类中看到有的存在句被看作动态存在句，但是这些动态存在句中动词的动作性往往受到削弱或抑制，得到凸显的是动词所表达的动作呈现出来的状态。因此，进入存在句的动词都呈现出动作性弱化但状态性增强的状况，我们可以看一下以下的例子，如：

（1）门上挂了一个中国结。

（2）门上挂着一个中国结。

(3) 门上有一个中国结。

(4) 门外就是美丽的西湖。

(5) 天上飘着朵朵白云。

(6) 会议室里开着会。

上面的五个例句中，除了例（3）的动词“有”表示纯粹的静态之外，其他的动词都可以表示运动的状态，例（5）甚至还被称作动态存在句，因为这里的动词“飘”表示动态的情景。但是不可否认的是这个运动事件是以整体的形式加以呈现的，即句子描述的是一个完结的状态，即使在该状态中隐含着运动事件，也是一个相对静止的状态。前三个例句被称作静态存在句，例（1）和例（2）中虽然动词“挂”表示的是一个动作行为，但是例（1）中凸显了“挂”的动作已实现并已经结束，同时留下一个持续的状况，例（2）中凸显了动作完成后状态的持续，但是并没有凸显动作本身的持续和完成。例（6）这个例句曾经被称为假存在句①，但是我们认为这个例句中还是凸显了存在的意义，即使其凸显得并没有其他的句子那么明显，也并不能完全否认它还是表示了一个相对静态的存在状况，可以将之看作一个不典型的存在句。由此可见，存在句中描述的是一个静态的存在状况。

汉语的隐现句表示事物的出现和消失，动词后加动态助词“了”、趋向动词或结果补语，体现了动态的变化：

(7) 教室里来了一位新同学。

(8) 房间里走出来一个人。

(9) 拘留所里跑掉了一个人。

---

① 宋玉柱：《略谈“假存在句”》，《天津师范大学学报》（社会科学版）1988 年第 6 期，第 86—89 页。

我们从上面的例句中可以看到存在句描述静态的存在状态，隐现句能够描述一个动态的变化情境，并且这些情景一般都是真实的。但是，存现句还能够表述一种基于经验感知的非真实的情景，这种经验感知是人们通过感官感知到的，是和真实情景相悖的一种“错觉”。

兰盖克（2013）认为，虚拟性是认知的一个基本特征，它在语言结构中扮演着根本性的角色，人们对于世界的认识基于经验的心理结构，我们认知中所建构的世界自耕于我们的身体，通过各种感知或者活动与周围的环境产生互动，这就是所谓的具身性。但是我们的认知有时可能超越了具身经验的界限，产生了更高组织层次上的心理结构，而这类心理结构和我们通过与现实互动得到的心理经验并不完全吻合。他指出我们诸多的认知活动与当下身体经验均存在或多或少的不同程度的分离状态，这是和身体的实际体验中得到的具身认知相对应的。另一类认知就是离身认知，从这个角度来看所谓的离身认知是我们对于从身体的实际经验得到的具身认知的再加工。针对语言表达中的这种虚构运动，兰盖克（2013）也提出了自己的观点，他认为语言表达的虚构运动是主观化的产物之一，所谓主观化指将发端于某种经验的心理操作作用于其他情境中，它的发生相对于这些情境而言是外在的，也就是说，认知行为中的主观化操作，相对于实际的客观环境而言，具有独立性，通过主观化操作，可以在静态场景中使用本来用在空间运动概念中的认知操作。①

泰尔米（2017）指出，人们的认知中有一个比较重要的认知模式即单个个体认知中的不一致性，这种不一致性是由于两种不同的认知表征造成的：一种表征事实，另一种则不太具备真实性，个体能够判断两种认知表征的不同内容中存在的不一致性，或者相互矛盾的特性，但是个体并没有主动地感知这种矛盾和不一致性，而是会将其看

① ［美］兰盖克（Ronald W. Langacker）：《认知语法导论》（下卷），黄蓓译，刘辰诞审校，商务印书馆 2016 年版，第 501—513 页。

作是因视觉体验的不同而产生的。[①] 泰尔米（2017）把这两种不同的表征进行了区别，并分别将其描述为“事实表征”和“虚构表征”，事实表征是更接近于真实描述的表征，而虚构表征则是不太具备真实特性的表征。因此，这两种标准是根据对同一客体的不同真实度的表征方式来进行划分的，他把这两种矛盾的认知模式称为“普遍虚构模式”。在表示发生状态这个维度上存在着事实存在和虚构缺失的表征矛盾，在表示变化状态这个维度上，同时存在着事实停止和虚构变化的表征矛盾，反之亦然。两种互相矛盾的表征相伴而生，缺一不可，换言之，即是真实的存在被认知主体感知为虚构的缺失，而真实的缺失则被认知主体感知为虚构的存在，真实的运动被认知主体感知为虚构的静止，而真实的静止则被感知为虚构的运动。[②] 因此，在语言表达中就会出现语言表达的内容和客观事件产生不一致的状况。

事实表征和虚构表征表现为相互对立的状况，泰尔米（2017）对它们进行了比较详细的划分，他将虚构表征分为虚构存在、虚构缺失、虚构停滞、虚构变化、虚构静止及虚构运动，并进一步强调普遍虚构性在很大程度上可以包括任何虚构。他还注意到人们在对待事实静止和虚构运动这对不一致表征中，呈现出了普遍认知偏好，也就是说，与虚构静止和事实运动这对表征相比，人们往往更加倾向于使用虚构运动和事实静止这一对表征，这体现了人们对于动态性和静止性的不同偏好，对动态性的偏好要远远高于对静止性的偏好。[③] 因此，在语言表达中，我们可以看到虚构的运动要比虚构的静止出现的频率高很多。

下面我们将对汉语存现句中存在的普遍虚构性进行深入的探讨，一起找出其中的某些规律。

---

① ［美］伦纳德·泰尔米：《认知语义学》（第一卷），李福印等译，北京大学出版社 2017 年版，第 80 页。

② ［美］伦纳德·泰尔米：《认知语义学》（第一卷），李福印等译，北京大学出版社 2017 年版，第 80—81 页。

③ ［美］伦纳德·泰尔米：《认知语义学》（第一卷），李福印等译，北京大学出版社 2017 年版，第 81 页。

第一节　汉语存现句中的虚构运动

泰尔米（2017）把语言中的虚构运动分为不同的范畴，包括散射型、模式路径、相对框架运动、显现路径（包括地点显现和地点到达两种）、接近路径和共同延展路径。①

1.1　前景路径

前景路径属于一种方向路径。泰尔米（2017）认为，有的物体具有平面型前端，因此，在其所处的环境中具有的一个方向，而该方向能够被感知或通过虚构运动被概念化，该物体朝前方的表面被称为“前景”“暴露面”或“远景”。泰尔米设想“前景”就像从前端发出的无形线状或者杆状物体，它是一个产生运动的图形，而该运动的路径则由句中的表示方向的介词来指明，在英语当中的这类句子往往使用“face”或“root”之类的动词。②

泰尔米想象了一下前景路径的一个实例，他把悬崖垂直的一侧当作前端，悬崖作为图形，沿着作为参照物的山谷进行运动。泰尔米（2017）认为该虚构运动的路径是由句子当中的介词来表明的。在人们的普遍认知模式中，存在着某些趋同性，或者说是一致性。③ 这可以体现在泰尔米的这个例子当中，垂直耸立的悬崖正面有一道山谷时，在人们的感知中就会觉得悬崖正在沿着山谷的方向前进，这种感知和人们所处的语言社团没有直接关联，这是一种看到某种情景后产生的

① ［美］伦纳德·泰尔米：《认知语义学》（第一卷），李福印等译，北京大学出版社 2017 年版，第 82—83 页。

② ［美］伦纳德·泰尔米：《认知语义学》（第一卷），李福印等译，北京大学出版社 2017 年版，第 86—87 页。

③ ［美］伦纳德·泰尔米：《认知语义学》（第一卷），李福印等译，北京大学出版社 2017 年版，第 87 页。

感知上的共鸣，而这种共鸣往往带有虚拟的特性，并没有表示真实的客观事件。但是泰尔米并没有详细区别感知者及观察者所处的位置，当感知者站在悬崖顶，或者是站在山谷中的某一处与悬崖有一定距离的位置时，才会产生较为强烈的运动感。而当观察者以俯视且静止的角度比如在悬停在空中的直升机上，或者是观察者的位置在悬崖的垂直侧面的下面时，感知中的虚构运动就会淡化甚至消失。另外，在不同的文化背景中的人们也可能在感知上存在一些差异性，比如同样的场景，汉语中就不会使用类似于英语当中体现虚构运动的句式，而是使用表示静态存在的存在句来表达同一场景，如：

（10）山谷中有一道高耸的悬崖。

（11）眼前是一道深深的山谷。

（12）山谷前耸立着一道万丈悬崖。

以上三个例句中，例（10）和例（11）分别使用了在句中可以表示静态存在的动词“有”或“是”，例（12）中虽然出现了表示存在方式的具体的动词，但该动词本身并不表示任何运动方向（即使有的话，运动的方向也是从下到上，而不是向前）。

如果不使用存现句式，会不会有所不同呢？我们看一下下面的例子：

（13）万丈悬崖耸立在山谷中。

这种表达同样不存在悬崖沿着山谷向前运动这样的虚构运动，因此我们认为，虽然不同言语社团的人有时会产生相同的认知感知，但是对该感知存在程度差异，当感觉比较强烈时，就体现在语言表达中，而当感知并不特别强烈时，语言表达中就没有体现。

我们可以设想另外一个场景，当我们看到山海关和大海时，我们的感知中会出现虚构运动，并将之体现于语言表达中：

（14）海中挺立着雄伟的山海关。

（15）雄伟的山海关挺立于海中。

比较上面两个例子，我们可以发现它们有一些细微的区别，例（14）中的动词“挺立”的动作性被弱化，而表状态的语义被强化，因此这个句子当中虽然存在着虚构运动，但是并不太明显，我们称为“弱势虚构运动”，例（15）中的动词“挺立”动作性较强，因此，它所表示出来的虚构运动是一种比较明显的、给人印象深刻的运动，我们将之称为“强势虚构运动”。

我们认为例（15）中存在虚构运动，是因为句中使用的动词有比较强烈的指引方向的功能，“挺立”这个词语隐含有向前移动的含义。同时，因为山海关的实体和旁边的山体并没有连接，从视觉上来看，山海关有一马当先的感知体验。我们感知山海关在向前运动，也可能和我们的文化心理有关，因为长城被看作是中华民族的象征。而且山海关作为长城的开端，具有引领前进的含义，想象一下，如果这里的长城被替换为悬崖，即使这道悬崖的形体表征和长城相似，汉语中一般也不会使用如下的表述：

（16）a 这道悬崖挺立于海中。

b 海中挺立着一道悬崖。

由此可见，虚构运动的产生，不仅是由视觉感知引起的，也可能和某个言语社团中的文化心理相关。

从上面的论述中可以看到，汉语句子中的某些动词带有一定的移动和指向功能，但是在不同的句式中这种功能发挥的作用有所不同。例（14）这样的存在句中动词表示移动和指向的功能被弱化，而表示存在的功能被强化，与其相反，例（15）中动词的移动和指向功能被强化，而表示存在的功能则被弱化。

我们还需要注意到，在英语中介词的功能比汉语中介词的功能更为复杂，英语的介词往往具有指引方向的功能，当这种方位介词在句子中出现时，容易让人联想到运动事件。因此，在表现虚构运动时，英语介词所起到的作用要远远大于汉语的介词，况且汉语更倾向于直接使用动词或动词加趋向补语来表征运动。但是，这种倾向并不是绝对的，汉语中个别介词带有指引方向的功能，比如我们可以在例（15）中加入“向前”这个介词短语，变为“雄伟的山海关向前挺立于海中”时，在感知中无疑会更加加剧虚构运动的效果，其中的原因是介词“向”带有强烈的指向功能。①

1.2 直线排列路径

直线形的线状物体呈现方向性，在感知上可以沿着该直线物体体现的方向向前运动。若运动的主体是一个未知的无形的物体，该运动从物体的前端发出，沿着路径向远端延伸出去。在英语中要求作为图形的线状物体和作为背景的远方物体排成一条直线，英语中能够激活这种虚构运动的词语是句子中的路径介词，如“from”。在英语中动词本身并不能直接表示路径方向，如果没有介词将不能表征这种虚构运动。因此在这类句子当中，动词的语义受到了介词的压制，也就是说，该动词语义的范围因受到介词的压制而缩小。

这和汉语有很大的不同，在汉语的存现句中，我们往往通过除介词外的其他词语来体现物体运动的径路，如：

（17）天花板上垂下一根电线。
（18）院子里拉了一根晾衣绳。
（19）窗台上伸出一根晾衣竿。
（20）戈壁滩上延伸出一条笔直的公路。

① 汉语存现句中的处所词语一般不使用“向”或“往”等指向性较强的介词。

例（17）中动词“垂”含有受重力影响方向向下运动之意，虽然这里并没有真正的运动，但是当“垂”和趋向动词“下”相结合时，更加深了某一个运动从天花板出发，沿重力方向向下进行垂直运动的感知。例（18）中动词“拉”的原型语义表示用力使朝自己所在的方向移动，或跟着自己移动，这个句子虽然是一个存在句，但是却能让人感知到运动的存在，这种感知构成了虚构运动，并且是呈水平方向运动的。例（19）中这个例子如果当作存在句理解的话，其中的虚构运动则和运动主体“晾衣竿”有关，在我们的百科知识中，有关晾衣竿的语义储备里有笔直、坚硬之意，所以人们心目中的晾衣竿的形状是一根直线并且无弯曲，这类物体具有一定的方向性，容易让人联想到顺着该物体所呈现的直线方向向前运动。另外，当窗台上原先没有晾衣竿，人们看到晾衣竿时，极易引起相关联想，想象某个人把晾衣竿伸出来的情景。因此，句子中的动词在这里有延伸的动态含义，其后所跟的趋向动词“出”更加强化了这种虚构运动的存在，例（19）中作为图形的“公路”前面的修饰语“笔直的”已经明示了公路是一个笔直的线形物体，句中体现的情景极容易让人联想到公路从观察者所在位置向前方延伸，由此构成了虚构运动的路径。

从上面的分析中可以看到，汉语存现句中也存在沿着直线排列路径进行虚构运动的情况，但是和英语不同，汉语主要借助于动词性成分来体现这种运动，动词的语义和其后所加趋向补语一起强化了这种虚构运动，有时表示存现主体的名词及其前面的修饰性词语也会使这种运动更加清晰化。

1.3　视线路径

所谓的视线路径，是指虚拟的运动随着观察者的视线延伸出去，在存现句中视线路径是由存现主体体现出来的，但是并不是所有的存现主体都能够体现视线路径，如：

(21) 屋外种着一排排的树。

(22) 教室里陆续进来一个个考生。

例(21)是一个比较特殊的例子,首先它是一个静态存在句,句中存现主体前面的数量短语“一排排”在视觉感知中能够让人感觉到运动的存在。这里的运动可以分为两种,一种是当树呈水平状排列在参观者面前时,如果参观者视线所在位置稍高于树梢的位置,就能看到树木是以垂直于参观者的位置来进行虚构运动的。也就是说,随着观察者视线的移动,在观察者的眼中,树木是从离观察者较近的位置向前方延伸出去,即水平排列的树木呈现出向前笔直运动状态。另一种情况是如果有很多排纵向排列的树木呈现在参观者面前时,前排的树木也隐含一个沿水平方向展开的虚构运动,如果呈现在前排的树木数量足够多的话,可能观察者会出现头部转动,而视线就随着头部的水平转动向左或向右移动,因此例(21)中既隐含了直线路径运动,也隐含了视线路径运动。[①] 例(22)是一个隐现句,句中的数量短语“一个个”也可以使观察者感知到一个隐形的运动路径,这个路径随着学生的陆续出现渐渐呈现,动词前的修饰词“陆续”无疑也对虚构运动的构成提供了一定助力。需要注意,例(22)中所说的虚构运动不是指考生的实际移动,而是指考生的分别“出现”使观察者产生移动的错觉,因为在实际环境中,观察者无法看到考生未出现前向前移动的情景。

另外,当物体以垂直状态堆在一起或沿斜面延伸的时候,也会产生沿视线路径进行的虚构运动,伴随着的是参观者低头或抬头的动作,如:

(23) 仓库里堆着十几米高的纸板。

---

① 严格来说,这里的直线路径运动有时也是视线路径运动,比如当人们的视线沿着纵向排列的树木从近到远移动时,就属于视线路径运动,但是当人们作全景观看时,纵向排列的树木就是直线路径运动。

（24）每一级台阶上都站着一名士兵。

观察者观看是抬头还是低头，取决于观察者所在的位置，当观察者在较高位置时，伴随的是低头的动作，此时视线随着这一动作一一扫描存现主体，呈现出一种运动状态，如果观察者所在位置较低，伴随的动作就是抬头动作，视线也随着该动作从下往上移动形成一种运动状态。

视线路径的实现需要有相关的条件，从观察者的位置来看，存现主体之间不能完全遮挡，即观察者能够看到每一个存现主体或每个存现主体的一部分，如果观察者在正对纸板的垂直上方时，将不会出现视线路径，当然也不会出现虚构运动。

1.4　辐射运动

辐射运动是一种散射型的虚构运动，泰尔米（2017）认为辐射路径是在语言中的概念化，即能量源头发出并逐渐远离能量源头的辐射。辐射事件中包含有三个实体：辐射源，辐射本身和被辐射物体。[①] 辐射路径中进行的辐射是可觉察到的，这是和其他的方向路径中的虚构运动不太一样的地方，例如如果辐射运动指的是光辐射运动，人们就能够感知到光。

辐射路径中产生的运动在汉语存现句中经常出现，我们先看一下以下的例子：

（25）从窗户那里射进来一缕阳光。

上面的例句从形式上看更像存现句中的隐现句，如果仅仅从字面意义理解的话，可以识解为人们的视线感知到了光线的进入。但是很明显的是因为光线速度太快，人的视觉器官不可能感知到运动中的光

① ［美］伦纳德·泰尔米：《认知语义学》（第一卷），李福印等译，北京大学出版社 2017 年版，第 90 页。

线，相反，我们看到的光线事实上都是以静态的形式存在的，但是为什么例（25）中的字面意义和实际意义相吻合呢？我们尝试对这个现象进行一定的解释。我们设想一下当窗帘拉上时光线没有出现，而当窗帘拉开时光线立刻从窗户那里显露出现，这样给人一种错觉，以为窗帘把光线关在了窗外，当打开窗帘后，光线就“进来”了。因此，在我们的表达中使用了“射进来”这样的表达方式。但是正如我们刚才所说，由于人类的视觉器官不能捕捉光线的运动轨迹，因此，例（25）中在结构上是隐现句中的出现句，表示某处出现某物，但事实上，该句子表示的是一种静态的存在，观察者之所以在感知中虚拟出了运动状态，既不是通过直接的感知引起的，也不是由于视线的移动或物体的形状引起的，而是因为我们前面所说的窗帘的开合之类外因引起的。①

汉语的存现句中表示处所的词语除了可以表示动作发生的地点，也可以表示动作结束的终点，如：

（26）屋中射进来一缕阳光。

这里的“屋中”指的是光线沿辐射路径到达的地点。

汉语存现句中还有一种类似于辐射路径的情况，如：

（27）地上丢满了垃圾。

（28）举办婚礼的高台上撒满了鲜花。

---

① 辐射路径中的虚构运动不同于其他虚构运动，观察者知道其他虚构运动是不真实的，感觉事物在运动只是感知上的错觉，所以这类虚构运动并不是真实的运动。但是观察者如果缺乏相关的物理学知识，在没有其他外因的影响下，并不会意识到某些辐射路径中存在运动，如例（26）和例（27）。当通过某些外因感知到运动的存在时，在观察者看来却是一种虚构运动，但是实际上这种运动和真实世界的事实相符。我们之所以把辐射路径中的运动称为虚构运动，是从观察者的角度来考虑的。

上面两个句子当中的存在主体“垃圾”和“鲜花”的位置，并不是他们通常所在的位置，当图形和背景重合，存在物体覆盖了存在的处所时，容易让人感觉这些物体是通过辐射状运动而到达背景的每一个地点，而在例（27）中的动词“丢”和例（28）中的动词“撒”则更确认了辐射运动的存在，因为在这两个句子中，“丢”和“撒”的动作已经完成，并不具有现实性，观察者只是根据静态的状态推导出虚构运动的存在。

1.5　模式路径

模式路径指“对某种构型在空间移动过程的虚构概念化”（泰尔米 2017），[①] 这类路径运动字面意义描绘的是某种排列模式的物体沿着特定路径进行运动，但是在人们的感知中，该物体是沿着字面所描述的完全不同的另一条路径在进行虚构运动，泰尔米所举的例子转引如：

（29）As I painted the ceiling，（a line of）paint spots slowly progressed across the floor.

（译：在天花板喷漆时，地板上渐渐出现一条油漆线。）

天花板掉落的漆确实是一种实际的运动，而句中出现的漆却是一滴一滴地在地板上顺序出现，地板上逐渐出现了一条线状，从而构成一种虚构运动，模式路径产生的虚构运动是一种基于想象的运动，但是它和其他路径运动不同的是，其他路径运动中的真实情况是物体没有做任何运动，是真正静止的，而模式路径运动只是因为某一种字面上描述的运动引起了观察者的想象导致出现了另外一种虚构运动，

我们还可以进行以下的想象，当人们以纵向的方式很快种出一排又一排的树木，随着每一排树木的完工，在观察者的眼中，前排树木

① ［美］伦纳德·泰尔米：《认知语义学》（第一卷），李福印等译，北京大学出版社 2017 年版，第 105 页。

都是以一种水平运动的方式呈现，这和刚才我们分析的视线路径运动有一点相似，唯一不同的是视线路径当中树木早已种好，而前排的树木需要观察者转动头部用视线扫描，视线扫描的速度有快有慢，因此运动速度的快慢取决于观者视线的扫描速度，这和观察者个人因素有关，而这里的模式路径运动中，种植树木的速度和前排树木出现的速度呈正相关。

模式路径的实现速度和物体出现的速度呈正相关，动词前的某些修饰性成分也有助于运动产生的作用，如例（30）中的“一盏接一盏”：

（30）窗户上一盏接一盏地亮起了装饰性的小灯。

因此，模式路径系列运动最大的特点就是该运动是因为其他的运动而产生的副产品，并且其运动的方向和引发虚构运动的其他运动并不一样。从例（29）的译文中可以知道使用汉语存现句在表征这种运动前，有时还需要使用其他句子来说明产生这种运动的原因但有时不需要，如例（29）。

1.6 相对框架运动

相对框架运动是一种基于观察者的虚构运动，它是指语言中所描述的运动是一种真实静止的状态，看上去在运动的物体事实上静止不动，而观察者本身反而在进行持续运动，但就观察者的感知来说，却觉得自己是静止不动的。相对框架运动是基于观察者及周围的环境而言的，观察者此时进入一种自我静止的设想中，把自己定位为一个静止不动的实体，从自己所在的位置来观察周围的环境。在观察者自身发生运动而周围环境静止不动时，在视觉上产生一种错觉，观察者感知到身旁的事物在向与自己相反的方向运动，在这种虚构运动中，虚构运动的速度和观察者本身真实的运动速度完全一样，但是运动的方向相反。想象一下观察者坐在火车上看外面的景物时，窗外的景物纷纷向后倒退，而实际上这些景物都是静止的，火车的速度即观察者的运动速度，其与窗外景物倒退的速度完全相同，但是观察者运动的方向和窗外景物倒退的方向相反。

和其他的路径运动有所不同的是，在相对框架运动中观察者是亲身参与的，因此其体验了一种和真实情景无差别的虚构运动。相对框架运动如果达到一定的速度之后，对于观察者来说，眼前的情景运动几乎使其目不暇接，甚至观察者会感觉到并没有看清虚构运动中的运动实体，唯一能感觉到的是眼前飞快掠过各种运动着的物体。

相对框架运动中，观察者感知到的运动实体的数目并不确定，有时可能只是一个或几个运动实体，此时，这些少量的实体成为图形，该实体以外的场景成为背景。观察者也可能感觉到自身之外所有物体都在运动，此时背景变成了观察者自身或观察者所在位置。这些运动物体的运动速度和他们距离观察者的位置呈反相关，当我们设想自己正坐在火车上时，可能出现如例（31）和例（32）中的表述：

（31）眼前掠过几栋农家小屋。

（32）远处渐渐出现了一些村落。

例（31）中的动词“掠”表示物体的运动速度很快，句中的“眼前”表示运动中的物体在距离观察者较近的位置。例（32）中的动词短语“渐渐出现”表示物体的运动速度很慢，句中的“远处”表示运动中的物体在距离观察者较远的位置。

当观察者本身的真实运动达到极高速度时，身边的场景全部变成了运动速度极快的图形，观察者自身则是静止不动的背景，当坐过山车或者玩蹦极的时候，就可能出现这样的场景，这时可以使用以下句子进行描述：

（33）身边飞快地掠过各种树木。

（34）迎面扑来一大片绿色的湖水。

例（33）中的“飞快地掠过”和例（34）中的“迎面扑来”都表示物体运动速度极快。

在相对框架运动中存在着虚构运动，同时也存在着虚构静止，因为该运动是基于观察者的，对于观察者而言，掠过自己身旁的事物都是运动着的，而自己本身则是静止不动的，但是事实的真相刚好相反，观察者感觉到的运动着的物体在真实事件中是静止不动的，而观察者认为静止不动的自己，在真实事件中是运动的。所以，例（33）和例（34）中，对观察者来说存在事实运动表征和虚构静止表征，对存现主体来说存在事实静止表征和虚构运动表征。

框架运动还存在另一种情况，我们设想一下以下情景，有辆马车在前行，车窗旁走着或跑着一个人，这个人的速度和马车的速度是一样的，这时由于观察者所在的位置差异，可能带来不同的感知效果。当观察者的位置在马车之外时，其感知到的运动是事实上真实的运动，这个运动包括马车和马车旁行走或跑动的人，如果用存现句表达这一情景，我们可以这么说：

（35）马车旁跟（跑）着一个人。

但是当观察者在马车之内时，观察者感觉自己和马车外的那个人是静止的，此时观察者将自己看作静止不动的背景，而将车旁的人当作静止的图形，因此在这里的图形/背景关系中呈现的是静态情景，然而真实的情况恰恰相反，观察者和车旁的人事实上都是运动着的，这里存在着双重虚构静止：一种是观察者和其乘坐的马车的虚构静止，另一种是车旁跟着的人的虚构静止。也就是说，例（35）中存在双重事实运动表征和双重虚构静止表征。

1.7 显现路径

显现路径运动是指通过描述物体到达或显现在某个位置的动态过程来表示的一种虚构运动，在这种运动中存在两种表征，即事实静止表征和虚构运动表征。显现路径运动在汉语的存现句中可以表现为存在句，也可以呈现为隐现句。泰尔米（2017）将这种路径的运动分为两类，一种是地点到达型，另一种是地点显现型，前一种是物体经过运动到达某处的虚构运动，后一种是物体经过变化出现或显现在某处的虚构显现[①]。

A 地点到达型

(36) 墙边斜倒着一架破烂的扶梯。

(37) 门的正中簇集着许多花纹。

(38) 窗户上贴了窗花。

例（36）中的动词短语“斜倒”可能让人联想到其正常的状态是竖立的，而“斜倒”的状态则是从竖立的状态经过运动带来的结果，这也是一种想象中的虚构运动。例（37）中的动词“簇集”是一个表示动态的动词，但是在事实中却是静态存在的。例（38）中也同样是这样，动词“贴”本身是一个行为动词，但在这里却是表示静态的存在。这属于事实静止表征和虚构运动表征。我们注意到，不管是“V着”静态存在句还是“V了”静态存在句，也不论句末宾语是施事还是受事，都可以在认知上被识解为隐含虚构运动，但是这类句子中的动词必须达到一个标准或具有某一种属性——即表示位移，但在说话人使用语言表达时，该位移已经结束或停止。[②] 它们都是说话人把发

---

① ［美］伦纳德·泰尔米：《认知语义学》（第一卷），李福印等译，北京大学出版社2017年版，第110—112页。

② 因此这类情景使用静态存在句来表达。

端于某种情景中的体验或心理操作运用到其他情景中，这类句子即是把发端于某种位移的情景运用于表示静止的情景中。这里的虚构运动并不是完全虚拟出来的，它和实际的运动密切相关，也可以说这类虚构运动来源于真实运动。不同的是，这类虚构运动在句子所表达的静态“存在”情景之前发生，并且是引发静态“存在”情景出现的直接原因，它们是说话人根据所感知到的情景以及自身储存的百科知识想象或推断出来的。这类虚构运动的产生归因于我们的认知推理能力，也可以说归因于真实运动发生的时间和说话人认知加工时间的“错位”，真实运动的发生在说话人认知加工之前。这样一来可以说所有静态存在句都是显现路径中地点到达型虚构运动。我们把这类虚构运动表征如下：

动词表位移静态存在句→虚构运动

B 地点显现型

（39）被水一冲，泥土中渐渐露出了一个石碑。

（40）遮盖的白色塑料布被拉下，眼前出现了一尊佛像。

可以看到例（39）中的“石碑”和例（40）中的“佛像”都是原先就在那个位置的，也就是说他们是事实静止的，但是这两个物体在字面上却被表征为动态的显现过程，说话人通过百科知识获得的关于“静止”的这一体验转化为认知上的“运动”。实现这一转换需要借助于某些手段，如例（39）中描述的“被水一冲”和例（40）中描述的“遮盖的白色塑料布被拉下”。可以看到，上文中的这些描述和后面的存现句的描述内容存在因果关系，即因为上文中描述的情景导致后面存现句描述情景的发生，实现了静态情景向动态情景的转化。上下文并不是实现静态情景向动态情景转化的唯一手段，有时，某些词汇的使用也可能促使这一结果，在内部语境（即上下文）手段和词汇手段共同作用下，情景发生了转换，如例（39）和例（40）。有时仅凭单一的某个手段即可以实现情景转换，如例（41）只使用了词汇手段，用“渐渐露出”来表示情景转换：

（41）泥土中渐渐露出了一个石碑。①

“显现路径类”虚构运动一般出现在汉语存现句的出现句中，汉语中大多数出现句描述的是瞬时运动，但是通过使用了某些词语，使得事物显现的过程变慢，从而更加强化了“运动”的存在。如例（39）中动词前面的状语成分“渐渐”表示情景发生了转化，这类状语可能是表示渐变状态的形容词如“渐渐”“慢慢”“逐渐”等。需要指出的是，这里所说的运用形容词实现情景转换时使用的词汇手段只是在认知上起到“强化”作用，它强化了运动这一情景，但是如果没有使用该词汇手段，同样不妨碍情景转化的发生，如例（41）也可以表述为“泥土中露出了一个石碑”。但是，句中的动词“露出”则是必须使用的词汇手段。一般来说，存现句中表示“某处出现了某物”，其中隐含的一个预设是某处原来没有某物，经过“位移”后，某处才出现了某物。在上面的三个例句描述的内容中，出现的事物并没有发生位移，它们原先就“存在”于某处，只不过是通过某种方式“显现”出来了。因此，这类虚构运动在语言表达中是通过动态的描写来实现的，但是在语义上体现了静态的存在。

特别需要提醒的是，“显现路径类”虚构运动并不完全是脱离或超越了直接经验，例（39）到例（40）中描述的情景，是说话人通过真实的视觉感知经验而得到的，它们没有使用兰盖克所说的“主观化”手段，没有把发端于某种经验的心理操作作用于其他情景。事实恰恰相反，这些情景都来自于说话人的真实体验，从客观世界的角度

① 严格来说，例（41）还借助了外部语境即百科知识来实现情景转化。

来看，这类真实的体验反而造成了“错觉”，成为了一种因具身体验而造成的虚构运动，我们将之称为“具身性虚构运动”。另外，这种“错觉”也同样出现在虚构静止中，我们将在后面讨论这种情况。

和这类情况相反的是汉语的动态存在句中同时存在虚构静止和事实运动，如：

（42）路上走着一个人。

（43）天上下着雨。

上面两个例句中，都使用表示动态的动词，但是却能表示事物的存在。这里的运动是事实上存在的真实运动，但是在真实的运动当中，却隐含着虚拟的静止，因为这句话主要是用来表达事物存在的状态，观察者以旁观者的视角来观察该情景，字面上就被表述为存在着某种持续性状况，在这里的动词“走”和“下”中还隐藏着一个深层语义，即该动作行为是匀速进行的，正因为如此，才给人一种静止的感觉，这也是这类句子被称为动态存在句的原因。

第二节　汉语存现句中的虚构静止

汉语的动态存在句描述的是一种真实的、现时的运动状态，这时运动事件和说话人的认知加工时间是同步的，对于说话人而言，运动真实存在并且正在发生，然而，不论说话人还是听话人却似乎容易把运动的动态情景感知为静止的静态情景。在这里我们考察三个常见的虚构静止现象。

2.1　动态存在中的虚拟静态情景

当动态存在句中动词为位移动词，但是动作行为的发生速度为匀速或近于匀速时，在人们的认知上容易被识解为静止，如：

（44）走廊上走着一群人。

（45）外面下着雨。

上面两个例句中，都使用表示动态的动词，但是它们却能表示事物的存在。句中的运动是事实上存在的真实运动，而在真实的运动当中，却隐含着虚拟的静止。因为这句话主要是用来表达一个状态，观察者被置身于情景之外，以旁观者的视角来观察该情景，字面上就被表述为存在着某种持续性状况。在这里的动词“走”和“下”表达的动作行为必须是匀速或感知上近似于匀速进行的，因为当动作行为的速度发生明显的改变时，观察者的注意焦点就转移到运动的物体上，认知上的虚构静止情景就不复存在。例（44）中，人们一般是以匀速状态行走的，这种缺乏变化的运动方式往往会使人忽略了运动本身，而把注意力放在事物的“存在”上，也就是说在这种情况下，人们对事物存在的关注度高于对事物运动的关注。例（43）中虚构静止的产生除了和匀速运动有关外，还和人们的视觉经验有关，由于雨滴向下滴落的速度过快，在观察者眼中，雨滴运动的轨迹更像一条静止的直线。当然，从存在句的角度来说，“存在”情景本身就需要一定的时间段，如果事物稍纵即逝，从感官上很难觉察或判断事物是否真实“存在”，因此判断事物的存在和人们的感知经验高度相关。[①] 但是，如果人们稍微转移一下注意力，还是能够感知到运动的存在，所以这类虚构静止是说话人采用主观化手段获得的。

综上所述，我们还可以作出以下判断：

① 但是这并不是说存在的事物必须匀速运动，也有可能存在的事物一会儿静止，一会儿运动。但是不论静止或运动的频率都较为有规律，如果出现无规律的运动时，一般不使用存在句进行表达。

汉语动态存在句中存在虚构静止表征和事实运动表征。

其中，虚构静止表征指言语活动参与者感知中的静态存在状况，这种状况使用动态存在句构式义来表达，而事实运动表征则指句子表述出来的运动状况，但是该语义并不是构式义。在这里，句子的构式义和句子的表述义完全相反。

2.2 远景动态中的静态情景

有时，因为观察者和运动的事物距离太远，导致在观察者眼中事物较小时，往往把动态情景描述为静态情景。如：

(46) 天空中点缀着许多星星。
(47) 远处有一个人。

例(46)中的“星星”实际上处于运动中，但是因为观察者和星星之间的距离是以光年来计算的，这样的距离对于观察者来说极为遥远，所观察的事物形状也非常小，看起来天空中的星星就像是永恒静止的。因此，例(46)中没有使用表示动态位移的动词，而是使用表示静态的动词“点缀”。例(47)中远处的人即使在运动中，但是对于观察者来说，就像是一个静止的近乎点状的物体，观察者几乎观察不到这个人的移动，所以句子使用了表示静态存在的“有”字存在句。

这类句子中也没有采用主观化手段，没有出现情境的转换，因为情境的转换是在说话人清楚描述情景的真实状况下，实现情境的转化过程。而在上面两个句子当中，说话人感知到的情景是静止的而非运动的，这样的感觉来源于身体的经验，但是却不是客观事实，而是说话人误以为是事实的身体经验。事实上，这是一种由于说话人所在位置距离观察对象过远而产生的一种视觉上的错觉，但是在某些时候，说话人也许永远也发现不了这种错觉，而把它当作感知到的真实情景来加以处理[①]。有时，说话人可能猜测到所观察的事物是处于运动状态的，但是从视觉经验中观察到的情景还是处于静止状态。所以说话人的语言表述完全是根据自己的身体经验，尽管这个经验也许是错误的。

因此，在这种情况下，句子的构式义和表述义基本相同。构式义表示静态的存在状况，表述义表示静止状况。

2.3　共同运动中的虚构静止

这里所说的共同运动是指说话人和所观察的事物是以同样的方向和同样的速度进行运动的，并且说话人和所观察的对象之间的距离非常近，观察的对象占据了说话人的全部视野。比如说话人乘坐火车时，旁边恰巧有另外一列火车以同样的速度和方向向前行驶，在说话人眼中，这列并行的火车是静止的，这是因为说话人从自己所在的位置观察事物，并且认为（或假定）自己是静止的，因此，当说话人发现这列火车时，可能会产出以下的句子，如：

（48）旁边有一列火车。

在这种情景下，说话人不太可能产出下面的句子，如：

（49）旁边行驶着一列火车。

这类情景中，对说话人的观察位置和观察取向有一个严格要求。说话人（或观察者）距离所观察的对象非常接近，说话人视野中一般只能看到观察对象。如果说话人改变观察取向，将视线抬高一些，能够看到除了观察对象之外的其他物体如铁轨旁边的树木或房屋时，

① 实际上，所有的星球都处于运动状态中，只是在科学研究尚未揭示这种天文现象时，人们一直认为星星是静止的。

则可能同时存在虚构运动和虚构静止。对于说话人来说，自己和旁边的火车是静止的（事实上是运动的），而铁轨旁边的树木或房屋则是运动的（事实上是静止的，但是在说话人眼中树木或房屋是向后倒退的）。但是如果观察到的其他物体是万里无云的天空或漆黑的天空时，就只存在虚构运动。如果说话人改变了观察位置，比如说话人没有在火车上，而是在距离铁轨有一定距离的山坡上时，他所观察到的情景将会是一个动态的情景：即两列火车呼啸而过的情景。这时的情景是一个真实的动态情景，不会出现虚构静止。因此，可以看到观察位置和观察取向对认知经验中虚构静止的存在与否有非常大的影响。这也从一方面验证了兰盖克的观点，他曾经指出过这一点，他认为说话人的观察位置和观察取向对于很多关系表达式的意义有举足轻重的影响。①

2.4 难以使用存现句来表达的虚构运动和虚构静止

存现句表达式中能够出现许多描述虚构运动或虚构静止的实例，但是不是所有的虚构运动或虚构静止的情景都可以使用存现句来表达。如当我们站在河流或湖泊上的桥梁上，低头看着水面时，感觉随着波浪的涌动，似乎桥身和我们自己的身体都在向前移动，但是实际上我们知道这是一种虚构运动，桥身和我们自己的身体都在原地静止不动。这时，我们不能使用存现句表达这种心理体验，我们所能使用的句子只能是一般的陈述句，如：

(50)（我感觉）桥身（或我）在水面前行。——一般陈述句

(51) *水面上移动着桥身（或我）。——存现句

之所以不能在存现句中描述这类情景，是因为说话人本身作为述

① ［美］兰盖克（Ronald W. Langacker）：《认知语法基础》（第一卷），牛宝义、王义娜、席留生、高航译，北京大学出版社 2013 年版，第 128 页。

义的参与者，也是述义来源的一部分。在这类虚构运动认知体验中，说话人具有的运动感知把自己归于图形/背景组合中的图形，而存现句是表达“某处出现、存在或消失某物”的，存现句中的说话人作为观察者只能被感知为旁观者或背景，但是却不能是图形。因为物体移动的感知一般都是通过视觉经验得到的，当说话人作为旁观者或背景参与者时，可以很容易通过视觉观察到移动的物体，但是却不能通过视觉观察到自己身体的移动。也就是说说话人自身所在的观察位置导致其不能通过视觉“看到”自己，只能看到除自己以外的其他人或事物。兰盖克（2013）的“优化型观察方案”中要求场景观察者或说话人自身必须和观察对象完全区分开来，观察对象位于最大感知敏感区域，但是最大感知敏感区域不包括观察者本人或与本人直接相邻的区域。即观察者和观察对象不能重合，也不能相距太近，因为当观察者在观察自己的时候，将会受到局限①。因此，我们看到，当说话人（观察者）被识解为图形时，对观察自我形成一定的限制，不仅不能在存现句中表达此类情景，即使一般陈述句的可接受程度也或多或少受到了影响，并不是典型或规约性表达。

当说话人作为图形/背景组合中的图形产生虚构静止时，也同样不能使用存现句来表达这种虚构的情景。如当我们坐在行驶中的汽车上，假设汽车一直平稳并匀速向前行驶时，如果我们闭上眼睛，感觉不到自己在移动，似乎处在一个静止的情景中，形成了虚构静止。如果需要使用语言形式来表达时，我们只能说：

（52）我在公路上停留。——一般陈述句

但是我们不能说以下的句子，如：

① ［美］兰盖克（Ronald W. Langacker）：《认知语法基础》（第一卷），牛宝义、王义娜、席留生、高航译，北京大学出版社 2013 年版，第 134 页。

(53) ＊公路上停留着我。——存现句

还有另外一种比较特殊的情景，假设两列高速行驶的火车以非常近的距离高速相向行驶，说话人在其中的一列火车上，当两车相错而过时，说话人会感觉自己和自己所乘坐的列车在缓缓后移。这是一种非常特殊的虚构运动体验，因为这类体验不是把静止的情景虚拟为运动的情景，而是把运动的情景虚拟为相反方向的运动情景。由于说话人作为运动的参与者，在图形/背景组合中具有高度的凸显性，被当作图形或图形的一部分，说话人不能作为旁观者或背景观察自己，所以当使用语言来表达这种体验时，我们一般会使用例（54）这样的一般陈述句，而不会使用存现句，[①] 如：

(54) 我坐的火车似乎在缓缓地向后退。——一般陈述句

从以上的陈述中可以看到，当说话人（观察者）自身是虚构运动或虚构静止的参与者时，这类情景不能使用存现句来表达，究其原因，是因为说话人所在的观察位置导致其不能真正观察到“某处出现、存在或消失某物”。

这个结论也同样适用于真实的运动情景和真实的静止情景中。这是因为在真实的情景中，说话人作为话语的发出者，也同时是情景的观察者，无法脱离自己的身体从旁观者的角度观察自己的存现方式。比如以下的句子的可接受程度就相当低，如：

(55) ＊前排椅子上坐着我。

(56) ＊房间里走进来一个我。

① 存现句的一个重要特征就是某处存现某物，这是通过旁观者的观察得到的结论，说话人自己能够“感知”自己是否在某处存现，但是无法观察自己是否在某处存现。另外一个可能的原因是，说话人对自己的存现情况是不言自明的，无须通过语言的形式进行显性表达。

(57) *公司里少了一个我。

当然，出现这种情况时，必须具备两个必要的条件：一是说话人自身真实地置身于情境中，二是说话人自身是图形/背景组合中的图形或图形的一部分。

另外一种特殊情况是，如果说话人通过想象或回忆谈到某一个情景时，存现的主体就可以是说话人自己。这是因为当说话人想象或回忆时，是以一种旁观者的姿态来观察某个情景的，此时，被观察的对象是想象或回忆中的说话人。如警察在询问当事人，要求其回忆事发经过时，说话人就会以旁观者的角度来描述自己的经历，其中可能就包括自己在某处的存现经历。我们想象一下警察要求当事人描述事发时在场人员的位置，可能会出现以下的回答：

(58) 会议室的第一排坐着我，第二排坐着C班的两个女生，第三排……

在回忆的情景中，例(58)中出现了以代词“我(说话人)”作为存现主体的语言表述。

回忆都是外围联系事件反复发生建立常规后被自主激活的与某个事件对应的意象经验，这是一种内在自主性的体现。自主认知事件可能互相联结，形成复杂认知事件。[①]“想象”也是通过外围联系事件激活的，当说话人处于想象或回忆中时，其观察的位置也被定义为旁观者位置。我们还可以看一下说话人通过想象可能说出来的句子，如：

(59) 这个位置是我，那个位置是你。

---

① [美]兰盖克(Ronald W. Langacker)：《认知语法基础》(第一卷)，牛宝义、王义娜、席留生、高航译，北京大学出版社2013年版，第118页。

通过想象或回忆的情境中，当存现主体为说话人自身时，一般只适用于存在句，但不适用于隐现句。

还有一种较为特殊的情况，当观察者变为其他人时，说话人可以把存现主体表述为自己，此时存现句往往是一个句子中的结构成分，如例（60）和例（61）：

（60）他没有想到前排的椅子上还坐着一个我。

（61）公司里缺了我是无法正常运转的。

严格来讲，这类句子描述的也是说话人回忆的情景，只是直接观察者是其他人，而说话人作为间接观察者，把句子中出现的其他人都纳入了观察对象中。事实上，说话者还是把自己放在了旁观者的位置，被观察的自己是回忆或想象出来的。

第二章　存现句组成成分的拓扑性特征

在使用传统的语言分析方法而不能够完全进行科学的、合理的解释时，语言学家往往会借用其他学科中的某些准则或某些理论，来对语言学中的某些现象进行解释，从一个新的角度对语言学中的现象进行新的思考，这往往会给我们的语言学研究带来更多的新的探索道路和研究方法。其中在认知语言学研究中，语言学家引入了数学中的“拓扑”理论，并尝试对某些具体的语言现象进行分析和解释。著名的认知语义学家泰尔米（2017）通过研究发现，语言中数量较少且相对固定的封闭类形式具有拓扑性特征。他认为当认知概念存在限制时会遵循一些普遍的原则，其中的一个原则就是拓扑性。但是语言中的拓扑性并不是或极少是“欧几里德”几何学中的某些概念，如固定的大小、距离、角度及轮廓等。泰尔米（2017）使用了拓扑理论分析了英语中的某些介词如“in”“across”“through”“along”等，发现他们分别存在一些与量值无关、与形体无关、与形状无关、与闭合度无关、与非连续性无关及与物质无关等各种概念无关性。[①]

现代汉语中也同样存在一些具有拓扑特征的语法成分。下面我们将对存现句中的某些成分所呈现出来的拓扑特征进行分析，以揭示这些成分在语义上所受到的限制，同时也揭示这些成分在语义表达方面的多样性和复杂性。

---

① ［美］伦纳德·泰尔米：《认知语义学》（第一卷），李福印等译，北京大学出版社 2017 年版，第 6—13 页。

存现句中存在着不同的成分，我们经过观察发现，这些不同的成分中，某一些是属于开放类的，而某一些是属于封闭类的。这两个类别可以把语言中的词语从形式上进行区分，一般情况下开放类的词语数量众多，并且其能产性极高，在语言发展的进程中，属于变动较大的那一类。而封闭类的词语则相反，封闭类词语的数量比较少，且能产性较低，一般在该范畴中的成员变化较少，相对比较固定。

这里我们将要讨论的是存现句当中的封闭类词语呈现出来的拓扑性质。

第一节　介词

存现句的处所词语里有时候会出现介词，这些介词不能够单独使用，一般需要后接名词加方位词，或后接处所名词。虽然介词是一种高度虚化的词类，但是其功能却非常丰富。介词属于封闭性词类，一般情况下，汉语中的介词都是从其他词语中演变而来的，但是因为其演变的速度极慢，需要经过漫长的语法化过程，所以介词的能产性也比较低，其数量也比较少，介词也像其他的一些词语一样，具有一些拓扑性特征，下面我们将从这一方面进行分析。

1.1　与量值无关

介词在拓扑特性方面呈现出与量值无关的特性，其中这里的量值涉及距离的远近和物体的大小等几个方面。

在汉语存现句中，介词的选择与距离的远近无关。在表达距离远近的语义时，主要使用介词“从”，另外还有一些介词如“打”“打从”都可以表示物体经过位移由远到近的概念，我们可以看一下例句：

（1）从国外回来了一些人。

（2）从老家回来了一些人。

（3）从学校回来了一些人。

上面例句表示处所的词语和说话者所在的位置距离远近有比较大的差异，根据其远近的位置可排列为：国外 > 老家 > 学校，可见上面这几个例子当中，介词和处所词语结合后，对于距离的远近并没有任何限制，因此我们可以说这里体现了这些介词与量值无关的拓扑特性。

1.2　与角度无关

介词“从”表示动作的起点，在存现句中动作的终点一般指的是观察者所在的位置，如果把动作的位移轨迹用线条的形式画出来的话，我们就会发现，物体位移的角度在不同的场景中有所不同，如：

（4）从山上下来一个人。

（5）从前面走过来一个人。

（6）从天上掉下来一只小鸟。

（7）从天上俯冲下来一只老鹰。

（8）从笔直的悬崖上掉下来一块大石头。

上面例句中可以看到介词“从”和与其组合的地点呈现的角度无关。其中“从前面”指水平角度，“从山上”指角度不定的斜角角度，在具体的情境当中，如果山的陡峭程度不同，那么呈现的角度也不同，“从天上”指从垂直的角度，“从笔直的悬崖上”可以有两种理解，一种是从石头所在的悬崖顶端为水平方向，角度为零或接近于零，另一种是当石头掉下悬崖时，由于悬崖是笔直的，就会发生角度的变化，变为垂直的角度。可以看到，虽然“从”表示动作发生的起点，但是它对于动作的起点到终点之间的角度并无强制性的限定，因此介词具有和角度无关的拓扑特征。

1.3 与物体的大小无关

介词和名词方位词在一起或和名词相结合表示事物所在的位置，其中介词在这里起到强化方位的作用，如：

(9) 在中国生活着，很多少数民族。
(10) 在北京大约有2000万常住人口。
(11) 在这所学校里种植着众多的花木。
(12) 在他家里住着两个远房亲戚。

从上面的例子中可以看到，介词“在”位于处所词语之前，例(9)到例(10)中的处所的面积大小不一样，有的甚至差距极大，也就是说介词在和后面的处所词语组合时对处所词语所表示的面积的大小并没有限制，这体现了介词“在”具有的一个拓扑特性，即与物体的面积大小无关。

1.4 与形状无关

介词还具有其他的拓扑特性，这里我们要讨论的是介词“在”和参照物的形状无关。

(13) 在地上放着一把铁锹。
(14) 在窗帘上爬着一只小虫子。
(15) 在水里种了一些芦苇。
(16) 在穹状的圆顶上吊着许多射灯。
(17) 在这个洞穴里生活着许多动物。
(18) 在树洞的缝隙里藏着一些松子。
(19) 在树下种着一些花。

从上面的例句中可以看到，“在”的参照物有各种形状，“地上”表示水平形状，“窗帘”则表示有许多褶皱的形状，而“水里”则很难说是什么形状，“穹状的圆顶”则指的是弧形的半圆形，“洞穴”也很难描绘出其具体的形状，“树洞的缝隙”则比较狭窄，“树下”则可能出现多种形状。由此可见，“在”后面的名词所表示的物体没有固定的形状，有的甚至没有形状，即“在”具有一种拓扑特性，即与形状无关的特性。

第二节　方位词

存现句句首位置的处所词语大部分由方位词或“名词 + 方位词”呈现，方位词也是一个封闭性的词类，我们将之归并为封闭类，是因为方位词的数量并不太多，其能产性极低，且范畴中的成员相对比较固定，常见的方位词包括“上、下、左、右、前、后、上面、下面、左边、右边、前面、后面、前边、后边”等。而名词的数量众多，能产性极高属于封闭性词类。

泰尔米（2017）曾经指出“在概念组织的微观结构层面上，语言表现得更贴近拓扑结构”，汉语中的方位词在表达空间关系时是一个重要的语言形式，但其语义受到拓扑特征的限制，在语言空间图示中高度抽象，这种抽象体现在其表现出来的一些具体的拓扑特性上。①

2.1　与量值无关性

在汉语表达中，我们常常发现很多开放类的词语对于物体的大小或者是距离的远近都会进行较为详细的描述，比如形容词对于物体大小的描述有各种各样的方式，而数量短语对于物体数量的界定，可以

① ［美］伦纳德·泰尔米：《认知语义学》（第一卷），李福印等译，北京大学出版社 2017 年版，第 193 页。

达到十分精确的程度。这就给我们一个印象，以为语言表达在任何时候都是进行充分的描述的，特别是对一些细节方面的描述。方位词在现代汉语空间表达中占有极其重要的地位，但是从实际的语料来看，方位词对于空间特性的区分与物体的大小和距离的远近都没有关系，比如：

（20）海面上漂着一条船。
（21）桌子上放着一本书。
（22）手掌上写着一个字。
（23）鼻尖上还沾着一点墨。
（24）针尖上有一点红色。

这些例句中的处所有大有小，有的可能是无边无际的“海面”，也有的可能是以微米来计算的“针尖”上，还有大小不一的“桌子”“手掌”“鼻尖”等，由此可见处所的大小和方位词的选择没有关系。

其他的方位词也体现了同样的拓扑特性，如方位词“里”：

（25）海里有许多藻类。
（26）幽深的山谷里飞着许多蝴蝶。
（27）这间屋里住了不少人。
（28）箱子里放着我这次出差的行李。
（29）杯子里存着一些茶水。

方位词“下”也具有与量值无关的拓扑特性，如：

（30）山下有不少的村庄。
（31）树下站着一个人。
（32）桌下放着一个凳子。

有些方位词的使用和存现处所和存现主体之间的距离远近无关，如例（33）到例（38）中的方位词“上”“前面”和“下”：

（33）头上戴着一顶帽子。

（34）头顶上是一望无际的天空。

（35）我的前面排着小张。

（36）博物馆前面有一座纪念碑。

（37）树下埋了一坛酒。

（38）脚下埋藏着丰富的石油资源。

例（33）中的“头”和“帽子”之间是附着关系，两者之间的距离极近，例（34）中的“头顶”和“天空”之间不是附着关系，两者之间相距的距离十分遥远，例（35）中的“我”和“小张”都排在同一个队列中，因此两者相距也比较近，例（36）中的“博物馆”和“纪念碑”之间的距离就相对比较远，例（37）中的“树”和“酒”相距也比较近，例（38）中的“脚”和“石油资源”之间可能相距比较遥远。因此，例（33）到例（38）中方位词的使用和物体之间的距离远近无关。

2.2　与形体无关

方位词所指的对象通常也和形体没有关系，即方位词描述的是一种从空间的形体中抽离出来的理想化的几何状态，如点、线、面等，在语言实例中，我们通常看到不管物体体现为何种不同的形状，对方位词的使用都没有影响，如：

（39）床上铺着一条厚厚的毯子。

（40）窗帘上绣着花。

（41）手上拿着一根项链。

（42）盒子上沾满了灰尘。

（43）这次比赛使用的足球上签满了好多明星的签名。

上面例句中方位词“上”前的名词所表示的物体呈现出不同的形状，例（39）中的“床”是平面，例（40）中的“窗帘”有褶皱，例（41）中的“手”则可能是手的各个部位的形状，例（42）中的“盒子”可能根据盒子的不同形状，如长方形、正方形或其他形状呈现出不同的形体，例（43）中的“足球”是一个球体。可以看到尽管这些物体呈现出各种不同的形体，但是对方位词“上”的使用没有任何影响，换句话说，方位词“上”的使用和参照物的形体没有关系。需要注意的是，如果通过视觉获得信息参照物（存现处所）需呈现出肉眼可观察到的形态。我们再看一下方位词“里”的例句：

（44）水里游着几条鱼。

（45）碗里装着一些汤。

（46）盒子里装着一枚戒指。

（47）布袋里装着一些日常用品。

我们可以看到上面例句中和方位词“里”组合的表示容器的物体有“水”“碗”“盒子”“布袋”，这些容器的内部空间形状各异，其中“水”的内部空间并没有固定的形状，其内部形状根据容纳物的形状可能随时发生变化。我们可以看到这些方位词对于物体的形状并没有严格具体的要求，有时作为容器的物体其空间的形状可能根据容纳物的形状发生各种变化，而且自身并没有固定的内部容纳空间，如例（44）中的“水”。

2.3 与连续性（闭合度）无关

除了与量值无关、与形状无关之外，某些方位词还呈现出与连续性（闭合度）无关的拓扑特征，比如方位词“里”：

(48) 碗里装着一些菜。

(49) 窗缝里露出一丝光。

(50) 屋里装满了杂物。

(51) 透明的树脂球里有一只小虫子。

上面例句中所有表示处所的物体都可以表示容器，但是这些容器的连续性（即闭合程度）各有不同，其中“碗”是半封闭容器，“窗缝”也不是全封闭容器，“屋”也有窗户和门的开口，因此也不是全封闭的，只有“树脂球”是全封闭的容器。由此我们可以看到，“容器＋方位词‘里’”可以表达多种封闭义，但是这些封闭并不完全是典型意义上的封闭，它们可能是全封闭、半封闭、部分封闭、不规则封闭等，所以方位词“里”对物体的闭合度并没有要求，即可以说“里”具有与物体连续性无关的拓扑特征。

我们再来看一些其他例子：

(52) 柜台里坐着一排柜员。

(53) 学校里建了一个体育馆。

例（52）中的“柜台”很难被想象为容器，看起来更像一个分界面，姚占龙（2021）把这里的位置参照点看作是免参照，此时其参照物柜台是一个闭合度比较低的物体，而例（53）中的参照物“学校”则更难将其看作一个容器，很难说清楚其是否具有闭合度，姚占龙（2009）把类似“学校里”这种结构中的方位词“里”的位置参照点定为面积参照。[1] 从上面的分析来看，“里”与闭合度并没有相关性。

① 姚占龙：《方位词“里、内”的方位表达及其范畴化》，《汉语学习》2009年第6期。

同样，方位词“上”也与物体的连续性无关，当方位词“上”和前面的名词结合时，名词表征的对象可能是连续的，也可能是非连续的，比如：

（54）椅子上刷着绿色的漆。
（55）盒子上印着一条小狗。
（56）栏杆上刷着绿色的漆。
（57）笼子上系着一根红线。

例（54）和例（55）的方位词所指的对象“椅子”和“盒子”是连续性的，而例（56）和例（57）所指的对象“栏杆”和“笼子”则是非连续性的。也就是说，例（54）到例（57）以方所结构中的处所名词是否具有连续性为最小对立，因此我们可以推论汉语的方位词“上”和方位词“里”有时与非连续性无关。

2.4 与位置无关

“名词+方位词”结构中方位词所指的对象往往与位置无关，我们可以看一下以下例句：

（58）窗台上放了一盆花。
（59）桌子上掉了一块漆。
（60）衣服上缝了一个小袋子。
（61）树下坐着几个人。
（62）树下埋了几坛酒。
（63）树下是红色的泥土。

例（58）中的“窗台上”指窗台形成的水平面上，例（59）中的“桌子上”可能指桌子表面的任何一块地方，既可以指桌面也可以指桌面的反面，还可以指桌子其他的部分，如桌腿①。例（60）中“衣服上”可以指衣服的外面，也可以指衣服的里面，可以指靠近胸部的位置，也可以指靠近腹部的位置，既可以指左边，也可以指右边。例（61）中的“树下”指围绕树干的任何位置。例（62）中的“树下”可以指树根正下方，也可以指树根旁边的位置。例（63）中的“树下”指树根正下方的位置，也可以指树冠下及其延伸出去的部分。从以上例句中可以看到汉语方位词“上”和“下”所指对象往往与位置无关。

2.5　与物质形态无关

方位词之前可以加上名词，对名词的物质形态并没有限制，如：

（64）水中游动着好几条鱼。
（65）空气中有一种很奇怪的味道。
（66）玻璃珠子中嵌着一朵花。
（67）水里游动着好几条鱼。
（68）空气里有一种很奇怪的味道。
（69）玻璃珠子里嵌着一朵花。
（70）地上留下了一串脚印。
（71）水面上浮着一条小船。
（72）水下埋藏着很多珍宝。
（73）脚下是坚实的大地。

例（64）到例（66）中的方位词“中”可以分别和液体（“水”）、气体（“空气”）和固体（玻璃珠子）相结合，对所参照的事物的形态并没有限制。同样，例（67）到例（69）中的方位词

① 例（59）存在歧义，既可以指“一块漆掉在了桌子上”，也可以指“桌子上掉落了一块漆”，在表达前一种语义时，“桌子上”只能指桌面，此处所指为后一种语义。

“里”也可以分别和液体（“水”）、气体（“空气”）和固体（“玻璃珠子”）相结合，需要注意的是例（64）到例（66）中表示的处所是容器，并且这些容器和存在主体（即容纳物）紧密贴合，如“水”和“鱼”紧密贴合，“空气”和“味道”紧密贴合，“玻璃珠子”和“花”紧密贴合。我们强调容器和容纳物紧密贴合，是因为从其贴合度可以看出方位词“里”和“中”与物质形态无关。换句话说，这里的物质无关性隐含有任何形态的物体都可作为容器，将被容纳物紧密包裹在其中，甚至即使是固体的容器也不例外。

还有一个需要注意的地方是，不同的方位词对参照物体的形态无关性，也存在着范围的不同。比如例（70）和例（71）中的方位词“上”只能和固体形态和液体形态的事物如“地”和“水面”相结合，但是不能和气体形态的事物相结合，例（72）和例（73）中的方位词“下”只能和固体形态和液体形态的事物相结合，一般情况符合该规律。方位词“上”和“下”是否能够和某个对象相结合，和所指对象的物质形态有密切关系，如果所指对象为气体，因为气体的物理特性导致其无法和“上”与“下”组合搭配。汉语存现句中“事物名词+上”表示的处所和存现主体之间往往具有“黏着义”，而气体却是无法黏着的。“事物名词+下”结构中的事物名词一般应为某个实体，或在认知中感知为实体，而气体却因为在认知中被感知为无重量，很难被看作实体物质，所以“事物名词+上”和“事物名词+下”两个结构中的事物名词一般不能是表示气体形态的名词。因此我们可以推测，某些方位词具有物质形态无关性，但在使用时可能有某些限制，如方位词“上”和“下”就不能和表示气体形态的物体相结合。

2.6 与形体轮廓无关

汉语存现句中表示处所的词语，有一些是用类介词成分来表达的，如：

（74）沿着河边，装有栏杆。

（75）顺着墙的地方挂着一圈白线。

例（74）和例（75）中类介词“沿着”和“顺着”表达的概念和其后物体的形状或轮廓没有关系，即无论物体的轮廓是怎样的，“沿着”和“顺着”都是表示“贴合物体外形并延伸”这一概念。这类词语和其他的动词有所不同，一般情况下，动词范畴中的典型动词属于开放类，语义不受限制，而这类词具有封闭性，其表达的概念与所指对象的外部轮廓无关。正因为如此，这类词语被有的学者称为类介词，因为他们在这里更倾向于像典型介词一样具有封闭性，有表示某种方位的功能。

第三节　动态助词“着”“了”“过”

存现句中的三个动态助词“着”“了”“过”前面都必须加动词。根据兰盖克（2013）的观点，过程的概念化伴随着情境的时间性的变化，过程的概念化涉及表征过程不同阶段的一系列连续状态，事件为虚拟时间上的一连串连续的点，他把情境展开所经历的时间跨度看作是过程的“时间侧面”[①]。因此我们可以看到动词是可以呈现过程的，而汉语动词之后所加的动态助词“着”“了”“过”在和动词结合之后，其功能也体现为过程的展现。从某种意义上来说，它们都是过程性的。虽然如此，我们在下面将要证明这三个动态助词与量值无关。

3.1　与时间的长短无关

我们先看一下例句，如：

---

① ［美］兰盖克（Ronald W. Langacker）：《认知语法基础》（第一卷），牛宝义、王义娜、席留生、高航译，北京大学出版社2013年版，第248页。

（76）黑板上写着几行字。

（77）脸上露着不怀好意的笑容。

（78）黑板上写了几行字。

（79）脸上露出了不怀好意的笑容。

（80）黑板上写过几行字。

（81）脸上露出过不怀好意的笑容。

上面例句中的动态助词“着”表示句子中的动词所呈现的状态的持续①，助词“了”表示句中的动词代表的动作行为的实现或动作完成后呈现的状态的持续，助词“过”表示句中的动词所体现的状态曾经存在过，但现在已经消失。首先我们注意到这三个动态助词所表示的功能都与时间有密切关系，因为无论是动作状态的持续，还是动作的结束实现或者是动作曾经存在过都经历过一段过程，并且都需要在一定的时间段内加以呈现。但是“着”只表示状态持续需要一个连续的时间段，该时间段只是时间轴上的某一段，并没有明确地表明该时间段的长短，因此一些学者把存现句中带“着”的动词看作是无界动词。同样“了”也没有明确表明动作开始到结束的时间长短，并且也没有表明动作结束之后留存下来的状态持续时间的长短，如果从动词的有界性和无界性来区分的话，“了”只表明动作的终点，但是并没有表示动作的起点，“了”在表示动作留存下来的状态的持续时只有起点而没有终点，因此，“了”同样没有明确表达动词所表示的过程所经历的具体的时间长短。动态助词“过”表示的是过去的一个时间段，但是同样没有具体标明动作的起点和终点，也正因为这个原因，该句子并没有表达出确切的时间长短。

因此，我们认为，存现句中的动态助词“着”“了”“过”所表达

① 例（76）与例（77）语义上存在细微差异：例（76）中的“着”表示动作行为产生的结果的持续，动作停止后结果依旧存在，例（77）中的“着”表示状态的持续，动作停止后状态随之消失。

的概念与时间的长短无关。

3.2　与大小无关

我们注意到存在句中的动态助词“过”比较特殊，它除了表示事物曾经出现、存在并消失之外（如：天空出现过一道闪电），当它和某些动词组合时，还隐含有“切割义”，即它还可以表示出现并存在的物体把处所切割为两半，如：

（82）天空中划过一道闪电。

例（82）中“天空”被“闪电”划分为了两部分，对每一部分的具体量值并没有确切的规定，从实际情况来看，闪电可能出现在观察者的头顶正上方，这时闪电把天空分为了面积相当的两部分。闪电也可能出现在天际，在观察者看来，天空被闪电分割的面积并不相等。当然，最理想的图示是闪电出现在观察者的正前上方，但是此时也不能说闪电把天空分隔为两个均等的部分。因此，我们可以说动态助词“过”与物体被分割的面积大小无关，即“过”具有与大小无关的拓扑特性。

3.3　与距离的长短无关

动态助词“着”“了”“过”与距离的长短也无关，如：

（83）走廊那边站着一群人。
（84）书桌对面站着一个人。
（85）省里来了一个人。
（86）从隔壁办公室来了一个人。
（87）桌面上划过一道痕迹。

（88）眼里闪过一丝伤感[①]。

例（83）中的“走廊那边”与说话者的距离较远，例（84）中的“书桌对面”与说话者的距离较近。例（85）中的“省里”与说话者的距离较远，例（86）中的“隔壁办公室”与说话者的距离较近。例（87）中动作“划”经过的距离“桌面上”的长度比较长，例（88）中动作“闪”经过的距离“眼里”的长度比较短。

此外，存现句中的各封闭类成分除了具有泰尔米（2017）所说的“封闭类形式的拓扑学性质”外，还具有其他一些无关性。泰尔米认为这里的无关性指的是“无法对该因素形式进行具体描述”。另外，他还指出“封闭类形式的无关性还体现在更多的方面，无穷无尽”[②]。我们认为这和封闭类形式的使用功能有关，汉语存现句中的封闭类形式如介词、方位词、动态助词等都不能单独使用，而必须和其参照的词语相结合，存现句处所词语中的介词有界定方位的功能，因此其必须与能表达具体方位的词语相结合。存现句中的方位词一般情况下也不能单独使用，必须和相关的事物名词相结合，才能表示具体的方位。方位词单独使用时，可能是因为上下文语境中出现过表示场所的某事物，因而处所名词得以省略，如“前面有一个高台，上置有祭坛”。有时是从观察者的角度来区分方位，如“上有天堂，下有苏杭”，有时可能是以观察者认知中虚拟出来的事物作为方位界定的基点，如“上有老，下有小”。但是在人们的认知中，不管该事物是实际存在的还是虚拟出来的，汉语的方位词总是附着于某一事物上才能发挥其定位的功能。因此，在说汉语的人的认知中，存现句的方位词不能单独使用。存在句中所出现的动态助词“着”“了”和“过”中，“着”

① 例（87）指动作完成后留下的状态的持续，例（81）例（82）和例（88）指动作完成后状态即随之消失，其中例（82）和例（87）还可以表示存现主体把处所切割为两部分。

② ［美］伦纳德·泰尔米：《认知语义学》（第一卷），李福印等译，北京大学出版社 2017 年版，第 12 页。

表示动作呈现的持续性状态，“了”表示动作实现或完成并呈现的持续性状态，“过”表示某一动作在时间轴上表示过去的某一个时间段或时间点出现、存在，然后又消失了，隐现句中的动态组词“了”表示动作完成后所呈现的状态。因此这些动态助词必须和表示动作行为的动词相结合，不能单独使用。由此可见，因为存现句中的介词、方位词和动态组词在语言表达中必须借助于其他结构成分才能发挥其功能，也就是说这些封闭类词语本身无法表达太多的概念。泰尔米（2017）认为这些无关性或是可能具有结构上的意义，或是在认知系统里起着主导作用，或是一些和封闭类成分紧密相关的无关性能够借由封闭类成分表达出来。汉语存现句中“沿着、顺着”等类介词后面所接的名词表达的物体形体各异，呈现形体无关性，这种无关性“可能与视觉感知的一个显著特征有关，即形体内部的结构感”。①

3.4　与是否出现无关

汉语隐现句中的动态助词“了”既可以出现在出现句中的动词后面，也可以和消失句中的动词相结合，如：

（89）我们组来了一个人。
（90）天空中出现了一道彩虹。
（91）我们组走了一个人。
（92）他们村昨天死了一个人。

例（89）和例（90）是出现句，例（91）和例（92）是消失句，不管是出现句还是消失句，句中的动词都可以和“了”组合，所以我们认为隐现句中的动态助词“了”和是否出现无关。

---

① ［美］伦纳德·泰尔米：《认知语义学》（第一卷），李福印等译，北京大学出版社2017年版，第12页。

3.5 与动态静态无关

汉语存在句中的“V着”存在句可以分为两个小类，一类是动态存在句，另一类是静态存在句，如：

(93) 衣架上挂着一件衣服。
(94) 窗户上贴着漂亮的窗花。
(95) 夜空中闪烁着点点繁星。
(96) 这条公路上走着一群群的人。

例(93)和例(94)是静态存在句，表示动作“挂”和“贴”结束后呈现的状态的持续，在观察者的视野中，这是一种静态的状态。例(95)和例(96)是动态存在句，表示动作并未结束，并且还在继续进行中。不管是表示静态的动词，还是表示动态的动词，都可以和助词“着”相结合，换句话说，存在句中的动态助词“着”对动作的状态没有限制，具有与动态或静态状态无关的拓扑特性。

第三章　存现句中动词和动词短语的认知研究

第一节　动词的持续性和非持续性

动词的持续性特征或非持续性特征在认知上和有界无界相关联，当动词为持续类动词时，表示动作行为没有起始点和终点，体现为无界的特性，当动词为持续类动词时，表示动作行为有起点和终点，是有界的。李思旭（2011）探讨了谓语动词的有界化手段，[①] 税昌锡（2005）探讨了汉语动词的界性分类，其所说的动词是一种广义的概括，其中包括了动词短语。[②]

认知语言学把动词定义为“语义极标示过程的象征表达式”。[③] 关于动词在小句中的功能被认为动词可以用于明示一个基本的过程类型，并且施加了特定的界标连接。另外，动词侧显的某一个过程可以被图示化地定义为在其时间进程当中被顺序扫描的一种关系，而这种关系在认知语言学当中被分为两个次类，即持续类动词和非持续类动词。[④] 从有界和无界的角度来看，非持续的动词在时间中是有界的，而持续的

---

① 李思旭：《“有界”“无界”与补语“完”的有界化作用》，《汉语学习》2011 年第5 期。

② 税昌锡：《动词界性分类试说》，《暨南学报》（哲学社会科学版）2005 年第3 期。

③ ［美］兰盖克（Ronald W. Langacker）：《认知语法基础》（第一卷），牛宝义、王义娜、席留生、高航译，北京大学出版社 2013 年版，第248 页。

④ ［美］兰盖克（Ronald W. Langacker）：《认知语法基础》（第一卷），牛宝义、王义娜、席留生、高航译，北京大学出版社 2013 年版，第248—258 页。

动词没有明确的边界，这是这两类动词的概念特征。从认知主体的识解的角度来看，非持续的动词所侧显的关系被识解为具有内部一致性，它涉及随时间而发生的某种变化的一个非稳定的情景，而持续的动词则被认知主体识解为具有同质性，它所涉及的是一个持续不变的稳定情景（兰盖克，2013）。[①] 兰盖克（2013）对持续的动词和非持续的动词的分类当中涉及起点与终点，在情境中发生变化了的动词属于非持续的动词，而如果动词侧显的事物能够无限期持续下去的话，该动词就属于持续的动词。[②] 其实关于动词是持续性的还是非持续性的，往往涉及多方面的影响因素，仅仅从动词本身而言，很难将其精确地界定为持续类或是非持续类。我们常常发现在某一个时间段内，某些动词呈现为持续性特征，而在另一个时间段内，同样的动词往往又呈现为非持续性特征。比如汉语存在句中的动词“存在”“有”“居住”等动词看上去呈现出强持续性特征，在某些情况下因为环境发生了变化，往往会失去其持续性特征，比如某处原先存在某物，但是随着时间的推移，某物消失了。因此，兰盖克（2013）对于动词的持续性特征的界定加上了时间辖域限制，他认为，应将动词的这种持续性特征表述为在任何相关时间段（即时间上的直接辖域）中体现出恒常特征，比如某个动词在其时间直接辖域中，没有内在的起点和终点，呈现出稳定的特征。[③]

英语中的持续类动词可以出现在一般现在时中，但不能携带进行体，而非持续类动词则正好相反，非持续类动词不能出现在一般现在时中，但是可以携带进行体。当语境表示变化时，持续类动词可以进入进行体构式。[④]

---

① ［美］兰盖克（Ronald W. Langacker）：《认知语法基础》（第一卷），牛宝义、王义娜、席留生、高航译，北京大学出版社 2013 年版，第 258—266 页。

② ［美］兰盖克（Ronald W. Langacker）：《认知语法基础》（第一卷），牛宝义、王义娜、席留生、高航译，北京大学出版社 2013 年版，第 258—266 页。

③ ［美］兰盖克（Ronald W. Langacker）：《认知语法基础》（第一卷），牛宝义、王义娜、席留生、高航译，北京大学出版社 2013 年版，第 263—266 页。

④ ［美］兰盖克（Ronald W. Langacker）：《认知语法基础》（第一卷），牛宝义、王义娜、席留生、高航译，北京大学出版社 2013 年版，第 258—263 页。

“有界”与“无界”的概念分别和“持续性”和“非持续性”对应。兰盖克（2013）认为，“一个完成性过程是有界的、有复制的，而一个非完成性过程是无界的、不可复制的。”完成性过程（即非持续性过程）在言语事件中的例示表示该过程已经完成或结束，而非完成性过程（即持续性过程）的例示则能够持续到该例示凸显的时间段以外，直到说话时的现时时间段，甚至可以一直延续下去。①

兰盖克（2013）认为，“完成性过程凸显一种时间变化”，而“非完成性过程凸显的是被识解为在时间中持续不变的一种关系”，因此，完成性过程是“有界”的，而非完成性过程没有具体的终结点，具有“伸展性”或“伸缩性”。②

由于汉语并不是表示形态的语言，我们判断存现句中出现的动词是否带有持续性特征或非持续性特征，并不能够完全照搬英语中的方法。当然，汉语存现句动词后带有的动态助词具有时体特征，如果将其看作形式手段的话在某些方面对于动词是否带有持续性特征的界定，和英语具有一定的相通性。

首先，我们认为汉语的存在句中的动词都是持续类动词，这是因为存在句表示某处存在某物，说明存在句具有存在的特性，而该特性延伸出对时间上的辖域要求，不管该辖域是较长的或者是短暂的，都能体现出在时间进程中的持续性。下面，我们将具体分析现代汉语存在句中动词的持续性特征。

1.1 “V着”存在句动词的持续性

汉语存在句中的动词“有”“是”“存在”都体现了强同质性，即在某一情境中维持恒定不变的状况，并且该状况将持续下去。这类动

---

① ［美］兰盖克（Ronald W. Langacker）：《认知语法基础》（第一卷），牛宝义、王义娜、席留生、高航译，北京大学出版社2013年版，第265页。

② ［美］兰盖克（Ronald W. Langacker）：《认知语法基础》（第一卷），牛宝义、王义娜、席留生、高航译，北京大学出版社2013年版，第265—266页。

词的一个显著特征就是在不借助语境或是其他因素的情况下，这类动词都能够自主地保持其持续性并且能够被一眼识解为持续性动词，它们属于持续类动词的原型成员，或中心成员。[①] 杨华春（2010）把这类动词称为“关系动词”[②]。因其本身只表示存在关系，而没有表示动作的含义。就关系动词本身而言，因为缺乏表示动作的功能，也就没有产生变化的动因，呈现稳定性，在其直接时间辖域中被识解为处于能够持续保持稳定状态的情境中。同时，正因为没有具体的存在方式，更容易被识解为具有较长的时间辖域，也就是说此类动词表示的存在关系在识解上被理解为具有稳定性和相对长期性特征。如例（1）到例（3）：

（1）桌子上有一杯水。

（2）教学楼前面是一块宽大的绿草地。

（3）宇宙中存在着无数的星球。

“V着”存在句被分为两类：静态存在句和动态存在句。宋玉柱（1982）提出静态存在句中的动词只表示静止的状态，而不表示动态的动作行为。某一些行为动词单独看时具有动态特征，但是当其进入“V着”存在句后，受到构式的压制，其动作义弱化甚至消失，只凸显的动作结束后所保持的状态。[③] 如例（4）到例（7）中的动词“放”“装”“躺”和“坐”在单独使用时，都能够表示某种具体的行为动作，但在进入“V着”存在句构式中后，动作义减弱或消失，而状态义得到强化。另外，如果从动词的原型语义来考察的话，例（4）中的“放”和例（5）中的“装”一般容易被识解为动态动词，表动

① 但是这并不是说这类动词总是带有持续性特征，当语境发生变化时，有可能失去其持续性特征，转而成为非持续性动词。如当“有”后带上动态助词“了”时，表示发生了变化，“有”就变成了非持续性动词。

② 杨华春：《存在句的认知分析》，张先亮、范晓等：《现代汉语存在句研究》，中国社会科学出版社2010年版，第229页。

③ 宋玉柱：《动态存在句》，《汉语学习》1982年第6期，第9—15页。

作义显示为弱同质性和弱持续性，而例（6）中的“躺”和例（7）中的“坐”则较易被识解为静态动词，表状态义，[①] 显示为强同质性和强持续性。但是当它们进入“V 着”存在句构式时，受到构式压制的影响，一律凸显状态义，呈现同质效果，表示状态的持续，如：

（4）桌子上放着一本书。
（5）书包里装着一个文具盒和几本书。
（6）床上躺着一个人。
（7）石凳子上坐着一些老人。

“V 着”动态存在句中的动词也是表示动作行为的行为动词，在进入“V 着”存在句构式后，它们的动作义并没有受到压制，有的是表示某一动作的不断重复，如例（8）到例（10）中动作行为的重复导致同质性的发生，表示所发生的情境已经状态化，呈现弱持续性倾向：

（8）天空中闪烁着无数的星星。
（9）屋顶上盘旋着一群群鸽子。
（10）眼睛里跳动着希望的火花。

另外，一些动词在进入“V 着”存在句时，保持其原有的位移义，如例（11）到例（13）：

（11）天空中飘着一朵朵白云。
（12）天上飞着很多飞机。
（13）现场浮动着一种焦躁的气氛。

① 其实这两种动词都能表示动作义和状态义，当其表示动作义时，因为动作持续时间较短，非持续性特征较强，可以归为非持续类动词；当其表示状态义时，具有持续性特征，可以归为持续类动词。

这种位移义一般不是表示主动位移，而是隐含有被动的位移义。句子中的宾语严格来说并不是动作行为的施事，如例（11）中的“白云”、例（12）中的“飞机”和例（13）中的“气氛”，特别是例（12）中的宾语“飞机”看似能够主动位移，但它是被人驾驶才能飞行，而且位移的动力并非来自于自身。因此，这类句子凸显的是存在关系而非行为关系，从这一方面来说，也具有稳定持续的特点。所以动词所侧显的关系也体现为同质效果。另外，我们也可以看到句子中的宾语是施事，同时动词表示主动位移时，和动词表示被动位移的句子一样，属于动态存在句构式的下位构式，如：

（14）操场上跑着许多人。

（15）池塘上空飞着许多蜻蜓。

（16）街上走着很多人。

以上动态存在句中的动词都可以看作具有弱持续性。因此，我们得出的结论是汉语“V着”存在句中的动词所侧显的关系都呈现同质性，是使句子所描述的情景呈现持续不变的特征同质性，持续性和存在关系之间具有因果关系，也可以说持续性是存在句存在关系的一个重要特征。

根据兰盖克的观点，当动词所凸显的过程沿着时间轴运动，既有动作的起点也有动作的终点，因此，在时间轴上有一个明确的界限，则该动词被认为是有界的完成性动词。这类动词所凸显的过程不能沿着时间轴扩展或压缩，凸显的过程和说话的时间保持一致，即具有界限明显的时间直接辖域。而非完成性动词则正好相反，非完成性动词因其凸显的过程没有起始点和终止点，因此是无界的，所凸显的过程是同质的，它们所凸显的过程可以沿着时间轴扩展或压缩，因此可以使用于现在进行体中。[①]

① ［美］兰盖克（Ronald W. Langacker）：《认知语法基础》（第一卷），牛宝义、王义娜、席留生、高航译，北京大学出版社2013年版，第263—266页。

“V 着”存在句中的动词不论被单独识解为静态动词还是动态动词，也不论其表示重复或位移，它们在进入“V 着”存在句构式前，其持续性特征或强或弱，但是在进入“V 着”存在句构式后，全部呈现同质效果，强化了持续性特征，所以进入“V 着”构式的动词在该环境下可以被归为持续类动词。“V 着”存在句中动词体标记同样为界定该类存在句中动词为持续性动词做出了贡献。“V 着”存在句中动词后带有体标记“着”，“着”的常见功能是表示动作正在进行，如“他在椅子上坐着”在这里表示动作行为以一种同质的状态正在进行着，其时间辖域指向情境观察的现实阶段。但是在“V 着”存在句中，体标记则凸显的并不是进行义，而是状态义，即体标记“着”凸显了动词所表示的动作行为以某种较为稳定的状态存在。其时间辖域也并未凸显观察的现实阶段，而是表示在观察时间之前及观察结束之后都保持持续性的一种存在关系，其边界并未保持在语言表达式之内。因此，可将该环境中的动词看作持续类动词。比较一下例（17）和例（18）：

（17）草地上躺着一个人。——“V 着”存在句

（18）他在草地上躺着。——一般陈述句

1.2　“V 了”存在句动词的持续性

“V 了”存在句和“V 着”存在句有所不同。杨华春（2010）认为“着”具有“无界功能”，能够让“有界概念变成无界概念”，“V 了”在存在句中表示“动作完成后的状态”[①]。这样“V 了”凸显动作已经终结，具有有界性。任鹰（2000）指出，“V 着”存在句中的动词为静态义动词，表示状态，而“着”表示持续义，“V 了”静态存

① 杨华春：《存在句的认知分析》，张先亮、范晓等：《现代汉语存在句研究》，中国社会科学出版社 2010 年版，第 241 页。

在句中的动词为动态义动词，“了”表示完成义。“了”和“着”是“以不同的视点对同一现实景象做出的描述”，有的动词既有动态义又有静态义，并且界限分明，如“做、倒、穿、挂……”而有的动词则切分得不够明确，如“腌、蒸、煮、拿”等，他认为“动态义和静态义是不可共现的语义功能”。①

宋玉柱（1989）把“V了”存在句分为“完成体动态存在句”和“静态存在句”，认为该类存在句表示动作处于完成的状态，并且认为句中可以有表示已然的时间状语，这显示出这类句子中所表达的情景出现了变化。② 其实只要是“V了”存在句，都有表示动词所表示的动作行为发生了变化的语义功能，在这里这种变化表现为动作的完成或实现。但是需要注意的是，“V了”存在句除了表示动词所指的动作已经实现或完成之外，还表示动作完成或实现后留存下来的状态的持续。因此，我们认为，“V了”存在句中凸显了两个不同的过程，也就是说这个句子中包含了两个不同的时间辖域。第一个时间辖域有终止点，动词表示的动作行为在这个终止点上已经实现和完成，动词所凸显的过程不能沿着时间轴进行扩展，此时，动词是有界动词，呈现非持续性异质特征，所以此时的动词为非持续性动词。第二个时间辖域从动词所表示的动作实现或完成后留下的状态的持续，这个时间辖域具有起始点，但是却没有终止点。在第二个时间辖域中出现了两个次类，第一个次类中可以看作是动词所表示的动作实现或结束后，继续以该动作的“余势”存在下去，动词后可以加上动态助词“着”，动词所表示的动作行为呈现出持续性特征，此时的动词为持续动词，这两个被凸显的过程及其直接时间辖域体现在例（19）中。例（19）中的第一个时间辖域中，动词凸显的过程为“单位的大门口停了一辆车”，如例（19）a，当该动作实现或完成之后，在第二个时间辖域中

---

① 任鹰：《“个”的主观赋量功能及其语义基础》，《世界汉语教学》2013年第3期，第372—375页。

② 宋玉柱：《完成体动态存在句》，《汉语学习》1989年第6期，第1—4页。

动词所凸显的过程表现为动词“停”所表示的状况持续存在下去，如例（19）b。例（20）中第一个时间辖域中的动词所凸显的过程表现为“墙上刷了一层漆”，如例（20）a，当动词“刷”所表示的动作实现或完成之后，在第二个时间辖域中动词凸显的过程为保持动作的持续进行，使其表示的状况持续存在下去，如例（20）b。

（19）a 单位的大门口停了一辆车。

→b 单位的大门口停着一辆车。

（20）a 墙上刷了一层漆。

→b 墙上刷着一层漆。

从上面的分析中，我们发现“V 了”存在句的第一种次类中的动词既可以是非持续类动词，也可以是持续类动词，

在第二个次类中动词表示的动作行为已经实现或完成，因此情景发生了变化，表示该时间辖域具有了终止点，所以动词是非持续类动词。该动作行为不再以动词的“余势”的方式继续存在下去，而是通过该动作行为，在第二时间辖域中制造出一个新事物，在句子所表达的情景中，这个新事物存在于某处，但是并不是以原来的动词所表示的方式存在。在第二个时间辖域中，新事物的存在方式没有得到明示，可以看作是动词“有”或“存在”表达的存在概念，此时我们不能在这个动词后面加上动态助词“着”。此类动词一般指强“制造义”动词，而某些弱“制造义”动词则不属于该范畴，比较例（21）和例（22）。例（21）中当a句表示了第一时间辖域动词“修”所凸显的过程，该动词表示的动作行为已经实现或完成，情景出现了变化，体现异质特征，动词“修”是非持续性动词。在第二个时间辖域中，b句不能再以动词“修”所表示的状态呈现情景，而是用动词“有”表示动词“修”实现或完成后制造出的新事物持续存在下去。因此在表示此类情景时，例（21）b句的后半段语言表述是错误的。当例（21）

和例（22）相比较后，就能发现它们之间的不同，所以我们把例（21）代表的句子看作“V了”存在句的第一个次类，而把例（22）所代表的句子看作“V了”存在句的第二个次类：

（21）a 这个城市的周围修了一圈城墙。→这个城市的周围有一圈城墙。

b 这个城市的周围修了一圈城墙。→＊这个城市的周围修着一圈城墙。

（22）街道下面铺设了下水管道。→街道的下面铺设着下水管道。

例（21）中的动词“修”是强制造义动词，例（22）中的动词“铺设”属于弱制造义动词。能够进入例（21）内句子的动词还有“建”“修建”“建造”“盖”等表示动词，[①] 而“铺设”“架”和“开”等虽然也有制造义，但是它们一般表示把已有的材料搭建成建筑物，如“铺设”和“架”，或者在已有的材料上进行加工，如“墙上开了一扇窗户”。它们都不表示真正意义上的制造义，所以属于弱制造义动词，其他的较为广义的制造义动词也属于第二次类中的动词。[②]

“V了”存在句中凸显的两个过程使用了不同的感知经验，第一个过程表示动词所表示的动作行为已经实现和完成，该过程不是说话人或观察者通过亲身体验得来的感知经验，而是通过看到的场景凭借想象或唤起了一种视觉感受，这种感知经验被称为认知语法语义结构

---

① 第二次类中的动词大多表示直接制造义。

② 本书中所说的“V了”存在句的第二个次类并不完全等同于宋玉柱所说的完成体动态存在句，因为在宋文中所说的完成体动态存在句中的动词并不完全是强制造义。宋文中关于完成体动态存在句的辨别，有时需要依靠语境来完成，并且在其所说的某些动词后，也可以跟动态助词“着”。而我们这里所说的第二个次类则不需要借助句外的语境来辨别，动词后也一定不能加动态助词“着”。宋文中也并没有对于完成体动态存在句动词的语义有严格的限定，而本文中第二次类存在句中动词的语义受到较为严格的限制，即必须表示强制造义。

概念中的意象。意象可以分为几种，在这里是指在没有相应的感知输入时说话人和观察者自身所产生的感知经验。① 另外，“V 了”存在句中所凸显的两个过程的感知经验在时间轴上也有所差异，说话人或观察者先感知到的是处所和存在主体之间的存在关系，再从该存在关系倒推回去，运用百科知识推导出动词表示的动作行为已经实现和完成。这里出现了感知经验和事件发展顺序在时间轴上的颠倒，真实事件发展顺序如下：

动词表示的动作行为实现和完成之后，使得某事物存在于某处。

感知经验中的顺序正好相反，以下为感知经验中的顺序：

某事物存在于某处，是因为动词表示的动作行为实现或完成。

我们将这种情况称之为“感知颠倒”，这是认知主体加工时间顺序和事件发展时间顺序之间的错位，是一种非典型感知经验，也就是说，认知加工时间顺序和真实的事件发生时间不一定完全吻合，有时甚至出现完全颠倒的现象。在真实的时间轴上，动作行为的实现或完成先于事物存在关系的形成。但是在认知加工时间轴上，认知加工时间顺序为：先加工事物存在关系，再加工动作行为的实现或完成，事物存在关系的感知经验唤起了对动词表示的动作行为实现或完成的感知。语言表达式是以存在句的形式加以体现的，其中的句法结构完全表征了心理经验中的认知加工时间顺序。另外，认知主体的心理经验先关注到事物的存在关系，再关注到导致存在关系产生的动作行为。这两种感知经验之间存在因果联系，动作行为实现或完成的感知为原因，

---

① ［美］兰盖克（Ronald W. Langacker）：《认知语法基础》（第一卷），牛宝义、王义娜、席留生、高航译，北京大学出版社 2013 年版，第 115 页。

事物的存在关系为结果，感知经验是以“之所以……是因为……”的顺序进行加工的。

“V 了”存在句在第一时间辖域中表示被凸显的动作行为实现或完成，因为动作行为发生了变化，出现了终止点，因此，动词在这一时间辖域中呈现出异质特征，这时动词为非持续类动词。而在该类句子的第二个时间辖域中，第一次类中的存在关系是以语言表达式中的动词的“余势”来维持的，所以在这个时间辖域里的动词变成了持续类动词。而在第二次类中，语言表达式中的动词不再保持其“余势”，虽然存在关系依然出现，但是却没有明示动词来凸显存在方式。我们将这两种次类中动词的持续性特征归纳如下：

第一次类：非持续类动词转化为表示存在关系的持续类动词
第二次类：非持续类动词转化为没有明示动词的存在关系

从上面的分析中，我们也可以得到一个结论，即比起“V 着”存在句，“V 了”存在句的典型性有所削弱，因为在“V 了”存在句中凸显了两个过程，这两个过程分别包含了两个不同的直接时间辖域。动词并不是一直保持持续性特征，在第一个时间辖域中动词具有非持续性特征，之后才实现了非持续类动词向表示存在关系的持续类动词的转变，或转变为没有明示动词的存在关系。这是从动词持续性特征的角度证明在存在句范畴中“V 着”存在句比“V 了”存在句更加具有典型性。

正如兰盖克（2013）所指出的那样，许多动词在持续类或非持续类的用法上可能是灵活的，这种范畴化的灵活性，是受到多个细微概念因素的影响而导致的。[①] 另外还有一个非常值得注意的现象是，这类“V 了”句属于存在句的范畴，其主要语义内容指向某处存在某

① ［美］兰盖克（Ronald W. Langacker）：《认知语法基础》（第一卷），牛宝义、王义娜、席留生、高航译，北京大学出版社 2013 年版，第 258—263 页。

物。但是非常有趣的是，在显性的语言表达式中，动词是以非持续类动词的形式出现的，而非持续特征和构式表示的存在义相矛盾，这里似乎出现了显性语言形式与深层语义概念相矛盾的现象。我们对此的解释是，“V 了”存在句中蕴含有对导致存在义产生原因的说明，从其语义结构的表达顺序来看，完全符合一般因果逻辑关系中先原因后结果的表达方式，原因得到具体的明示化的说明之后，作为结果的存在关系就不言自明了。“V 了”存在句把蕴含的两个侧显过程融合到一个句子当中，体现了语言的经济性。从另外一方面来说，“V 了”存在句构式主要表达的是存在义，而对于导致存在义产生的原因是其语义内容中附庸在其上的部分。比起主要内容来，附庸上的内容更容易被忽略。为了避免这种情况，特意使用显性的语言表达方式强化附庸内容的存在，以使其不会被主要内容所湮灭，这是对“V 了”存在句中显性语言表达形式和深层语义概念相矛盾的另一个可能的解释。

“V 了”存在句是由两个认知事件组合而成的，一个认知事件是关于动作行为的实现或完成，另外一个认知事件是关于事物的存在关系的。但是它们的认知来源不同，其中第一个认知事件不是说话人亲身的经历，而是通过第二个认知事件推测或想象出来的，而第二个认知事件是说话人亲身经历过的，[①] 所以第一个认知事件属于认知语言学中所说的“意象”，它是指“没有相应的感知输入时所产生的感知经验”。“凭借场景想象或再现而唤起一种视觉经验”（兰盖克 2013）。[②] 这是一种由以往无数的经验被自主激活后而产生的对应的意象经验，也就是说说话人曾经看到或亲身经历过很多和第一个认知事件类似的经验，并把这些经验储存在记忆中。当遇到合适的场景时，这些经验就被激活，从而产生了由以往经验而合理推测或想象出来的意象经验。

---

① 我们这里所说的是一般语境中发生的事，但在某些情况下可能出现相反的现象。

② ［美］兰盖克（Ronald W. Langacker）：《认知语法基础》（第一卷），牛宝义、王义娜、席留生、高航译，北京大学出版社 2013 年版，第 115 页。

1.3 “V 过”存在句动词的持续性

宋玉柱（1991）把“V 过”存在句称为“经历体存在句”。① 因为动词后面的动态助词“过”表示一种经历体，而能够进入经历体存在句的动词都是静态动词，如例（23）到例（25）：

（23）这间房间里住过好一些人。

（24）我的手机上贴过膜。

（25）这扇窗户上贴过窗花。

“V 过”存在句表示过去某一时间辖域内某处存在过某物，“V 过”存在句中的一些句子和“V 着”存在句具有一个共同的特点，那就是他们都表示动作完成后持续的状态，而且这种状态是该动作完成后留下的“余势”来保持的。“V 过”存在句虽然表示过去的某一时间段内发生的事，但是它并没有清晰明确的起始点和终止点，也就是说，动词凸显过程的时间辖域是一个无界时段，可以向前或向后进行扩展，具有持续特征，因此这类“V 过”存在句中的动词属于持续性动词。

“V 过”存在句中还有另外一种情况有点类似于前面分析过的“V 了”存在句的第二个次类，句中的动词表示动作行为实现或完结后产生了新的事物或情况发生了变化，并且该事物存在于某处，但并不是以句中动词表示的动作行为作为存在方式，如例（23）到例（25）。这类句子中的动词也是非持续性动词，因为其表达的情景发生了变化。如：

（26）a 这个城市的周围修过一圈城墙。→这个城市的周围有

① 宋玉柱：《经历体存在句》，《汉语学习》1991 年第 5 期，第 1—6 页。

一圈城墙。

b 这个城市的周围修过一圈城墙。→＊这个城市的周围修着一圈城墙。

1.4　“V 有”存在句动词的持续性

另一类存在句中动词后面没有带体标记，而是带有另一个动词“有”，即“V 有”存在句。孙宏林（1996）认为“有”与前面的动词构成述补结构，[1] 史有为（1984）认为“有”与前面的动词构成偏正结构或连动结构。[2] 我们认为“V 有”存在句中的动词已经表示了动作存在的方式，因此它隐含有存在义，而“有”作为动词的补充，有强调“存在”的意味。因此“V 有”结构蕴含有珍视义、郑重义或强调义。孙宏林（1996）的研究中把“V 有”结构中的动词分为三类，第一类为包括“安、办，保存”等动词，第二类为“包含、包、括、带”等动词，第三类为“隐藏、散落、蕴藏、坐”等动词。第一类动词本身并不能确定是否具有持续性，但当这类动词后带上“有”时，强化了前面动词的存在语义，使其带上持续性特征。第二类动词“包含”“带”“含有”等本身就表示存在义，因此，也可以将之认为具有持续性特征。第三类动词“藏”“落”“散落”“隐藏”等的语义特征中隐含有通过该动词代表的动作行为使某物存在于某处的含义，因此，也可被看作持续的动词。第二类和第三类动词在表达存在关系方面都有较强的自主性，特别是第二类动词。而第一类动词其本身只是表示一种动作行为，通过后加表示存在的动词“有”强化了其中的“存在”语义。由于“V 有”结构除了表示存在方式的动词之外，还带有表示存在关系的动词“有”，双重确认存在关系，使其带有珍视义、慎重义或强调义。由此带来的结果是，这种存在关系有可能是一

① 孙宏林：《由“V＋有”构成的存在句》，《世界汉语教学》1996 年第 2 期，第 22—30 页。

② 史有为：《关于“动＋有”》，《语言学论丛》（第十三辑），商务印书馆 1984 年版。

种长期的、稳定的存在关系，这将使得动词的持续性得到进一步的加强，同时我们在“V有”结构中看到句中动词所凸显的过程既没有起始点也没有终止点，在时间辖域中保持了较强的持续性，比起其他的存在句来说“V有”存在句中的动词持续性似乎更加明显一些。

1.5 光杆存在句动词的持续性

光杆动词存在句中的动词不能是动态动词，杨华春（2010）指出光杆动词存在句中的动词都属于非活动动词，它们都是弱势无界动词，并且具有附着意义，表示存现主体附着在存现处所上。[①] 从句子表达的语义上来说，光杆动词存在句和“V着”存在句非常接近，所有的光杆动词后都可以加体标记“着”。因此，光杆动词存在句中的动词所凸显的过程具有同质性，在直接时间辖域中可以无限扩展，没有起始点，也没有终止点，表示一种持续的状态，所以这种动词也属于持续类动词，如：

（27）靠墙竖一梯子，上面长满了青苔。

（28）黑板上画一些漫画，看起来非常有趣。

1.6 隐现句动词的持续性

隐现句中的动词是含有“增减义”“趋向义”和“单纯隐现义”等方面的动词（周芳、刘富华，2002）。[②] 和存在句比起来，隐现句中动词的非持续性特征似乎更加明朗简洁，无论是出现句还是消失句，其中的动词都具有了边界，即可被看作是有界动词。隐现句中动词的

① 杨华春：《存在句的认知分析》，张先亮、范晓等：《现代汉语存在句研究》，中国社会科学出版社2010年版，第243页。

② 周芳、刘富华：《现代汉语隐现句的构成及其相互关系》，《汉语学习》2002年第3期，第35—39页。

时间辖域不具有可伸缩性，如果更加具体地说是不具有扩展性，出现句和消失句中凸显的过程都具有终止点，其中出现句表达了某处出现某物，但是这种出现的现象是瞬时性的，即是稍纵即逝的。出现句中使用频率较高的一些动词本身就具有瞬时性，有时句中还可能使用表示瞬时的时间副词来凸显这一点，在这种句子中动词是非持续的动词，如例（29）到例（31）：

（29）前面出现一条河流。

（30）面前（突然）出现了一个人。

（31）脸上（突然）露出悲伤的神色。

在出现句中某些瞬时动词前有时可能出现一些可以做非瞬时解释的修饰语，但是这并不妨碍我们将句子中的出现义理解为瞬时现象。因为只有当存现主体的全部而不是部分出现时，才符合句子当中表示出现义的动词的含义。一般情况下，完形心理学家提出的整体感知及完形感知是一种非常常见的心理感知模式，如例（32）和例（33）中的存现主体分别为“树的轮廓”和“真实的情绪”，只有当存现主体以完形的形式全部呈现时才能实现“出现义”，所以在这类句子当中的动词还是被识解为非持续类动词，如：

（32）眼前慢慢地显现出树的轮廓。

（33）脸上渐渐地露出真实的情绪。

有时出现句中的动词单独出现时不一定被识解为瞬时动词，但是动词的后面往往跟着趋向动词，表示事物从一个空间经过位移出现在另一个空间，实现了事物在某个空间从无到有的转变。句子描述的情景发生了变化，赋予动词瞬时性特征，使其成为非持续类动词，如例（34）和例（35）：

（34）屋子里走出来一个人。

（35）洞口钻出来一只小动物。

消失句中的动词单独被识解时，有的动词可以直接识解为瞬时动词，如例（36）：

（36）动物园里死了一只花豹。

有时消失句中的动词单独出现时并不一定被识解为瞬时动词，但是消失句中的动词一般都带上体标记“了”“结果补语＋了”或趋向动词，而“了”的功能是表示动词代表的动作行为得到了实现或完成，动词加“了”后被赋予了瞬时解释或有界解释，同时也使动词被识解为非持续类动词。消失句动词后面带上趋向动词时，表示事物以动词表达的方式实现了位移，离开某个空间，当离开该空间的瞬间，消失义结束，即该句子描述的情景发生了变化，在其时间辖域内不再有扩展性，因此该动词被看作非持续类动词，如：

（37）他们公司走了好几个人。

（38）笼子里飞走了一只鸽子。

另外，汉语存现句中还有一类比较特殊的句子，如“天空中划过一道亮光”，其动词的形式表现为“划”，该类句子中动词后所加的词语“过”的词性比较特殊，它可能被理解为表示体标记的动态助词“过”，也可能被理解为趋向动词，对这个词词性的确定依赖于我们的认知经验。如果把这个“过”界定为体标记，那么，该句子所表示的意思就是指在某处曾经存在过某物，从外部的语境和内部的认知体验来看，这种识解和我们通常的认知识解并不完全吻合。也就是说，当我们看到第一道亮光划过天空时，我们将其优先识解为某处出现了某物，其类似于"天空中出现了一道亮光"这样的隐现句，其本身并不能够确定其是否具有持续性，但是句子末尾的宾语"一道亮光"，却可以为动词的持续性提供解释和证据。如果是用"V 了"来表达的话，该句子也可以识解为存在句。如此我们便不能仅从动词被看作是非持续性动词，从而界定句子为出现句。根据句子所表现的情景来看似乎理解为某处出现、存在、消失了某物的全过程更为合适。如果持这种观点的话该句子所凸显的过程中，事实上出现了三次变化，分别出现在出现义、存在义和消失义，同时，该句子中还凸显出一个持续性的过程，尽管非常短暂，因为句末的宾语隐含了一个可持续一定时段的感知经验。由此看来从心理感知经验来说"天空中划过一道亮光"可以看作是一个某处出现存在并且消失了的一个完整的过程，这类句子是存现句范畴中的一个非典型例子，因为它具有存在句和出现句以及消失句的主要属性，同时也和我们的感知经验相吻合。但是考虑到在我们的感知经验中可能同时会收到来自不同认知域或者同一认知域当中的多个认知事件，我们的注意力一般只能集中到其中的一个认知事件，而其他认知世界被忽视或者降低了注意力。如果从我们的感知经验来说第一句首先应该被感知为表示出现义，在我们的意识经验中，高强度的感知可以表现为经验上的高凸显，因此成为注意的焦点。该句中说话人和观察者的注意焦点更多地放在了事物的出现这个现象上，而其后的存在和消失则处于被弱化或者忽视了。如果从范畴理论上来说，该句在出现句范畴中的地位要高于其在存在句和消失句范畴中的地位，也就是说，在出现句范畴中的原型程度要高于在存在句和消失句范畴中的原型程度，因此该句中的动词被优先识解为非持续类动词，此时句中的"过"是趋向动词。

通过以上分析，我们认为隐现句中无论出现句还是消失句都表达了一种瞬时现象，句子凸显的过程都具有无界属性，句中的动词都属于非持续类动词。

综上所述，汉语存现句中的动词的持续性的情况比较复杂，有的动词本身就能表明其是否具有持续性特征，而有的动词本身较难确定其是否具有持续性特征，在进行判断时受到其所在构式和动词之后的体标记或某些成分如动词“有”的影响。有的存在句中虽然句子表示持续性的存在关系，但是动词所表述的情境发生了变化，导致动词具有非持续性特征。

第二节　存现句动词的词化并入（词汇化）

认知语义学认为语言中表层表达和语义之间并不是一一对应的关系，我们经常可以发现多个表层元素表达指向一个单一语义元素，而某个单一的表层元素又可以表述多个语义元素。[①] 之所以产生这种情况，是因为语言使用中的词汇化。泰尔米（2019）将这种情况称为“词化并入”（conflation）。指当一个特定的语义成分同一个特定的语素出现规律性组合的时候，就是词汇化（词汇并入）。[②] 泰尔米所说的语素在这里我们可以理解为词，也就是说，词汇化是指一个词整体的语义，是由其他一组相关的词的语义构成的，但是并不一定包含其他词的所有的语义，而可能只是其中的一部分语义。词汇化研究的是某一个词的语义和其他一组相关词的语义成分之间存在近似性关系。词汇化过程中某些语义成分在语言表达式中是“零形式”，或在语义阐释过程中需要“语境”或“一般常识”[③] 关于这一点，Croft & Cruse（2022）提出类似的见解，他们认为“在真实的语境中，每个词语都会有其特别之处”，对某个词语的解读不是对其语义特征进行穷尽性描述，

---

① ［美］伦纳德·泰尔米：《认知语义学》（第二卷），李福印等译，北京大学出版社 2019 年版，第 3 页。

② ［美］伦纳德·泰尔米：《认知语义学》（第二卷），李福印等译，北京大学出版社 2019 年版，第 5 页。

③ ［美］伦纳德·泰尔米：《认知语义学》（第二卷），李福印等译，北京大学出版社 2019 年版，第 5 页。

语义特征也是通过识解获得的。因此需要进行“语境化解读”。[①]

根据泰尔米（2019）的观点，动词词根词汇化主要有三种类型，在表达最典型的运动时，只使用其中的一种类型，而所谓的典型是指“文体上的口语化”“口语中的常见性”和“普遍性”[②]。首先，需要明确的是，认知语义学中所说的运动事件，指表述运动本身以及持续性静止的情景，汉语存现句中既有运动也有持续性静止的情景，如隐现句中含有运动事件，动态存在句中既存在运动事件又有相对静止事件，静态存在句和无动存在句中存在持续性静止事件。因此，为了实现这些语义功能，动词的词化并入现象在汉语存现句中也大量存在。

运动事件涉及四个成分：即焦点（Figure）和背景（Ground），路径（Path）和运动（Motion），其中路径包含焦点/背景关系中焦点经过的路径和所在的方位，而运动指在运动事件当中运动的存在关系或者方位关系。[③]

动词有多种词汇化方式，存现句中动词的词汇化方式主要表现为“运动 + 副事件”模式，以下的内容，我们将从“运动 + 副事件”的角度详细探讨汉语存现句中动词的词汇化现象。

“运动 + 副事件”是词汇化模式中的一种，指句子中的动词既表达运动事件也表达运动的方式和产生该运动的原因，所谓的副事件即指运动方式和运动原因。运动事件和副事件之间存在多种复杂关系：先发关系、使能关系、原因关系、方式关系、伴随关系、后发关系等。[④] 根据 Croft & Cruse（2022）提出了“预结晶过程”（pre-crystalli-

---

① ［美］威廉·克罗夫特、［英］D. 艾伦·克鲁斯：《认知语言学》，邵军航译，商务印书馆 2022 年版，第 130—133 页。

② ［美］伦纳德·泰尔米：《认知语义学》（第二卷），李福印等译，北京大学出版社 2019 年版，第 8—9 页。

③ ［美］伦纳德·泰尔米：《认知语义学》（第二卷），李福印等译，北京大学出版社 2019 年版，第 7 页。

④ ［美］伦纳德·泰尔米：《认知语义学》（第二卷），李福印等译，北京大学出版社 2019 年版，第 9 页。

zation processes）和“结晶后过程”（post-crystallization processes）。所谓预结晶过程，就是指在结晶前发生并导致结晶的过程，当我们看到或听到一段语言表达式时，就会“有一个理解的瞬间，一种对语义感知的结晶化（crystallization）”①。之后我们可能还会做进一步的因果关系分析，或者是推论，并将这个过程无限持续下去。在对于“运动+副事件”中的原因关系的推导中，即会体现这种对语言表达式的识解过程。

2.1 “运动+副事件”中的原因关系

“运动+副事件”中的原因关系分为两种：初始原因关系和持续原因关系。在初始原因关系中主要运动事件发生在副事件之后，而在持续原因关系中，主要运动事件和副事件同时发生。“运动+副事件”中副事件是主要运动事件发生的必需条件，如果没有副事件的发生，就不会产生主要运动事件，这一点在初始原因关系和持续性原因关系中都是一样的。

我们前面分析过，认知主体通过比较识别情景中的图形/背景关系，比如汉语存现句中存现主体被视为图形，处所被视为背景。认知事件中，也存在图形/背景关系。认知事件有主要和次要的区别，主要事件被视为图形，次要事件被视为背景，两者之间属于“非对称识解”关系（Croft & Cruse，2022）。②“运动+副事件”的图形/背景关系中“主要运动事件”是图形，“副事件”则是背景。这两种事件同样是非对称识解的，不能将之颠倒后识解。

在对“运动+副事件”中的原因关系进行识解时，识解过程被分为了两个阶段：即“预结晶过程”和“结晶过程”。也就是说，当听

① ［美］威廉·克罗夫特、［英］D. 艾伦·克鲁斯：《认知语言学》，邵军航译，商务印书馆2022年版，第132页。

② ［美］威廉·克罗夫特、［英］D. 艾伦·克鲁斯：《认知语言学》，邵军航译，商务印书馆2022年版，第76页。

到或者看到存现句表达式时，我们会对其有一个瞬时的理解，然后我们会分析其中是否具有因果关系，并且据此进行推论。在以下的分析中，我们会看到“V了”存在句中主要运动事件和副事件之间存在初始原因关系和持续性原因关系，这两个原因关系先后发生。我们首先对初始原因关系进行分析，并且把这种原因关系中的结果视为下一个原因关系的原因，然后进一步推论之后的持续性原因关系。也就是说，在“V了”存在句中预结晶过程和结晶过程出现了三次，每个原因关系中出现一次这样的完整过程，第二次的结晶过程被视为第三次的预结晶过程①。

存现句中动词表达的初始原因关系涉及了“V了”存在句和“是”字存在句，下面将就此展开讨论。

2.1.1 初始原因关系

本部分将探讨存现句中的初始原因关系，实例为“V了”存在句和“是”字存在句。

2.1.1.1 “V了”存在句中的初始原因关系

初始原因关系中副事件和主要运动事件在事件发生的时间轴上有一个潜在的“隔断”，在这个“隔断”之前的是副事件，“隔断”之后的是主要运动事件。汉语存现句中副事件发生后，成为后面主要运动事件发生的原因，存现句中的“隔断”并没有在事实上占据时间轴上的某一个真正的位置，因为存现句中的副事件发生后立即导致相应的后果——主要运动事件的发生，在时间上来说是没有隔断的，但是从感知上来说，这是两个认知事件虽然紧密相连，但是却是不同的事件。因此，在感知上必须要有“隔断”感，这对我们下面的分析非常重要，因为这种“隔断”感才能清晰地看到原因和结果是不同的。在汉

① “V了”存现句“运动+副事件”之间既有初始原因关系也有持续性原因关系。为了避免和其他只拥有单一原因关系的存现句混淆，我们在第一部分分析初始原因关系时，没有详细讨论“V了”存在句中的持续性原因关系，而是放到了第三部分中“初始原因关系+持续性原因关系”中进行讨论。

语的存现句中，有一种比较特殊的存在句，通常被称之为“V 了”存在句，如例（39）到例（42）：

（39）墙上挂了一幅画。
（40）桌子上放了一个杯子。
（41）河上架了一座桥。
（42）山上修了两个小亭子。

在这类存在句中，形式和语义似乎发生了冲突：在形式上动词后面带上了表示实现或完结的体助词“了”，但是整个句子的语义却并不是表达某动作的实现或完结，而是表达了一种存在关系，即某处以“V”的方式存在某物。① 我们以“运动＋副事件”理论来分析这种现象，就会得到较为合理的答复。以上句子一般被分析为动作完成或实现之后留下的状况（存在关系）的持续，事实上这种分析方法已经揭示了该句子中存在因果关系，具体分析如下：

例（39）中［墙上挂着一幅画］的初始原因是［有人把一幅画挂在了墙上］

例（40）中［桌子上放着一个杯子］的初始原因是［有人把一个杯子放在了桌子上］

例（41）中［河上有一座桥］的初始原因是［有人在河上架了一座桥］

例（42）中［山上有两个小亭子］的初始原因是［有人在山上修了两个小亭子］

① 句中表示存在关系的语义即是该句子的整体构式义，从构式的界定来看，构式义不能从该构式中的各个成分推断出来，也不能是该构式中各成分的语义之和。但是，我们认为这类句子并没有违反认知语言学中句法反映概念义的观点，我们将在之后证明这一点。

例（39）到例（42）类句子可以看作是由两个句子组成的，比如例（39）和例（40）可以被分解为两个句子，如：

预结晶过程　　　　　　　　结晶过程

↓　　　　　　　　　　　　↓

墙上挂了一幅画＝一幅画被挂在了墙上，墙上有一幅画。

桌子上放了一个杯子＝一个杯子被放在了桌子上，桌子上有一个杯子

例（39）中的动词“挂”有两种不同的用法或含义：一个是表动态义的“挂”这个动作，“有人把一幅画挂在了墙上”就是使用的这个动态义，表动态义的“挂”可以被识解为含有“致使”的语义特征，它是一个及物动词，它的论元既有施事论元，也有受事论元，只不过施事论元在存在句中没有出现；另一个是表静态的“悬挂”义，“墙上挂着一幅画”使用的就是静态义的用法，第二个用法中“挂”可以被识解为一个非致使性的形式，因为它是一个不及物动词，只涉及一个论元。同样，例（40）中的动词“放”在被分解为两个句子时，第一个“放”表示动态动作，有“致使”的语义成分，它是一个既有施事论元也有受事论元的及物动词；而第二个句子中的“放”则是表静态义、只有一个论元的不及物动词。例（41）和例（42）与前面的例（39）和例（40）有不同之处，但是这四个句子都表现出了“运动＋副事件”中蕴含的“原因关系”，并且这些原因关系都是初始原因关系，都表示初始原因之后紧接着发生了主要运动事件。只不过例（39）和例（40）中副事件和主要运动事件中都使用了同一个动词，只是分别使用了该动词的两种不同语义，动态义先出现，静态义后出现。而例（41）和例（42）被分解为两个句子时则有不同的表现，如：

预结晶过程　　　　　　　　　　结晶过程

↓　　　　　　　　　　　　　　↓

河上架了一座桥=有人在河上架了一座桥，河上有一座桥

山上修了两个小亭子=有人在山上修了两个小亭子，山上有两个小亭子

由此可以看到，初始原因关系中的副事件和主要运动事件间有明显的区别，所以我们把这种现象形容为两个事件之间有一个明显的“隔断”，这样能够显著区别原因和结果。特别是例（39）和例（40）中被分界为的两个句子都使用同一个动词形式，如果不将之识解为两个有“隔断”的不同认知事件，容易把它们混淆在一起。比如已有的研究中，有的观点认为“V着”存在句和“V了”存在句中使用相同的动词时，语义不变。如范芳莲（1963）认为“V着”存在句和“V了”存在句中“着”和“了”相当[①]，李临定（1986）认为“着”和“了”互换或省去不会影响句子的意思[②]，聂文龙（1989）认为在静态存在句中“着”和“了”可以互换[③]，宋玉柱（1988）认为表示静态存在关系的“V着”存在句和“V了”存在句是“等价的”，互换后意思不变[④]。任鹰（2000）也持近似的观点，但是她在分析中注意到了动词的复合性和阶段性，并通过在动词前加上相关的副词后证明“着”和“了”互换并不是因为它们的作用一致。[⑤] 必须承认，表示静态存在关系的“V着”存在句和“V了”存在句的语义确实非常接近，“着”和“了”也确实存在可以互换的现象。但是如果从认知语言学的角度来看，概念义的不同必然表现为形式（句法结构）的不同，换言之，句法

① 范芳莲：《存在句》，《中国语文》1963年第5期，第386—395页。

② 李临定：《现代汉语句型》，商务印书馆1986年版。

③ 聂文龙：《存在句和存在句的分类》，《中国语文》1989年第2期，第95—104页。

④ 宋玉柱：《存现句中动词后边的“着”和“了”》，《天津教育学院学报》1988年第1期，第21—27页。

⑤ 任鹰：《静态存在句中“了”等于“着”现象解析》，《世界汉语教学》2000年第1期，第28—34页。

结构的不同映射出概念义的不同。只要形式有差异，必然导致概念义上也有相应的差异，即使这种差异非常小。所以，静态存在句中“着”和“了”的互换必然导致语义上发生变化。在之前的分析中，我们已经论证过“V了”存在句中主要运动事件和副事件之间存在因果关系，属于初始原因关系，原因和结果不能共现。我们之后还会论证“V着”静态存在句中存在的主要运动事件和副事件之间存在持续性原因关系，原因和结果必须共现，且一直相伴。

我们还需要解释的另外一个问题是，为什么例（39）和例（40）中动词的形式上表现为动作的实现或完成，但是句子的整体含义却表达的是存在关系。通过上面的分析，我们了解到这类句子中存在初始原因关系，当说话人（认知主体）想同时表达句子中的原因关系和存在关系时，把两个句子通过概念整合为一个句子，在显性的语言表达式中凸显动作的实现或完成，其目的是为了凸显原因关系，而在非显性表达的语义结构中凸显存在关系。我们认为显性的语言表达式凸显的原因关系中重点是在“结果”上，而“原因”只是一个“附带成分”即副事件，主要运动事件即表结果的存现关系认知事件才是说话人想要表达的主要内容。用显性的方式表达非重点语义成分，而自然而然存在的重点语义成分则不必一定要以显性的方式加以体现，这样才能使得以词汇化（词化并入）方式体现的概念整合得以实现。另外，表示存在关系的语义成分对于说话人来说是现时现景，本来在认知上就有凸显的优势。因此，可以说“V了”存在句的句法结构完全和概念结构相对应。

2.1.1.2　“是”字存在句中的初始原因关系

“是”字存在句既表示存在，也表示判断。宋玉柱（1982）指出，“是”字存在句“具有一定的判断意味”。[①] 因此，张先亮、范晓（2010）把“是”字存在句称为“断定存在句”。[②] 这种语义上的多样性，是导致

---

① 宋玉柱：《定心谓语存在句》，《语言教学与研究》1982年第3期，第27—34页。

② 张先亮、范晓等：《现代汉语存在句研究》，中国社会科学出版社2010年版，第33—34页。

“是”字存在句中既有主要运动事件，也有副事件的直接原因。从该类句子的命名中可以看出，句中的主要运动事件指表示存在的事件，而副事件则是表示判断的事件，“是”字存在句中的副事件导致主要运动事件的发生，即判断事件导致运动事件发生。从例（43）到例（46）中可以看到，说话人使用“是”字存在句表征其对某情景的认知过程中遵循着“先判断，后感知存在”的认知顺序，说话人先对某个情景的真实性做出判断，确定其真实性后，才使其感知到该情景中存在事件。如例（43）中，说话人先判断句中描述的情景“远处是延绵不绝的群山”是否真实，然后才感知某地（即“远处”）存在某物（即绵延不绝的群山）。

（43）远处是绵延不绝的群山。

（44）抽屉里是一本地图册。

（45）岩壁上是一幅幅壁画。

（46）这条街上到处都是小吃店。

在表述“是”字存在句时，说话人的感知经验中存在的阶段性表明，这类句子中的动词“是”的整体语义中是和其有某些特定关系的一组语义成分共同构成的。具体来说是动词“是”词化并入了“原因”（即判断），因此，我们可以把上面的“是”字存在句例句分解为几个小句：

预结晶过程　　　　　　　　结晶过程

↓　　　　　　　　　　　　↓

远处是绵延不绝的群山 = 远处是绵延不绝的群山（表判断），远处有绵延不绝的群山

抽屉里是一本地图册 = 抽屉里是一本地图册（表判断），抽屉里有一本地图册

岩壁上是一幅幅壁画 = 岩壁上是一幅幅壁画（表判断），岩壁上有一幅幅壁画

这条街上到处都是小吃店＝这条街上到处都是小吃店（表判断），这条街上到处都有小吃店

“是”字存在句中的原因关系为初始原因关系，之所以这么说，是因为说话人对句中描述的情景真实性的判断事件（即副事件）是导致之后存在事件（即主要运动事件）的原因。从认知经济性上来说，说话人作出判断后，无须再继续进行判断识别，所以表示副事件的判断事件和表示主要运动事件的存在事件是互不相连的，具有非连续性（即“隔断”），因此我们将“是”字存在句中的原因关系视为初始原因关系。[①] 以下为“是”字存在句初始原因关系的分析：

［远处有绵延不绝的群山］初始原因为［远处是绵延不绝的群山（表判断）］

［抽屉里有一本地图册］初始原因为［抽屉里是一本地图册（表判断）］

［岩壁上有一幅幅壁画］初始原因为［岩壁上是一幅幅壁画（表判断）］

［这条街上到处都有小吃店］初始原因为［这条街上到处都是小吃店（表判断）］

从上面的分析来看，“是”字存在句语言表达式中动词“是”首先表征的是判断义，句子中并没有显性的手段来表征存在义，只有在词化并入后，才使得动词“是”能够表征存在义。

2.1.2　持续性原因关系

持续原因关系中，副事件和主要运动事件同步发生，且在事件发

---

① “是”字存在句中的副事件（判断事件）在认知过程中所需时间可能非常短暂，有时可能是一瞬间，所以在时间轴上占据的位置非常小，容易让人产生该副事件和主要运动事件是同时发生的错觉。但是正如我们前面说到的那样，如果误解为副事件和主要运动事件同时发生并持续下去的话，显然违反了认知经济性原则。

生的时间轴占据同样的长度，即两个事件发生的时间长度一样长，如果副事件结束，必然导致主要运动事件也随之结束。存现句中动词表达持续性原因关系的句子类别比表示初始原因关系的句子类别丰富很多，“V着”存在句（动词为“存在义”的句子除外）、“V有”存在句、光杆动词存在句和隐现句中的动词（动词表达“出现义”或“消失义”除外）都表达了持续性原因关系。

2.1.2.1 “V着”存现句中的持续性原因关系

张旺熹（2016）在关于存在句中动态助词“着”的研究中指出存在句中的动词把状态的存在方式具体化，“着”则表示该方式是持续的。[①]这已经揭示了“V着”存现句的原因关系就是持续性原因关系。如例（47）到例（50）中的动词“镶嵌”“包”“刻”“绑”和之后的体助词“着”一起分别表达了四个副事件，这四个副事件也属于运动事件。副事件的存在，决定着主要运动事件——表示存在的持续性静态运动事件的产生，如：

（47）戒指上镶嵌着一颗钻石。

（48）电脑外面包着一层塑料泡沫。

（49）石壁上刻着许多字。

（50）头发上绑着一根棕色的橡皮筋。

以上例句可以分别分解为几个小句：

预结晶过程　　　　　　　　结晶过程

↓　　　　　　　　　　　　↓

戒指上镶嵌着一颗钻石 = 一颗钻石镶嵌在戒指上，戒指上有一颗钻石

① 张旺熹：《汉语句法的认知结构研究》，学林出版社2016年版，第124页。

电脑外面包着一层塑料泡沫 =一层塑料泡沫包在电脑外面，电脑外面有一层塑料泡沫。

石壁上刻着许多字=许多字刻在石壁上，石壁上有许多字

头发上绑着一根棕色的橡皮筋 =一根棕色的橡皮筋绑在头发上，头发上有一根棕色的橡皮筋

由此可知，每个例句被分解成至少两个小句，这两个小句中前一个句子表示原因，后一个句子表示结果。持续性原因关系中原因和结果都呈持续性存在状况，原因一直伴随着结果，因此我们把这种原因称之为“伴随性原因”，显示此类关系中原因和结果必须伴随共现。而前面所说的初始原因关系中的原因则可以被称之为“非伴随性原因”，显示此类关系中原因和结果不能共现。例（47）到例（50）中的持续性原因关系分析如下：

[戒指上有一颗钻石] 持续性原因为 [一颗钻石镶嵌在戒指上]

[电脑外面有一层塑料泡沫] 持续性原因为 [一层塑料泡沫包在电脑外面]

[石壁上有许多字] 持续性原因为 [许多字刻在石壁上]

[头发上有一根棕色的橡皮筋] 持续性原因为 [一根棕色的橡皮筋绑在头发上]

例（47）到例（50）都是静态存在句，因此其主要运动事件是表静态行为的运动事件。动态存在句中也存在“运动 + 副事件”持续性原因关系，其副事件是表动态行为的运动事件，主要运动事件是表示静态存在关系的运动事件，如例（51）到例（54）：

（51）湖里飘荡着一丛丛茂盛的芦苇。

（52）街上行驶着各种品牌的轿车。

（53）水面上闪耀着耀眼的金色光芒。

（54）天空中飘着白色的云朵。

以上例句的整句语义是由以下几个句子的语义整合而成的：

预结晶过程　　　　　　　　　　结晶过程

↓　　　　　　　　　　　　　　↓

湖里飘荡着一丛丛茂盛的芦苇＝一丛丛茂盛的芦苇在湖里飘荡，湖里有一丛丛茂盛的芦苇

街上行驶着各种品牌的轿车＝各种品牌的轿车在街上行驶，街上行驶有各种品牌的轿车

水面上闪耀着耀眼的金色光芒＝耀眼的金色光芒在水面上闪耀，水面上有耀眼的金色光芒

天空中飘着白色的云朵＝白色的云朵在天空中飘，天空中有白色的云朵

例（51）到例（54）也属于原因关系中的“伴随性原因”，体现为动态运动事件（副事件）表征的原因导致存在关系（即主要运动事件）的产生并一直伴随该存在关系，其原因关系分析如下：

［湖里有一丛丛茂盛的芦苇］持续性原因为［一丛丛茂盛的芦苇在湖里飘荡］

［街上行驶有着各种品牌的轿车］持续性原因为［各种品牌的轿车在街上行驶］

［水面上有耀眼的金色光芒］持续性原因为［耀眼的金色光芒在水面上闪耀］

［天空中有白色的云朵］持续性原因为［白色的云朵在天空中飘］

“V着”动态存在句中原因和结果之间的关系似乎没有“V着”静态存在句那么紧密，在认知事件中，存在关系（主要运动事件）被识解为一种相对静止的状态，动词所表示的动作义被构式压制，而静态的存在义则被凸显。所以“V着”静态存在句更容易自然地引导出同样为静态的存在关系，静态动作义和静态存在义之间存在更好的衔接关系，即更高的关联度。而动态“V着”存在句中的动词则表示动态的动作义，即使受到构式压制，词义中的动态性还是会对说话人和听话人双方产生一定的影响，使他们的注意焦点没有能够完全集中到存在义上，而是把其中一部分注意力放在了动态的动作义上。这和说话双方直接感知相关情景（如通过视觉现场感知）或通过想象或回忆（即意象）间接感知相关情景时，背景映衬下动态的图形特别是有明显位移活动的图形在认知上的高凸显度有关。比如在视觉感知中位移的图形总是更加容易被发现，认知主体的注意力更多地关注位移活动本身，而忽略了其中的存在关系。所以“V着”静态存在句和“V着”动态存在句在存在句范畴中的地位有所不同，静态“V着”存在句比动态“V着”存在句的原型程度更高，在语言产出中静态“V着”静态存在句比“V着”动态存在句的产出频率要高很多。正因为如此，泰尔米（2017）指出词汇化研究需要关注的语言现象是与某个语素有特定关系的一组语义成分构成了该语素的整体语义。[①] 在“运动+副事件”关系中，副事件表达的语义是构成整个构式语义的重要组成部分，它对整个构式语义将产生很大的影响。

无论是“V着”静态存在句还是“V着”动态存在句，句中动词直接表征的都是动作义，动词无法单独表征存在义，存在义是通过词化并入的方式来凸显的。

2.1.2.2 “V有”动词存现句中的持续性原因关系

“V有”存在句也是一个比较特殊的存在句，在存现句范畴中的

---

① ［美］伦纳德·泰尔米：《认知语义学》（第一卷），李福印等译，北京大学出版社2017年版，第5页。

原型程度要低于“V着”存在句，其使用频率也相对较低。孙宏林（1996）把“V有”存在句中的动词分为三类：

第一类是动作性及物动词，如：安保存　设立　镶嵌

第二类是非动作性及物动词，如：包含　包括　带（具有）　含

第三类是不及物动词，如：藏（隐藏）　散落　蕴藏　停

孙文中把“V有”分析为述补结构，[①] 而史有为（1984）则把“V有”分析为偏正结构甚至连动结构，[②] 这几种分析结果都具有各自的合理性，我们将在后面对此展开讨论。首先，请先看例（55）到例（57）：

（55）钥匙上留有犯罪嫌疑人的指纹。

（56）话语中含有一定深意。

（57）草丛中隐藏有一个人。

这几个“V有”存在句的语义同样分别来自于分解开来的句子的意义的整合，以下为分解的句子：

预结晶过程　　　　　　　　　　结晶过程

↓　　　　　　　　　　　　　　↓

钥匙上留有犯罪嫌疑人的指纹＝犯罪嫌疑人在钥匙上留下指纹，钥匙上有犯罪嫌疑人的指纹

话语中含有一定深意＝话语中包含一定深意，话语中有一定深意

草丛中隐藏有一个人＝有一个人隐藏在草丛中，草丛中有一个人

① 孙宏林：《由“V＋有”构成的存在句》，《世界汉语教学》1996年第2期，第22—30页。

② 史有为：《关于“动＋有”》，《语言学论丛》（第十三辑），商务印书馆1984年版，第25—40页。

"V 有"存在句中的三类动词都具有持续义，因此动词表示的动作义词化并入了表示持续性原因关系中的原因，该原因和之后出现的存在义同现，并且占据时间轴上相同的位置：

［钥匙上有犯罪嫌疑人的指纹］持续性原因为［犯罪嫌疑人在钥匙上留下指纹］

［话语中有一定深意］持续性原因为［话语中包含一定深意］

［草丛中有一个人］持续性原因为［有一个人隐藏在草丛中］

"V 有"存在句中的动词表征的动作义和存在义一起保持持续状态，如例（55）中的动词"留"的动作义和句子的存在义同步并持续性共现，句中作为谓语核心的动词仅表征动作义而不涉及存在义，但是其后成分"有"则表征存在义。[①] 因此，"V 有"存在句中用显性的语言表达手段来表征存在义，这个显性表达方式就是成分"有"。因为句子的存在义可以从整体构式义中获取，句中的成分"有"似乎显得有些冗余。我们认为动词"有"在这里凸显了认知主体强调存在义的心理经验，并通过强调存在义而赋予句子具有珍视义和慎重义，表征了认知主体对句中存现主体的珍视感和慎重感。这里的"珍视感"和"慎重感"相对于对存在关系的感知来说，属于附属成分，因此本文倾向于赞同孙宏林的观点，即"有"更适合于分析为述补结构。

2.1.2.3　光杆动词存现句中的持续性原因关系

句中具有持续性原因关系的还有光杆动词存在句，如例（58）和例（59）：

（58）头上戴一顶绒线帽。

（59）盒子里放些许烟丝。

---

① 动词"有"表征的存在义只在一定程度上强调句子的存在义，但是整个句子的存在义则需要构式义来体现。也就是说，单个的动词"有"并不能完全表征整个句子的存在义。

首先要确定的是，光杆存在句中的动词都是表静态义的，另外，光杆存在句除了表示存在关系已经实现外，有时也描述祈使、建议等情景。[①] 例（58）和例（59）的句子整体语义中整合了一组相关语义成分，因此这两个句子可以被分解为几个句子：

预结晶过程　　　　　　　　结晶过程

↓　　　　　　　　　　　　↓

头上戴一顶绒线帽＝一顶绒线帽戴在头上，头上有一顶绒线帽

盒子里放些许烟丝＝些许烟丝放在盒子里，盒子里有些许烟丝

这些被分解出来的句子语义中，蕴含有持续性原因关系：

［头上有一顶绒线帽］持续性原因为［一顶绒线帽戴在头上］

［盒子里有些许烟丝］持续性原因为［些许烟丝放在盒子里］

通过上面的分析，可以看出例（58）和例（59）的分解句中，句子表示的原因和结果同时发生，即原因事件在时间轴上的位置和结果事件在时间轴上的位置是一样的，所以它们之间的原因关系属于持续性原因关系。我们也注意到，整个光杆存在句构式的语义凸显了存在义，即使该存在义在句子并没有使用显性的语言表达手段来进行表征。这是因为光杆动词存在句显性语言表达式中的动词本身没有凸显存在义，而是凸显了动作义，只有在通过词化并入后才有了存在义。

光杆存在句动词后都可以加上体助词“着”变为“V着”静态存在句，在表示已经实现了的存在关系时，光杆存在句和“V着”存在

① 范晓（2010）把后者视为非存在句，从原型理论的角度来看，此类句子确实很大程度上偏离了原型。本书从认知的角度将这类句子看作存在句范畴中的非典型成员，它们是认知主体通过想象而唤起的一种知觉体验，属于一种“意象”现象，也是自主认知事件的一种。参见范晓《存在句的性质、范围、分类及其相关问题》，张先亮、范晓等《现代汉语存在句研究》，中国社会科学出版社2010年版，第66—67页。

句的语义很接近，但是“V着”存在句中多了一个表示动作状态持续义的体助词“着”。因为存在关系在时间域中占据一段持续性的时间，“着”强调动作状态持续性的功能使得“V着”存在句更加具有原型特征，而光杆存在句中没有显性的表达手段凸显这一时间特征，容易被理解为带有想象、建议的非实现类存在句。

2.1.2.4 隐现句中的持续性原因关系

持续性原因关系不仅存在于存在句中，也同样存在于隐现句中。当隐现句中的动词不是直接表示出现义时，随着动词表示的动作义的实现，出现义或消失义也同步产生，如例（60）到例（63）：

（60）屋里走进来一个人。

（61）屋里多了一个人①。

（62）屋里走出去一个人。

（63）屋里少了一个人。

例（60）到例（63）可以分解为几个句子，如：

预结晶过程　　　　结晶过程

↓　　　　　　　　↓

屋里走进来一个人=有一个人走进屋里，有个人在屋里出现了

屋里多了一个人=屋里的人数增加了一个，又有个人在屋里出现了

屋里走出去一个人=有一个人走出屋外，有个人在屋里消失了

屋里少了一个人=屋里的人数减少了一个，又有个人在屋里消失了

① 这个句子中的“多”原为形容词，当其后面带上体助词“了”时，被赋予了动词的特征，但是不属于原型动词，而是非原型动词。

这些被分解的句子中存在原因关系，且该原因和结果同时发生，和存在句不同的是，隐现句中持续性原因关系维持的时间比较短，有时甚至可以识解为具有瞬时义：

［有个人在屋里出现了］持续性原因为［有一个人走进屋里］

［有个人在屋里出现了］持续性原因为［屋里的人数增加了一个］

［有个人在屋里消失了］持续性原因为［有一个人走出屋外］

［有个人在屋里消失了］持续性原因为［屋里的人数减少了一个］

从上面的分析中可以看到，例（60）和例（62）中的存现主体因为“走”这个动作，才导致存现主体在屋里出现或消失，例（61）和例（63）中存现主体在屋里出现或消失导致存现主体的数量发生了变化。

在句子的持续性原因关系中，某些隐现句和存现句一样，使用动词表征了表原因的动作义，但是没有表征存在义，整个句子中也没有任何显性语言手段表征存在义，只能通过整体构式才能发现句子中有存在义，如例（61）和例（63）。但是有的隐现句除了使用动词表征动作义外，还使用一些相对显性的语言手段来表达存在义，如例（60）和例（62）中动词后面的趋向补语“进来”和“出去”似乎能够在一定程度上分别表征出现义和消失义，显示“进来”和“出现”、“出去”和“消失”之间在深层语义上有一定的一致性[①]。

汉语隐现句中的动词除了比较明显的具有出现义或消失义的动词（如出现、显现、显露、消失等）之外，其他动词都需要经历词化并入过程，才能表征隐现义。另外，动词对于隐现义的表征有时使用显性的手段来加以体现，如动词后面带上趋向补语，而有时却又没有相

---

① 这里所说的语义上的“一致性”是从观察者的角度来判断的，并不是真正在语义上实现了“等值”。

关的显性手段来表征隐现义，而是借助句中各认知事件之间的逻辑关系（因果关系）推导出隐现义。

2.1.3 初始原因关系+持续性原因关系

"心理经验是一连串的认知事件"，某一认知世界如果出现重建的话，该事件类型将会越来越固化，当固化达到一定程度时，多个认知事件将实现模式化和整合，随着不断的固化和常规的不断确立，人们的心理经验将会越来越趋精密化和结构化。① 本节将要分析的问题是一种较为复杂的"心理经验系列"。之所以叫作"心理经验系列"，是因为其实现了多个心理经验的套叠和组合，在"运动+副事件"心理经验中，某些认知事件的身份出现了变化。由原来在某一个认知世界过程中的主要认知事件改变为另一个认知过程中的副事件，使得该句子当中动词词化并入的过程体现为初始原因关系和持续性原因关系的套叠，出现初始原因关系加持续性原因关系的现象。汉语存现句中的"V 了"存在句即体现了这一复杂关系。这种复杂关系是相关事件类型不断重现并越来越固化后形成的一个整体单位中相关认知事件之间的相互影响关系。

我们前面的分析中，把"V 了"存现句视为"运动+副事件"中的初始原因关系，而事实上，在该类存现句构式中还隐藏着一个不易为人所发现的持续性原因关系，请先看例句：

(64) 盘子里放了一些糖果。

(65) 床架上挂了一幅蚊帐。

(66) 书包里放了一套文具。

之前在分析单纯的初始原因关系时，曾经把"V 了"存在句分解为两个句子，为了方便阅读，我们把例（39）再现为例（67）：

---

① ［美］兰盖克（Ronald W. Langacker）：《认知语法基础》（第一卷），牛宝义、王义娜、席留生、高航译，北京大学出版社 2013 年版，第 106 页。

（67）墙上挂了一幅画。

该句子被分解为以下句子：

墙上挂了一幅画＝一幅画被挂在了墙上，墙上有一幅画。

我们在分析“V了”存在句中的初始原因关系时，根据其语义构成分把“V了”存在句解为几个小句子时，为了重点分析动词词化并入的初始原因关系，做了一定的简化处理，我们简化了句子当中的动词“放”的词化并入过程中的中间环节。但是，如果把上面的这几个“V了”存在句整体语义的构成成分进一步细化的话，就会发现该动词在词化并入过程中还隐含了一个中间环节，这个中间环节就是动词词化并入的持续性原因关系环节。为了显示该中间环节，我们先把例（67）分解为三个句子：

墙上挂了一幅画＝有人把一幅画挂起来，墙上挂着一幅画，墙上有一幅画。

根据分解的三个句子，再分析其中的原因关系：

［墙上挂着一幅画］初始原因为［有人把一幅画挂起来］→
［墙上有一幅画］持续性原因为［墙上挂着一幅画］

从上面的分析中，可以发现该句子的语义结构中有两种原因关系：初始原因关系和持续性原因关系，并且这两种原因关系呈线性展开，首先出现的是初始原因关系，其后出现的是持续性原因关系。被分解的第二个小句中“墙上挂着一幅画”里的动词“挂”起着承上启下的作用，它既是前面初始原因关系中的主要运动事件（即结果），也是后面持续性原因关系中的副事件（即原因）。也就是说，例（67）中的动词“挂”经历了两次词化并入：动作实现义或完结义→动作持续义→存在义。在进行词化并入分析时，如果不是特别注意的话，两次词化并入的中间阶段即“墙上挂着一幅画”中动词“挂”表示动作的持续义阶段比较容易被忽略。但在认知过程中，这个中间阶段是不可或缺的，如果缺少了动作的持续义，就不会产生存在义。

为了更加清楚地表述这个问题，我们使用刚才分析例（67）的方法，把例（64）到例（66）进行细化分析。先把这几个句子在语义构成的基础上进行分解：

预结晶过程　　　　　　　　结晶过程
↓　　　　　　　　　　　　↓

盘子里放了一些糖果＝有人把一些糖果放到盘子里，盘子里放着一些糖果，盘子里有一些糖果

床架上挂了一幅蚊帐＝有人把一幅蚊帐挂在床架上，床架上挂着一幅蚊帐，床架上有一幅蚊帐

书包里放了一套文具＝有人把一套文具放到书包里，书包里放着一套文具，书包里有一套文具

下面再进一步分析例（64）到例（66）中的动词词化并入情况。下面根据分解的句子，分析其中的原因关系：

［盘子里放着一些糖果］初始原因为［有人把一些糖果放到盘子里］→［盘子里有一些糖果］持续性原因为［盘子里放着一些糖果］

［床架上挂着一幅蚊帐］初始原因为［有人把一幅蚊帐挂在床架上］→［床架上有一幅蚊帐］持续性原因为［床架上挂着一幅蚊帐］

［书包里放着一套文具］初始原因为［有人把一套文具放到书包里］→［书包里有一套文具］持续性原因为［书包里放着一套文具］

简言之，例（64）到例（66）这三个“V了”存在句中的动词都经历了“变化义（实现义或完结义）→持续义→存在义”三个过程。其中变化义是初始原因关系中的原因，持续义既是初始原因关系中的结果，也是持续性原因关系中的原因，存在义则是持续性原因关系中的结果。

特别需要注意的是，尽管存在义是整个构式义，也是构式中动词不断进行词化并入得到的最终结果，但是在语言表达式中始终没有使用显性的语言手段来表达这一重要语义。这种现象不仅出现在“初始原因关系+持续性原因关系”中，也同样出现在单纯的初始原因关系或单纯的持续性原因关系中。我们认为这种现象是人们在更高的认知层面上协调各认知事件间复杂的逻辑关系和认知规律，使之在句法和语义的适配性方面达到最佳关联：使用最简略的句法形式表征尽可能多的语义内容。

从图形/背景关系上来看，“V了”存在句中有两个认知事件图形/背景关系，一个是在初始原因关系中，一个是在持续性原因关系中。他们都是原因为背景，结果为图形。在这两个原因关系中，表示状态持续义的动词出现了图形到背景的身份转换，也就是说，初始原因关系认知事件中的图形也是持续性原因关系认识事件中的背景。这样的身份转换并没有违背认知事件图形/背景关系中的不对称识解，因为表示状态持续义的动词分别对应于两个不同的图形/背景关系，所以这里的身份转换并不是单一图形/背景关系中的图形和背景的身份颠倒。

2.2 方式关系

在“运动+副事件”中动词表征通过各种方式发生了运动。汉语存现句中的动词只要不是直接表示“存在义”“出现义”或“消失义”，都可以被视作状态的持续方式，这样一来，状态的持续方式也顺理成章地被视为存现主体的存现方式。在关系方式中有一个比较严格的要求，即副事件必须与主要运动事件同时发生（泰尔米，2019）。[①]如果主要运动事件持续性进行时，副事件必须一直伴随，也就是说在事件发生的时间轴上，主要运动事件和副事件处于时间轴的同一位置，并且主要认知事件被概念化为图形/背景关系中的图形，而副事件则被概念化为背景。在方式关系中“运动+副事件”中的动词必须是表示运动方式的动词，而“是”字存在句中的动词“是”并不表示具体的运动方式，因此，“是”字存在句构式中并没有方式关系。方式关系广泛存在于汉语存现句中，以下为存现句中动词通过词化并入体现的方式关系：

（68）沙发前面放着一个茶几。
　　［沙发前面有一个茶几］方式为［放］
（69）窗户上贴了窗花。
　　［窗户上有窗花］方式为［贴］
（70）树上开满了鲜花。
　　［树上有鲜花］方式为［开满］
（71）这家博物馆里藏有战国时的编钟。
　　［这家博物馆里有战国时的编钟］方式为［藏］
（72）屋檐下斜靠一架木梯。
　　［屋檐下有一架木梯］方式为［斜靠］
（73）大门口跑进来一个人。
　　［大门口出现一个人］方式为［跑进来］
（74）那个窗口跳出去一个人。

① ［美］伦纳德·泰尔米：《认知语义学》（第二卷），李福印等译，北京大学出版社2019年版，第31—32页。

［那个窗口消失一个人］方式为［跳出去］

有时，副事件中的动词可能表征震荡或旋转等的“自足运动”，如例（75）和例（76）：①

（75）胸腔里跳动着一颗心脏。

［胸腔里有一颗心脏］方式为［跳动］

（76）仓库门口滚进来一个球状物。

［仓库门口有一个球状物］方式为［滚进来］

2.3 多重词化并入关系

存现句中的词化并入有时并不是单一的词化并入，而是更多地体现为蕴含多重关系的复杂的词化并入，有时为多重原因关系，比如前面分析过的“V了”存在句中既有初始原因关系，也有持续性原因关系。另外，除了非直接表达“存现义”的动词外，其他动词几乎都能够表征运动的方式、即表征方式关系的同时，还能够表征原因关系，如“V着”存在句、“V了”存在句、“V有”存在句、光杆动词存在句和隐现句，如：

（77）我的电脑里存着很多工作文档。

［我的电脑里有很多工作文档］方式为［存］

［我的电脑里有很多工作文档］持续性原因为［有人把很多工作文档存在我的电脑里］

（78）会议室里坐着很多人。

［会议室里有很多人］方式为［坐］

① 不是所有表示自足运动的动词都可以进入存现句副事件中，比如“膨胀”类动词。

[会议室里有很多人] 持续性原因为 [很多人坐在会议室里]

(79) 手机里存了很多流行歌曲。

[手机里有很多流行歌曲] 方式为 [存]

[手机里存着很多流行歌曲] 初始原因为 [有人把很多流行歌曲存在手机里]

[手机里有很多流行歌曲] 持续性原因为 [手机里存着很多流行歌曲]

(80) 那辆车里坐了不少人。

[那辆车里有不少人] 方式为 [坐]

[那辆车里坐着不少人] 初始原因为 [不少人坐在那辆车里]

[那辆车里有不少人] 持续性原因为 [那辆车里坐着不少人]

(81) 公司里所有的电脑里都设置有杀毒软件。

[公司里所有的电脑里都有杀毒软件] 方式为 [设置]

[公司里所有的电脑里都有杀毒软件] 持续性原因为 [公司里所有的电脑里都设置杀毒软件]

(82) 左边栽一棵月季花。

[左边有一棵月季花] 方式为 [栽]

[左边有一棵月季花] 初始原因为 [有人把一棵月季花栽在左边]

(83) 收费窗口伸进了一只手。

[收费窗口里出现一只手] 方式为 [伸进]

[收费窗口里出现一只手] 初始原因为 [一只手伸进收费窗口里]

(84) 动物园里逃走了一只花豹。

[动物园里消失了一只花豹] 方式为 [逃走]

[动物园里消失了一只花豹] 初始原因为 [一只花豹从动物园里逃走了]

2.4 小结

经过以上分析，可以看到存现句中动词表达的原因关系或方式关系具有一定的复杂性，反映了人类认知方式和认知过程的复杂性。以下我们将对存现句动词表达的原因关系的一系列特征加以总结。

汉语存现句中的动词如果不是直接表征“存现义”“出现义”和“消失义”，该动词需要经过词化并入过程，实现“存现义”“出现义”或“消失义”。

存现句中动词表达的原因关系包括初始原因关系和持续性原因关系，初始原因关系涉及“V 了”存在句和“是”字存在句，持续性原因关系涉及“V 着”存在句、“V 有”存在句、“是”字存在句、光杆动词存在句和隐现句。另外，“V 了”存在句动词除了表达初始原因关系外，还表达持续性原因关系，这两种关系在句中套叠在一起，初始原因关系的结果也是持续性原因关系中的原因。“V 了”存在句动词实现存在义需要经历三个阶段：变化义（实现义或完成义）→持续义→存在义。

存现句动词表征存在义存在两种不同方式：一种是通过附加其他显性语言手段辅助表征存在义，如“V + 有”和“V + 趋向补语”；另一种是通过动词表达的原因关系中的逻辑关系表征存在义。在语言事实中，后者在使用数量上占据优势。

存现句“运动 + 副事件”关系中存在图形/背景关系，主要运动事件是图形，副事件是背景，由于该关系为不对称识解，不能把副事件看作图形，而把主要运动事件看作背景，所以存现句构式的整体意义都表示存现义，即使动词或构式的存现义在形式上不一定有显性的语言表达手段。

认知事件的图形/背景关系在汉语存现句中出现的次数也存在不同，除了“V了”存在句之外，其他存现句中只存在一个认知事件图形/背景关系，而“V了”存在句中存在两个认知事件图形/背景关系：初始原因关系中的原因和结果形成图形/背景关系，其中原因是背景，其结果是图形；持续性原因关系中的原因和结果形成另一个图形/背景关系，其中原因为背景，结果为图形。初始原因关系中的结果和持续性原因关系中的原因是同一个小句中的动词表达的，句中的动词表示状态的持续义，这个表持续义的动词被识解为初始原因关系中的图形，也被识解为持续性原因关系中的背景。

存现句中动词的词化并入有单个词化并入，表现为初始原因关系、持续性原因关系或方式关系；也有多重词化并入，表现为多个原因关系和方式关系的重合。其中只要具有方式关系，就一定同时具有原因关系，但是具有原因关系，却并不一定具有方式关系，如“是”字存在句。

存现句动词直接表示“存现义”时，不会发生词化并入现象，如“有”字存在句、动词为“存在”的“V着”存在句和动词为“出现”“显现”“显露”或“消失”等的隐现句。

存现句的识解过程可分为结晶过程和预结晶过程，当看到或听到某一个存现句时，对该句的语义进行瞬间识解的过程叫作预结晶过程。在此基础之上，对于该句中存在的因果关系进行分析的过程属于结晶过程，除了“V了”存在句外，其他存在句中只有两次识解过程，“V了”存在句中出现了三次识解过程，其中，第二次识解过程中的结晶过程是第三次识解过程中的预结晶过程。

第四章　存现句特殊构式分析

从认知的角度来看，可以把存现句视为一个范畴。该范畴中既有原型成员，也有一些偏离原型的非原型成员。这些非原型的成员在句法、语义、语用等方面部分或完全地和原型成员存在一定的差异，它们彼此之间在范畴中的地位也有所不同。这些非原型存现句有自己独特的构式形式和意义，分析这些特殊构式的构成理据，有助于存现句范畴的界定和分类，也有助于对一些以往研究中颇多争议的问题提供更加有说服力的解释。

本章将要对现代汉语存现句中的一些特殊句式进行分析和讨论。在此之前，我们先看一下 Goldberg（2007）关于构式的定义，所谓的构式是指“C 是一个构式当且仅当 C 是一个形式—意义的配对 < Fi, Si >，且 C 的形式或意义的某些方面不能从 C 的构成成分或其他先前已有的构式中得到完全预测”（Goldberg，2007）[①]。构式是形式和意义的结合体，当我们分析一个构式时，不仅分析句法结构，也要分析其语义结构。因此，构式在语法中是独立存在的，构式的整体意义不能从构式的组成成分的意义推导出来（Goldberg，2007）[②]。对于构式意义的理解，必须站在整体构式的角度，因此，对构式的识解是一种对

① ［美］Adele E. Goldberg：《构式：论元结构的构式语法研究》，吴海波译，冯奇审定，北京大学出版社 2007 年版，第 4 页。

② ［美］Adele E. Goldberg：《构式：论元结构的构式语法研究》，吴海波译，冯奇审定，北京大学出版社 2007 年版，第 4 页。

完形的识解。激进构式语法甚至认为“构式部件之间的关系完全是语义上”的，在这种语法中否定了句法关系的存在，这也说明构式语法非常关注构式的语义。①

Goldberg（2013）认为构式普遍存在于每一种语言当中。② 因此，“对独特的格式或特别复杂的格式的有效解释离不开构式”③。构式语法具有生成性，该语法力图解释各类表达式是否合乎语法（Goldberg，2007）④，构式的研究是基于使用的，常常会出现这样的情况即某些特别的表达式比其他的表达式更常见（Goldberg，2013）⑤。所以无论从使用的角度还是从习得的角度来说，对于特殊构式的分析都是非常有必要的。

第一节 专有名词存在句构式

在这一节中我们将要讨论一个比较特殊的现象，即汉语存现句中专有名词做宾语的现象，在讨论这个问题之前，我们先从认知的角度分析一下专有名词的特征。

原型的专有名词自身带有情景植入，即原型专有名词是有定的，和其他普通名词相比，专有名词偏离了名词范畴的原型模式。一般的普通名词代表一个类型或者是一个范畴，这个类型或者范畴当中，有不止一个成员，这些成员具有家族相似性，并且这种相似性，将各成

① ［美］威廉·克罗夫特、［英］D. 艾伦·克鲁斯：《认知语言学》，邵军航译，商务印书馆 2022 年版，第 382 页。

② ［美］Adele E. Goldberg：《运作中的构式：语言概括的本质》，吴海波译，北京大学出版社 2013 年版，第 9 页。

③ ［美］Adele E. Goldberg：《运作中的构式：语言概括的本质》，吴海波译，北京大学出版社 2013 年版，第 9 页。

④ ［美］Adele E. Goldberg：《构式：论元结构的构式语法研究》，吴海波译，冯奇审定，北京大学出版社 2007 年版，第 7 页。

⑤ ［美］Adele E. Goldberg：《运作中的构式：语言概括的本质》，吴海波译，北京大学出版社 2013 年版，第 12—13 页。

员联系在一起，归类为一个总的整体名词范畴。因此，在非特定语境下提到普通名词时，该普通名词一般指向的是一个拥有多个相互之间具有相似关系又有不同之处的实例，只有在特定的语境当中，普通名词才能指向一个具体的实例，从这方面来说，普通名词是无定的。但是专有名词不同，我们也可以把专有名词看作是一个类型或一个范畴，因其专门指向一个唯一的实体，所以在专有名词类型或范畴中的成员或者实例只有一个。换句话说，专有名词的类型和实例之间没有了区分，因为这个区分被综合了。专有名词的这种特性是一种在某一个社会群体中命名的理想化认知模型，通过这种认知模型，每一个特定的实体指向一个特定的名称，该名称只能拿来标识该实体，而不能用于其他的实体。也就是说，一个专有名词所标识的名称是用来为一个特定的实体命名的。

在某个特定的社会群体当中，某个专有名词被用来当作识别某一个特定实体的手段，正因为专有名词的这种特性，显示出它和普通名词的有很大的不同之处。因此，兰盖克（2017）认为专有名词是一种偏离原型模式的情况。[①] 这里的原型是以名词范畴中具有最多家族相似性的成员，如名词“猫”这个词语，本身可以表示该名词范畴的类型特征，该类型特征具有指称功能可以指称该范畴中的所有成员，但是并不指向范畴中的某一个具体的成员。当要表示该范畴中的一个实例时可以使用指示代词来表示，如“这只猫”，指示代词在这里履行了情景植入的功能，表示有定性。

另外普通名词前还可以加入数量不等的修饰语，其中可能有表示数量特征的词语，在汉语中往往用数量短语来加以表达，比如“这三只毛色不一的猫”。而专有名词的表现却具有特异性，一般情况下专有名词往往以光杆名词的形式出现，而其他名词常常带有各类修饰语，因为专有名词的范畴或类型和该范畴或类型中的成员似乎合二为一了，

---

① ［美］兰盖克（Ronald W. Langacker）：《认知语法基础》（第二卷），牛宝义、王义娜、席留生、高航译，北京大学出版社 2017 年版，第 57—58 页。

如当我们说到专有名词“中国”时，这个专有名词不光表示了类型特征，还能够指向一个专门的个体，实现了例示的功能。另外，因为专有名词是专职的，因此它自带有一个隐性的数量特征，在汉语中表现为“一+量词”。

专有名词范畴中只有一个成员，当我们说到该词语时，其指称的对象就是范畴中唯一的成员，因此它具有有定性。而普通名词则不然，当我们说到一个普通名词如“猫”时，我们只能看到它的类型特征，名词“猫”并没有一个特定的指称对象，因此它是无定的。另外，普通名词也没有任何显性或者是隐性的数量特征，因为汉语中的名词本身并不能体现复数范畴，表示数量时往往要在该名词前加上数量短语。因此，我们可以看到在专有名词中，既表示了类型特征，也表示了该类型中的实例，另外，它本身还自带数量特征即“一个”。正因为其有唯一性，所以可以推断专有名词是有定的。兰盖克（2013）曾经指出，专有名词当中，类型、例示、数量和情景植入在单一的一个表达式里实现了重合。① 正因为如此，专有名词自身能够实现这些功能，所以一般不需要带修饰语，在大多数的语境当中，专有名词都是以光杆名词的形式出现的。

当专有名词前出现了数量短语或是其他修饰语时，必须得到相关的语境支持，特别是专有名词前带有数量修饰语时（该数量修饰语大多数是数量短语），这明显违背了我们前面所讨论过的专有名词的数量特征。因为专有名词自身带有隐性数量特征，如果以显性的形式来表达该特征时，往往隐含有这样的含义：即该名词所表达的类型中不止一个实例。现代汉语存现句的宾语中有不少的数量短语加专有名词作宾语的情况，这种情况不光在存在句中出现，也同样出现在隐现句中，比如例（1）到例（4）：

① ［美］兰盖克（Ronald W. Langacker）：《认知语法基础》（第一卷），牛宝义、王义娜、席留生、高航译，北京大学出版社2013年版，第57页。

(1) 床上坐着一个李明，门边站着一个张强。

(2) 女排队员中只要有一个郎平，就可以极大地鼓舞全队的士气。

(3) 汉朝出了一个霍去病，把匈奴打得落花流水。

(4) 我们公司走了一个李馨，就好像失去了主心骨。

以上例句当中，专有名词宾语前的修饰语都是“一+量词”这样的数量短语，其隐性数量特征被显性数量特征所取代。虽然从表面上来看，显性特征和隐性特征都表示的是同一个意思，但是，一般情况下以数量短语来表示的数量特征往往还隐含有另外一个意思，即修饰的名词范畴中有不止一个成员。如果从整个存现句的语义来看，这里的专有名词宾语并没有因为前面带上数量短语修饰语而变成普通名词，它还是指向唯一的一个个体，所以存现句专有名词宾语具有语义上的稳定性。那么表示无定的“一+量词”的数量短语修饰有定的专有名词的原因是什么呢？我们对此的解释是，存现句宾语是句子中的新信息，在说话者没有说出这个句子时，听话者并不知道存现主体是何人何物，所以它是无定的，从这个角度来看，数量短语可以修饰宾语。

还有另外一种相似的情况是，存现句中的宾语是专有名词，但是前面并没有数量短语来修饰，这里的专有名词同样指向唯一的个体，从人们具有的百科知识来看，这里的专有名词是有定的，但是对于听话人来说，这里的专有名词宾语即使不带数量短语，也不是有定的，如：

(5) 唐朝有李白，宋朝有苏东坡，他们都是那个时代文学界的佼佼者。

以上两种情况中都有一个共同的特点，就是存现句中的宾语都是专有名词，是信息传递链中的最后环节，也是新信息的焦点所在。它们所在的句末的位置也可以看作是一种隐性的情境植入，体现了其无定性。唯一不同的是，第一种情况中专有名词前还使用“一 + 量词”这样的数量短语进行情景植入，提示其无定性。这两种情况中都有一个共同的矛盾，即无定性和有定性同现。张伯江（2005）也关注过存现句中这种有定和无定同时出现的现象。

如果用认知语法来进行解释的话，专有名词是有定范畴当中的原型成员。正因为如此，当专有名词出现在表示新信息的句末，同时往往还可能加上“一 + 量词”，这样的修饰语无论在句法层面还是在语义层面，都违反了相关的规律。吕叔湘先生（1944）指出，“一 + 量词”加专有名词不是词汇搭配选择，张伯江（2006）做出了更加详细的阐明，认为出现这样的情况是因为“词汇搭配选择服从于句式要求”。[①] 这种观点和认知语法中构式语法的观点不谋而合。根据构式语法的观点，构式是形式和意义的配对体，其形式或意义的某些方面不能从构式的构成成分中得到完全的预测（Goldberg，2007）。[②] 也就是说，对于存现句构式义的理解需要从整个构式来进行理解，而不能单从构式中的某个成分来进行理解。如果从构式义的角度来进行理解的话，存现句中的专有名词宾语就可以得到合理的解释。

另外，在分析这一矛盾现象时，还可从构式压制的角度进行探讨。所谓的构式压制，指“句法上和词法上看不见的，它是由解决（语义）冲突的需要触发的，受到因隐性上下文语境须做另样解释的机制的影响”（De swart，1998）[③]。也就是说，构式压制是隐性的，当词汇义和构式义发生语义冲突，句法环境所产生的压制因子使得词汇义服从于构式

① 张伯江：《存现句里的专有名词宾语》，《语法研究和探索（十三）》2006 年第 1 期，第 214—219 页。

② ［美］Adele E. Goldberg：《构式：论元结构的构式语法研究》，吴海波译，冯奇审定，北京大学出版社 2007 年版，第 4 页。

③ De Swart，Henriëtte，Aspect Shift and Coercion，*Natural Language and Linguistic Theory*，16，1998，p. 360.

义。简单解释一下，词汇就像一个外来客，当它进入构式时，必须入乡随俗，只有这样词汇义和构式义才能在语义表达上实现协同。

我们再来看一下汉语存现句构式中对位于句末的专有名词宾语的压制效应，这种压制效应属于构式研究者所说的“离心压制效应”。“离心压制效应”的解释有两种：结构主义语言学家认为离心结构指整个词组的句法功能不与该词组中的任何组成成分的句法功能相同；构式语法学家则认为句法结构不仅由“语核”驱动，也可以由“构式”驱动。① 我们还需要区别存现句中的这种离心压制效应是由于限定词这样的非语核因素引起的，还是由于构式所驱动的。在例（1）到例（4）中，专有名词前面出现了“一 + 量词”的数量短语，它的作用类似于英语当中的不定冠词“a”。当英语中当不定冠词“a”后面出现了不可数名词时，由于不定冠词“a”的压制作用使得不可数名词具有了可数的特征，比如例（6）：

（6）I had a tea.

我们再来比较一下汉语存现句中的宾语，“一 + 量词”加专有名词，从对例（1）到例（4）的解读来看，“一个李明”“一个张强”“一个郎平”“一个霍去病”“一个李鑫”等都无法被解读为某个范畴中的众多成员中的一个实例。也就是说，“一 + 量词”的数量短语虽然本身具有表达无定性的功能，但是在存现句中却并不能驱使或影响相邻的被修饰的专有名词具有无定性质，所以可以排除非语核因素导致的压制。除此之外，要考虑另外一个因素的影响，即前面说到的存现句中的专有名词作为宾语出现在句末位置，在存现句的原型解释中，其句末宾语是整个句子的信息焦点，即新信息，所以存现句的宾语是无定的。从这个分析角度来看，似乎可以说，存现句中的专有名词宾

① 王寅：《构式语法研究（上卷）：理论思索》，上海外语教育出版社 2011 年版，第 340—341 页。

语的无定性是因为其所在句中的位置而导致的。如果只是从在句中的位置来进行判断的话，现代汉语中的焦点信息确实大部分都是在句末，但是这并不意味着句末位置是焦点信息的必然位置，在某些句子里面，焦点信息也可能出现在句首或者句中，如例（7）和例（8）中的“昨天”和“台风”：

（7）我是昨天到北京的。

（8）台风是导致沿海农作物减产的主要原因。

所以我们得出的结论是，存现句中专有名词的无定性，并不是单纯因为其在句中的位置所导致的，而是因为整个存现句构式而引起的。因为存现句构式义中的句末位置是新信息所在的位置是规约性的，专有名词被识解为无定名词是因为这个专有名词出现在存现句构式中句末位置，必须遵守存现句构式义的规约性。专有名词由有定转为无定是受到了存现句构式的压制，专有名词的词汇义必须服从于构式义，才能进入存现句构式。

词汇义受到压制后发生类型移变，Michaelis（2004）将其分为显性类型移变和隐性类型移变①。显性类型移变指词语有多个常规语义类型，当其和不同的语法构式组配时受到构式义的影响出现了类型移变，比如动词可以表示述义性过程，在“V 着”存在句构式中，表示该述义性过程正在持续中，而在“V 了”存在句构式中，则表示该述义性过程已经实现或者完成。由此可以看出显性类型移变指的是词项的多个语义类型在不同的组配语法构式中有特定的选择项，而这些语义类型是该词项本身所具有的。隐性类型移变则是指当构式中的词汇义和构式义发生语义冲突时，受到构式义的压制，在显性语言形式上出现的非常规搭配，而该词项改变了原有的某个语义类型，拥有了一

---

① Michaelis, Laura A., Type Shifting in Construction Grammar: An Integrated Approach to Aspectual Coercion, *Cognitive Linguistics*, 2004, 15 (1), p. 28.

个原来没有的新的语义类型。比如汉语存现句中的专有名词原来是有定的，但是当专有名词进入存现句构式义中充当宾语时，其有定性移变为了无定性。通过以上论证，可以看到存现句专有名词宾语受到存现句构式压制，从有定变为无定的移变是一种隐性类型移变。

古川裕（2001）提出了“显著性原则”假说，他认为在认知结构上“凸出来”的事物容易被看作有界的个体事物，该认知结构体现在句法结构上则表现为使用数量词定语充当修饰语，而在认知结构上不显眼的事物，则使用光杆形式来表达。① 这个观点在大多数情况下是适用的，但是在某些情况下也会出现例外，如例（9）和例（10）：

（9）屋里有人。

（10）巷子里有坏人，我害怕。

古川裕（2001）指出，否定句、疑问句、祈使句、条件句等句子里面的宾语都没有所指的事物。另外，在他所举的例子当中，存现句、双宾语句的否定形式和疑问形式、双宾语句、假设条件句等句子中的宾语也不能使用数量词进行修饰。② 但是我们可以看到，例（1）和例（2）就是其文中提到不能够使用数量短语进行修饰的句子。而本章所讨论的存现句中，当宾语是专有名词时，在认知经验上同样可以被看作是凸显的事物，同时，句中的专有名词在构式中保留了原先的指向功能，即专有名词指向一个特定的对象。因此，句中的专有名词也是有界的个体事物，但是其有界性通过自身可以进行隐性的情景植入，不需要再另外加上数量短语加以修饰，因为从语言的经济性上来说，这是冗余成分。

有的专有名词存现句中的宾语前也并没有数量短语，这就说明存

① 古川裕：《外界事物的“显著性”与句中名词的“有标性”——“出现、存在、消失”与“有界、无界”》，《当代语言学》2001 年第 4 期，第 264—274 页。

② 古川裕：《外界事物的“显著性”与句中名词的“有标性”——“出现、存在、消失”与“有界、无界”》，《当代语言学》2001 年第 4 期，第 264—274 页。

现句中专有名词宾语前是可以不需要带上数量短语来体现其有界性的。那么我们为什么经常看到数量短语出现在存现句专有名词宾语前？这个问题可以用认知语言学的观点来加以解释。认知语言学认为语言的句法结构体现了认识主体的概念结构，有的句子中之所以没有出现数量短语，最主要的原因可能是说话人自己并不清楚存现主体的数量。比如说话人感知到了存现主体，但是并没有通过视觉加以确认，或者说是说话人的注意焦点更多地放在宾语中心语上，而有意无意地忽视了存现主体的数量信息。在这种情况下，可能没有带上数量短语。当存现句宾语是专有名词时，如果其前面带上了数量短语做修饰语，表示说话人不光关注到了存现主体的存在、出现或消失，同时也关注到存现主体的数量信息。另外，像这样专有名词宾语前带上数量短语修饰语的情况，大多出现在说话人并没有在事件发生现场，而是通过想象来描述该认知事件的，因此，这类存现句表现的是认知主体的一种意向性的自主认知事件。而当专有名词前没有带上数量短语时，大多数情况下说话人是在事件发生的现场亲身体验到了该情景，并使用存现句将该情景表达出来。在这种情境下，说话人往往选择忽略了专有名词的数量信息。当然，这也并不是完全绝对的，有时候说话人通过想象描述某一情景时，也不使用数量短语修饰专有名词宾语，这种情况往往发生在说话人关注点集中在存现主体所带有的其他特征或信息上，因而弱化或忽视了其数量信息，如：

（11）A：请你回想一下，当时这些人是在什么位置？

B：我记得当时左边坐着李斌，右边坐着王强，前面坐着李晓云，后面坐着张彬彬。

另外，当认知事件并不是说话人直接经历的，比如也许是听说的或是从书上看到的信息，说话人通过想象或者回忆某一个情景，专有名词前往往需要带有数量修饰语，而如果认知事件是说话人亲身经历的，一般不使用数量短语修饰专业名词。

由此可见，存现句专有名词宾语前面需不需要加上数量短语加以修饰和说话人及认知主体的心理经验息息相关。当说话人的注意焦点放在存现主体的其他类型特征上，就可能弱化或者忽略数量信息。或者是当说话人的心理经验中并没有感知到存现主体的数量信息时，就不会使用数量短语来修饰宾语。当存现主体为专有名词表示的事物时，如果说话人是通过亲身体验获得了心理经验，那么一般也不使用数量短语来修饰宾语。这是因为专有名词宾语本身就通过隐性情境植入了数量特征，不管说话人通过事后的回忆，还是当场的描述来表达该情境，在说话人的心理概念中，都把该认知事件当作现场发生的事件。所以说话人一般不会使用显性的数量短语来表达专有名词的数量信息。而当说话的人通过间接的方式获取信息，并通过自主认知方式想象某一情景时，仍会更加关注存现主体的数量信息。在这种情况下，说话人的语言表达中往往会使用数量短语来修饰专有名词宾语，以凸显其数量特征。因此，存现句中的光杆专有名词并不是无界的。

我们上面论证过，存现句专有名词宾语前的“一+量词”数量短语对于存现句是否具有有定性并没有决定作用。那么，该处出现特定的数量短语的原因就值得研究了。秦亚勋（2010）认为，存现句专有名词宾语前的“一+量词”数量短语的使用，是数量词与名词构式的频率效应限制了句法和语音层面而造成的①。但是我们需要考虑两个方面的问题。首先，从语言事实来说，专有名词宾语前的“一+量词”数量短语的现象只是句法形式上的需要，这种说法不太站得住脚。因为名词的出现并不一定要求和数量短语相结合，特别是专有名词因其唯一性和有定性，大部分情况下是以光杆名词的形式出现的。对于专有名词来说，光杆名词是其原型表达，而前面加上数量短语则是非原型表达。专有名词指向唯一的一个实例，因此使用数量短语来

① 秦亚勋：《专有名词存现句的构式地位及特征》，《福州大学学报》（哲学社会科学版）2010年第1期，第79—84页。

修饰专有名词从语义上来说是冗余的，违反了语言的经济性原则。况且这里的“一+量词”数量短语并不是表示无定的。如果这个数量短语仅仅是为了满足构式形式的需要，而对语义没有任何贡献的话，则完全没有必要出现在语言表达式中。因为根据认知语法的观点，“语义结构是对语言规约特征的概念化”①。任何语言结构的变化都显示了语义结构的变化，而任何语义结构上的变化也同样被反映在句法结构上。

其次，需要考虑为什么专有名词在其他的情景表达中，大部分情况下不需要“一+量词”这样的数量短语来修饰，而当其作为存现句宾语时，前面却经常出现“一+量词”。要讨论这个问题，首先我们需要清楚认知语言学中的一个术语——“注意”。人们的心理经验可能同时在多个认知域中发生，形成一个个认知世界。但是这些心理经验不可能得到同样的关注，认知主体会对在多个认知域中同时发生的心理经验进行选择，被选择到的心理经验在认知上得到凸显。另外，即使在单个的认知域中，认知主体的注意力也会进行选择，并且凸显相关的心理经验。从现代汉语存现句中的大量例子中可以发现一个事实，那就是当专有名词作为存现句宾语时，往往会带有一个修饰语，而这个修饰语是以“一+量词”的形式出现的。当我们要表达某处存在出现或消失某物时，往往会涉及众多认知域中的认知世界，比如，空间域、时间域、视觉域、听觉域、嗅觉域、触觉域及各种抽象认知域等。在存现句中存现主体作为注意的焦点其本身附带了多种信息特征，而其中数量信息得到了最大的关注。比如我们可以看一下上面的例子中出现频率最高的修饰语就是数量短语，只是在特殊语境要求下才在宾语前加上其他修饰语。但是比起数量信息来其他修饰语所代表的信息的重要程度相对较弱，如：

（12）屋子里走出来一个人。

① ［美］兰盖克（Ronald W. Langacker）：《认知语法基础》（第一卷），牛宝义、王义娜、席留生、高航译，北京大学出版社 2013 年版，第 105 页。

（13）屋子里走出来一个穿着灰色衣服的人。
（14）屋子里走出来一个嘴里叼着一支烟的人。
（15）屋子里走出来一个腿部有残疾的人。

这样的情况同样发生在专有名词做宾语时，即使专有名词在指称上具有唯一性，当其作为存现句的宾语时，其数量信息照样受到了极大的关注。比如在以下例句中，除了专有名词表现的存现主体之外，最受关注的是存现主体的数量：

（16）我们队里只要有一个黎明，其他队就赢不了我们。
（17）唐朝出了一个李白，被称为诗仙。
（18）我们部门少了一个李斌，就乱成了一团。

从以上分析中我们认为，存现句以前之所以频繁出现“一+量词”数量短语的修饰语，是因为在众多同时发生的认知事件中，认知主体的关注点容易放在存现主体的数量信息上。认知主体对自己所关注的信息进行了选择并使得被选项实现了认知上的凸显，并且让这种凸显显示在语言的显性表达式中。换句话说，存现句专有名词宾语前的“一+量词”数量短语修饰语的出现，是说话人或观察者认知主体的一种主观选择，体现了说话人对语言规约特征的概念化反映在语言的句法结构上。

存现句宾语前的数量短语中，有时省略了数字“一”而保留了量词，这种表达方式也和语言的经济性有关系。当数量短语前的数词为“一”时，如果省略了数词“一”，单个的量词的语义中本身就含有了指向个体的概念，并且在这类表达中，量词往往就是表示个体的“个”①。

① 任鹰（2013）认为，数量短语“‘一个’具有个体化功能，当数词‘一’脱落时，量词‘个’”的个体化功能得到凸显，是“强式个体化成分”。汉语专有名词存现句中修饰宾语的数量短语往往使用“一个”，并且经常出现数词“一”脱落现象。因此我们认为在专有名词存现句中单独出现的量词“个”也具有强势凸显个体化的功能。任鹰：《“个”的主观赋量功能及其语义基础》，《世界汉语教学》2013年第3期，第362—375页。

另外，如果承认了存现句中的宾语是专有名词，那么专有名词指称唯一的个体，所以数量短语中的“一”可以被省略。但是，这种观点还是不能够解释为什么在其他一些情况下，数量短语中的“一”不能够省略，比如例（19）和例（20）中数量短语所修饰的中心语是句子的主语，数字“一”不能够省略。

（19）一个人是做不了这么大的事情的。

（20）一句话换来了这么丰厚的回报。

如果使用构式压制来进行解释，似乎更加有合理性。存现句构式中的专有名词并没有转化为普通名词，因此，该构式中的专有名词指称具有唯一性。通过构式压制，赋予原本不具有表示数概念的量词表达数量“一”的语义功能，所以省略了数量短语中的“一”。

另外，我们也注意到存现句各类型中对于专有名词前加“一 + 量词”的使用频率是不太一样的。总的来说，存在句中不使用“一 + 量词”修饰专有名词的频率要高于隐现句。我们认为这种现象和认知主体的关注点有关系，和彼此处于相对静止状态的存在关系相比，当事物出现和消失的时候，该事物的数量更容易成为众多认知事件中被凸显的焦点，如例（22）和例（24）：

（21）四川有九寨沟，云南有丽江纳西古城，它们都是全国闻名的旅游胜地。

（22）他们公司来了一个张明，十分具有管理才能。

*他们公司来了张明，十分具有管理才能。

（23）他们组多了一个张明，情况就完全不同了。

他们组多了张明，情况就完全不同了。

（24）我们班走了一个李明德，估计竞争不过其他班。

*我们班走了李明德，估计竞争不过其他班。

（25）我们班少了一个李明德，估计竞争不过其他班。
*我们班少了李明德，估计竞争不过其他班。

张伯江（2006）提出一个新的观点，他认为“古时候有一个耿去病”这个句子里有存在表述和判断表述两类，张伯江进行了以下分析：

（26）古时候，有一个狂生，他叫耿去病（分析形式）
（27）古时候有一个狂生叫耿去病。（半综合形式）
（28）古时候有一个耿去病。（综合形式）

存在表述更加依赖于篇章的上下文，判断表述则由于其独立性较强而被吞掉，因此原先表示判断的宾语上升为存在句中的宾语。① 这种分析方法十分具有合理性，可以从认知语言学当中的事件的概念融合、词化并入等观点中找到理论支撑。所谓的事件融合是指在语言中普遍的认知过程作用下，某个事件在更具有分析性的概念化情况下被视为一个复合体，在句法结构上可以表现为由多个小句来进行表征，也可以通过概念化由某一个单句来表征，这个认知过程中不光包含了概念融合，也包含了事件的词化并入（泰尔米，2019）。② 这里所谓的概念融合，是指把几个小句中的概念融合为一个小句概念，所谓的事件的词化并入是指把几个小句中有多个词语表达的意思并入单一小句的某个词语当中。从张文分析的情况来看，由存在事件引发了后续的判断事件，宾语为专有名词的存现句，在概念化过程中包含了概念融合，即把可能有几个小句表征的存在事件和判断事件，通过概念化融合到存在事件中，在句法上由单个存现句进行表征。汉语中像这类把

① 张伯江：《存现句里的专有名词宾语》，《语法研究和探索（十三）》2006 年第 1 期，第 216—217 页。

② ［美］伦纳德·泰尔米：《认知语义学》（第二卷），李福印等译，北京大学出版社 2019 年版，第 217—218 页。

判断事件融入存在事件的概念化模式的运用十分广泛，这可以使语言表达式得以抽象为一个独立的构式。

当然，这并不是完全绝对的，需不需要带上数量短语作为修饰语和隐现句中的动词相关。当句中的动词是“来”或“走”这样的表趋向或表离开的行为动词时，专有名词前必须加上数量短语。

通过事件融合而产生的构式是一个较为复杂的构式，当对其进行句法结构或语义结构分析时，往往会对概念融合这一认知过程进行反向操作。通过这种反向操作，可以将一个复杂的句子分解为几个在概念上更为简单的句子。

秦亚勋（2010）总结了专有名词存现句构式的特征，他认为专有名词与表示地点的背景主语在一定的语境当中能够建立适当的领属关系。[①] 需要指出的是，这种隐含的领属关系并不仅限于专有名词，可以说在所有的存现句存现处所和存现主体之间都隐含有一个广义的领属关系。秦文中还指出专有名词构式中参与者和背景之间有影响与被影响关系。[②] 我们赞同这一观点。从认知的角度来看，专有名词在指称某一事物时还可能唤起某个言语社团成员之间“共享的诸多信息”，“激活一系列规约性百科知识”，以及“唤起一系列广为人知的特征及联想”，这些信息都应该纳入专有名词的意义当中（兰盖克，2016）[③]。存现句中的专有名词不光是指向某一个具体的实例，其表达的语义重点往往指向该专有名词所附带的百科信息。说话人使用这个表达式是为了唤起听话人注意到关于这个专有名词的百科信息，并往往在该存现句之后进行一定的解释或阐述，表明说话人想要让听话人注意到的百科信息。因此，在实际的语言表达当中我们可以看到，专有名词存

① 秦亚勋：《专有名词存现句的构式地位及特征》，《福州大学学报》（哲学社会科学版）2010年第1期，第79—84页。

② 秦亚勋：《专有名词存现句的构式地位及特征》，《福州大学学报》（哲学社会科学版）2010年第1期，第79—84页。

③ ［美］兰盖克（Ronald W. Langacker）：《认知语法导论》（下卷），黄蓓译，刘辰诞审校，商务印书馆2016年版，第112页。

现句有较强的语境依赖性。一方面，该存现句是需要唤起听话人关于该专有名词相关的百科知识，所以预设了一个前提条件，即说话人所面对的言语社团对该专有名词所代表的事物及相关信息都较为熟悉；另一方面，专有名词存现句较少会单独出现，其后面所带的角色往往是关于专有名词指称的事物带来的影响性，有时也可能没有后续的解释的句子，但是对于该言语社团来说，说话者的意图是不言自明的。因此，存现句中做宾语的专有名词不光具有指称上的唯一性（有界性），还具有影响性特征。

杨锐（2019）考察了汉语专有名词的三类用法：通名用法、隐喻用法和示证用法。其中，通名用法指拥有相同名称的个体的集合，也就是说，在通名用法中，专有名词事实上已经变为了一个普通名词，此时其前面的数量短语修饰语类似于英语中的不定冠词。为了避免交际中的混淆，这类被转化为普通名词的专有名词前往往需要描述性的修饰语来进行辨别①。这说明句法结构对应于句子的语义功能，有什么样的句法结构就有什么样的语义功能，如例（29）：

（29）我们班有两个李萍，今天年纪大的那个李萍来了，但另一个李萍没有来。

但是需要注意通名用法中的“数量短语 + 专用名词”的用法和存现句中的“数量短语 + 专用名词”的用法一般来说是不一样的。通名用法中的数量短语表达的数量信息是一个必须表达出来的事实，从信息传递的角度来看，它并不是冗余成分。但是一般的专有名词存现句中的“一 + 量词”数量短语的表达方式从语义上来说，并不是必须的，之所以在语言形式中表达出来，是因为认知上的凸显显示认知主体在当时的存现语境中对于存现主体数量信息的重视程度。这种认知

① 杨锐：《汉语无定专有名词的语义》，《新疆大学学报》（哲学人文社会科学版）2019 年第 4 期，第 137—143 页。

上的凸显是因为事物的存现而引起的。

某些特殊的例句中，存现句中的专有名词宾语虽然是指称某一个特定的实例，但是其语义中却隐含其他也使用该专有名词作为支撑的实例，这是因为语言表达的焦点指向数量短语而不是其后的专有名词，如例（30）所指称的对象。而一般的专有名词存现句中信息的重点指向的是专有名词，而不是数量短语，这一类专有名词存现句占了大多数，如例（31）：

（30）我们班只有一个李萍，今天没来。

（31）唐朝有一个李白，他有许多名篇流传后世。

例（30）和例（31）的不同之处就在于例（30）中的信息焦点指向“一个”，而例（31）中的信息焦点指向“李白”。但是不管怎么样，存现句中的专有名词宾语大部分情况下其实是有定的，因为它指向一个谈话双方都心知肚明的实体。即使有其他的实体也许可能使用该专有名字来命名，在句子中也已经被忽略了。但是应注意，这里所说的专有名词的有定性是指该专有名词所带的百科知识特征，如果作为存现主体来讲，它还是无定的。少数情况下，存现句中的专有名词中，宾语事实上是被当作普通名词来使用的，如例（30）。因此，某些存现句中也有可能出现通名用法。

专有名词的隐喻用法中，其不再指向原先的唯一的实体，而是指向具有该专有名词指称对象特征的另外的实体，汉语存现句中也能够使用该隐喻用法，如：

（32）没想到我们公司居然来了一个黑旋风李逵。

（33）我们办公室有一个林黛玉，经常多愁善感的。

示证用法是指“个体在可能世界中的替身”，或者说是指个体在某一方面的“表象或示证”，而这种“表象或示证”往往并不是个体的常规示证。另外，示证用法中专有名词宾语前的修饰语除了数量短语外，还有其他更加精确的特征描述，因此，只有数量短语修饰的宾语更加具有图示性。这类用法也可用于汉语存现句中，如：

（34）我们面前的是一个充满朝气的黎明。

（35）我们面前出现了一个邋里邋遢，和平时完全不一样的张强。

通过上面的分析可以看到，这三类用法都不是专有名词存现句的原型用法，而是偏离了中心成员的非原型用法，体现了专有名词存现句的原型效应。专有名词存现句的原型用法是专有名词指向一个话语双方都知道的特定的对象，说话人通过该表达式唤起听话人关于该专有名词指称对象的百科知识。因此，我们将原型的专有名词存现句的构式义归纳为：

某处存在出现或消失的某个具有影响性的事物（人物）。

第二节 “是”字存在句构式

宋玉柱（1982）曾经指出，“是”字存在句构式既表示存在，也有判断的意味。[①] 正如我们前面所分析的那样，“是”字存在句中的动词是经过了词化并入的过程，把判断义和存在义这两种语义有机地融合在了一起。“是”字存在句中的动词词化并入使用的是“运动＋副事件”模式，即动词“是”的词化并入涉及两个认知事件：一个是主要运动认知事件，另一个是副事件。这两个认知事件之间的关系是

① 宋玉柱：《定心谓语存在句》，《语言教学与研究》1982年第3期，第27—34页。

一种初始原因关系，其中的副事件是原因关系中的原因，主要认知事件是原因关系中的结果。副事件导致之后的主要运动事件即存在事件的发生，因此，副事件是主要认知事件发生的直接原因和前提条件。

（36）窗外是一片金黄色的稻田。

［窗外是一片金黄色的稻田］初始原因为［一片金黄色的稻田在窗外］

（37）眼前是漫天的火光。

［眼前有漫天的火光］初始原因为［漫天的火光在眼前］

“是”字存在句中存在不同的图形/背景关系。首先，“是”字存在句中的两对认知事件构成图形/背景关系。其中，主要运动事件被视为图形，居于次要地位的副事件被视为背景，整个构式当中被凸显的是被视为图形的主要运动事件，也就是说被凸显的是动词“是”经过词化并入后在认知事件中产生的存在义。因此，例（36）中的主要认知事件“窗外有一片金黄色的稻田”是图形，副事件“一片金黄色的稻田在窗外”是背景。例（37）中的主要认知事件“眼前有漫天的火光”是图形，副事件“漫天的火光在眼前”是背景。

另外一对图形/背景关系是在“是”字存在句中的处所词语和存现主体之间。其中，存现主体是注意力关注的焦点，被凸显为图形，而表示处所的词语作为不被凸显的背景。因此，例（36）中的“一片金黄色的稻田”是图形，“窗外”是背景。例（37）中的“漫天的火光”是图形，“眼前”是背景。

“是”字存在句中认知事件的图形/背景关系存在不对称识解，也就是说对图形和背景的识解不能够颠倒，图形不能视为背景，背景也不能视为图形。这种不对称识解和构式中的逻辑关系有关，因为副事件是原因关系中的原因，而主要认知事件是结果，因果关系不能颠倒。

第二个图形/背景关系也属于不对称识解，因为涉及具体情景的描述，需要借助图形/背景关系来进行比较并确定注意焦点，所以需要考虑该关系中的一些具体细节，比如图形和背景的相对位置以及凸显度。

“是”字存在句中处所和存现主体之间的相对位置表现为两类：一类是图形和背景完全重合，另一类是图形在背景中未重合，但是图形是唯一的注意焦点。

对于第一类位置关系，宋玉柱（1982）曾经明确指出“‘是’字句中处所词语则表示‘是’字后的名词代表的事物所占有的处所，也就是说该事物所占的处所与句首处所词语表示的处所范围相等”①。胡建刚（2001）注意到“是”字存在句中事物（存现主体）和空间（处所）之间的语义关系不仅表示“部分充满”，还可以表示“完全充满”。② 第一类“是”字存在句中处所词语的修饰语可以是表示周遍性的词语或处所词语本身就有周遍义，如例（38）到例（41）中的范围副词如“都”“净”“全”“皆”，表示周遍性的处所词语修饰语和表示总括的范围副词或单独使用或前后呼应，表征图形完全覆盖在背景上，因此具有覆盖义。

（38）满身（都）是泥浆。

（39）全身（净）是名牌。

（40）整个屋子里全是烟味儿。

（41）到处（皆）是一片繁华景象。

另外，还需要注意上面四个例句中描述的情景有时并不是真值的。如例（38）中的“泥浆”可能星星点点地溅在身上，并没有实

① 宋玉柱：《定心谓语存在句》，《语言教学与研究》1982年第3期，第27—34页。

② 胡建刚：《述语为“有”、“是”、“在”的存在句的语义、句法分析》，《华文教学与研究》2001年第2期，第46—50页。

现对身体的完全覆盖，但是说话人对图形进行了“定量度标调整”，即“通过调整粒度的等级来对问题进行的识解”[①]。对图形的颗粒度进行调整，使其颗粒增大直到充满整个背景空间。所以这种覆盖义是话语活动参加者的感知并经过自我加工后的体验体现在语言表达中，并不是对真实场景的客观描述。语言表达中体现的背离真值的现象比比皆是，认知语法认为知识体系本质上是呈开放性的，它体现在被描述对象的内容上，并反映在对该内容的组织和识解的方式上[②]。例（38）到例（39）中对图形/背景关系的识解即体现了这种开放性与灵活性，具体来说，说话者根据自己的感知使图形出现了“变形”。

除了前面所说的处所词语周遍性修饰语和动词前表总括的范围副词外，存现句构式中的图形即存现主体部分也常常有表征覆盖义的特征。比如存现主体往往使用物质名词，表示事物具有内部同质性，并且没有具体边界，例（38）中的“泥浆”、例（39）中的“名牌”和例（40）中的“烟味儿”就属于此类情况。而例（41）中修饰宾语的数量短语“一片”的语义中则有代表无限大量的含义，使图形被识解为无界大量。[③] 例（41）图形的这种无界特征，使其和背景大而模糊、无清晰边界的特征相重合，进一步强调了“是”字存在句中图形/背景关系中的覆盖义。

“是”字存在句中的第二类图形/背景关系中，图形并没有完全覆盖背景，但是图形是该图形/背景关系中的唯一注意焦点。这就像照相时，花坛里种着各式鲜花，但是摄影师把镜头聚焦于其中的一朵花，使其成为注意焦点（图形），而其他的花朵则模糊化为背景。这种情

---

① ［美］威廉·克罗夫特、［英］D. 艾伦·克鲁斯：《认知语言学》，邵军航译，商务印书馆 2022 年版，第 69—71 页。

② Dirk Geeraerts 主编：《认知语言学基础》，［美］兰盖克：《“概念”、“意象”和“符号”导论》，上海译文出版社 2012 年版，第 30 页。

③ “片”在这里作为范围量词，表示范围大小是无界的。（储泽祥、魏红：《汉语量词“片”及其自相似性表现》，《语言科学》2005 年第 2 期，第 33—38 页。）

况和说话人的主观选择有关，当说话人把注意力集中到某个特定的事物时，选择凸显该事物，并把其他事物全部背景化。兰盖克（2013）指出“注意同认知过程的强度或者能量层级具有内在联系，这种强度或能量层级表现为经验上的高凸显”。他还认为高能量层级可以激活更加清晰具体的认知事件，提高敏锐度，使认知主体的心理经验更加“完整、精细和具体”①。这种高凸显特性需要付出额外的认知努力，并且是说话者特意从众多的图形候选项中挑选出来的。在“是”字存在句中，动词“是”所带的判断义有助于提升认知上的高凸显，如例（42）到例（45）中的存现主体就被高度凸显：

（42）前面是一个红绿灯。

（43）面前是朝思暮想的那个人。

（44）合同最后一页上是购房者的签名。

（45）博物馆门口是一座栩栩如生的雕像。

例（42）到例（45）中选择作为图形的事物都是在当时的情景中最具有凸显度的焦点事物，对焦点事物的选择和认知主体自身的个人心理经验、百科知识、文化因素以及某些可能构成影响的事物属性或运动等有关。如例（42）中前面除了红绿灯可能还有其他建筑或人，但是作为驾驶员最关注的首先是红绿灯，其他事物或人被降低关注度或被完全忽视。有时句子中可能有一些词语被用来强调存现主体的重要性，凸显存现主体是唯一的注意焦点，如例（43）中中心语前面的修饰语“朝思暮想”。另外，例（44）中合同上购房者的签名在人们的常识中具有很大的重要性，所以被凸显为图形。而例（45）中博物馆门口的雕塑是该博物馆的重要标志，在视觉感知中也是较为吸引人们视线的物体，往往成为关注的焦点，另外，“雕塑”前面的修饰语

① ［美］兰盖克（Ronald W. Langacker）：《认知语法基础》（第一卷），牛宝义、王义娜、席留生、高航译，北京大学出版社 2013 年版，第 120 页。

“栩栩如生”也是吸引人们注意力的一个重要因素①。

“是”字存在句中表述的存现主体具有排他性，在使用动词“是”进行判断时，语义内容中隐含了隐性的对比，尽管这样的对比似乎难以令人察觉。在对比了其他事物之后确认了具体的存现主体，体现了存现主体所具有的排他性和选择性，这种排他性具有排除存现主体是另外的事物的可能性。这里所说的另外的事物，一般是同一认知域中的其他事物，但不太可能是其他认知域中的事物，因为不同认知域中感知事物的感官不同，从而导致感知的方式也有巨大的差异。另外，不同认知域中的事物本身所具有的属性也有比较大的差异。“是”字存在句中说话者进行有意的控制，将注意焦点集中在特定的存现主体上，其认知能量层级和感知的敏锐度高于其他存在句表达式，我们可以从例（46）到例（48）中的例句里了解到这一点，如：

（46）花瓶里插着一束花。

（47）花瓶里插了一束花。

（48）花瓶里有一束花。

（49）花瓶里是一束花。

和“V着”存在句、“V了”存在句以及“有”字存在句相比，一些较为特殊的句式如无动存在句和“V有”存在句中的存现主体都有一定程度的强化。无动存在句句中缺少表示具体存现方式的动词或表示“存在义”的动词，需要付出更多的认知努力来实现图形（即存现主体）与背景（即存现处所）之间的关联。“V有”存在句中的动词“V”本身就可以表示存现主体的存在方式，动词后再加“有”凸显了“V”表示的“存在义”，提高了识解图形的能量层级。也就是说，这两类句式中的图形的认知过程的强度或所付出的能量的层级在

① 在日常生活场景中，人们往往喜欢把某个建筑前面或旁边的雕塑当作识别该建筑的标识，甚至把该雕塑的名称用于称呼该建筑。

程度上都高于前三类存在句，但是如果和“是”字存在句相比却有不及，试比较例（50）到例（52）：

（50）河岸边建有一片房子。
（51）河岸边一片房子。
（52）河岸边是一片房子。

第三节　无动存在句构式

汉语的无动存在句构式是一个较为特殊的构式，因为这个构式中没有动词，而动词通常被认为对整个构式义的影响较大。但是如果从类型学的角度来看，构式中没有动词并不奇怪。Goldberg（2013）曾经指出，在很多语言中存在没有动词的构式，她进一步指出由于这类构式的意义不能够归结到动词上，所以“它们是论元结构构式最好的例证”[①]。无动存在句中虽然没有表示存在意义的动词，但是并不影响该构式语义的实现，按照 Goldberg（2013）的观点，构式可以强制实现相关的意义。[②] 这再一次印证关于构式的经典观点，即构式义不能够通过其内部组成成分的意义推测出来。尽管在有的时候汉语存现句中的动词或者直接表示存现义，或者通过词化并入的方式实现存现义，但如果反过来观察的话，我们会发现存现句中动词的存现义的实现，实际上是由整个构式赋予的，如果不借助构式义的话，很多单一的动词无法实现存现义。

无动存在句的形式和意义之间存在数量象似性，形式的简单象似

① ［美］Adele E. Goldberg：《运作中的构式：语言概括的本质》，吴海波译，北京大学出版社 2013 年版，第 8 页。

② ［美］Adele E. Goldberg：《运作中的构式：语言概括的本质》，吴海波译，北京大学出版社 2013 年版，第 8 页。

意义的简单。句子中缺乏动词，在概念意义中也缺乏明确表示存在方式的概念。[①] 因此，无动存在句表达的概念内容比其他带有动词的存在句更加简单。

宋玉柱（1982）最早时把无动存在句称为“定心谓语存在句”，认为这类句子是“由定语及其中心语组成的偏正词组充当谓语”。[②] 后来，宋玉柱（1988）又把无动存在句称为“名词谓语存在句”，并认为无动存在句的句法结构为主谓结构[③]，本书与其观点一致。另外，我们认为无动存在句中并没有省略动词，有的观点认为无动存在句中省略了动词“是”，这样一来就认为无动存在句等同于“是”字存在句，也就是说，这两类句子是等值的。根据我们上面对于“是”字存在句构式的分析来看，首先，“是”字存在句中的动词“是”既表示判断又表示存在，而无动存在句中一般不会被自动识解为具有判断的语义。因此从整个构式义来看，无动存在句不可能和“是”字存在句完全等值。在“是”字存在句中，有两个不同的认知事件之间形成了初始原因关系，其中表示原因的副事件表达了“判断”语义，而表示结果的主要运动事件则表达了“存在”语义，所以“是”字存在句的识解过程是由两个不同的认知事件的识解过程组成的。而在无动存在句中，只存在单一的认知事件，并不存在具有原因关系的两个认知事件。另外，从图形/背景关系上来看，无动存在句和“是”字存在句中的处所和存现主体之间都存在图形/背景关系，但是“是”字存在句中主要运动事件和副事件之间也存在图形/背景关系，而这类图形/背景关系是无动存在句所没有的。

宋玉柱（1988）提出，无动存在句的处所词语常常加上表示“全部义”的定语，因此具有周遍性，而其中处所词语前最常见的修饰语

---

① 这里所说的“表示存在方式、表示存在、即表示存在和判断的概念”不是指构式义中的概念内容，而是指动词表达的概念内容，无动存现句构式中的“存在”义不是动词带来的，而是整个构式赋予的。

② 宋玉柱：《定心谓语存在句》，《语言教学与研究》1982 年第 3 期，第 27—34 页。

③ 宋玉柱：《名词谓语存在句》，《徐州师范学院学报》1988 年第 4 期，第 87—90 页。

就是“满”[1]。我们认为无动存在句中处所词语前往往使用带有周遍性的修饰语，是因为该类构式当中没有动词，而使用带周遍性的定语修饰处所词语，可以使处所词语和表示事物的宾语之间构成一种语义上的联系，为实现构式义提供帮助。[2] 当无动存在句中的句首处所词语前的修饰语表示周遍义时，句中的宾语一般由无界的物质名词来担任，表征存现主体充满或铺满了整个处所空间，凸显了该句中的图形/背景关系中蕴含的覆盖义。也就是说，这种情况下图形和背景被识解为是完全重合的[3]。另外，无动存在句中缺乏动词的现象，同样可以从人们的感知经验中得到解释。当图形和背景完全重合时，这种“完全覆盖”的情景往往会吸引人们的注意，事物存在的方式反而容易被忽略，表现在语言上的证据就是句子中没有动词，如例（53）和例（54）：

（53）满头汗水。

（54）满地月光。

除此之外，用来修饰宾语的数量短语“一片”也能够表征图形/背景关系中的覆盖义。这两种表征方式都在概念化中使用了放大隐喻（metaphor of granularity）或粒度隐喻（metaphor of granularity），说话人通过定量度标调整（quantitate scalar adjustment）调高了颗粒度的等级，图形被隐喻为粗颗粒度的物质，使之充满了或者铺满了背景空间，如例（55）和例（56）：

---

① 宋玉柱：《名词谓语存在句》，《徐州师范学院学报》1988 年第 4 期，第 87—90 页。

② 其实，在人类认知中处所词语和表示事物的词语之间天然地有一种存在关系，如果处所词语前加上带“周遍义”的修饰语的话，更加容易被识解为具有存在义。另外，我们所说的处所词语前加上有周遍义的修饰语有助于实现构式义的看法，和构式语法当中认为的构式义不是内部组成部件的意义简单相加的观点之间并不矛盾，因为构式中某个部件的单一语义并不能构成整个构式义，但是并不排除有时候某些部件的语义和构式义之间存在某些内在的联系。

③ 这里的图形和背景有时可能不一定完全重合，但在人们的感知经验上被识解为完全重合，因此，语言表达反映的并不一定是事实，而是通过感知经验并进行加工后的“心理概念”，如例（53）。

（55）屋里一片狼藉。

（56）前面一片树林。

“到处”这样本身就带有周遍义的处所词语，可以用数量短语“一片”来修饰宾语，如：

（57）到处一片狼藉。

（58）到处一片热闹景象。

例（57）和例（58）里表示处所的“到处”能够和存现事物前的修饰语“一片”共现，是因为处所词语前带周遍义的修饰语如“满”或“全”等表示说话者能够在第一时间感知到处所（背景）的所有情况。但是“到处”表示的是随着说话人位置的移动或视线的移动，逐渐感知到处所（背景）的所有情况，做到这一点需要花费一定的时间，说话者不可能在第一时间完全感知处所背景。从这个意义上来说，“到处”带有的周遍义并不完全是真正意义上的周遍义，因为需要花费时间“逐渐”实现该周遍义，所以该周遍义不具有典型性。“到处”所指称的处所是变化的，对处所的感知被切割在多个时间点上，对存现主体的表述是对当时当地存现某事物的一种表述，此时的处所并没有带周遍义。实际上，当处所词语为“到处”时，更为常见的表达是“是”字存在句，因为从处所词语“到处”的语义来看，指说话者所到的所有场所或视线所至的所有场所，既指全部处所也指向每一个涉及的处所，词义中隐含有“强调”义，这和“是”字存在句中的动词“是”表示判断义中隐含的强调义形成前后呼应，和对应的无动存在句相比，句子的自足性更强一些，如：

（59）到处是一片狼藉。

（60）到处是一片热闹景象。

无动存在句可以用来表达包括视觉域、听觉域和触觉域等多个认知域中的存在关系。在无动存现句所描述的心理经验的认知域中，以视觉域中获得的经验感知最多，所以无动存在句中所描述的情景大都是通过视觉感知获得的，如：

（61）眼前一片火光。——视觉域
（62）耳边一声巨响。——听觉域
（63）手中一个凹凸不平的东西。——触觉域

无动存在句中的图形和背景之间的关系，有时候也可以不是覆盖义，即图形并没有完全充满或铺满背景空间。在这种情况下能够成为图形的物体可能有多个，但是说话人进行了选择，把自己的注意力集中到某个或某几个物体上，使之得到凸显，其他的物体则被模糊化为背景，如例（64）中碗里很可能还有其他诸如辣椒、葱段之类的配菜，例（65）中桌子上还可能有笔、橡皮擦等其他事物，例（66）中面部可能还有其他特征被忽略了。这种情况下的无动存在句往往不独立出现，而是成为其他句子中的句法成分，如：

（64）碗里几片白菜叶，这就是今天吃的所有的菜了。
（65）他看到桌子上几本书都是包了书皮的。
（66）眼角一颗红痣，看上去有几分艳丽。

当无动存在句中的处所词语前没有表示周遍义的“满”时，不能带方位词，否则句子难以成立，如：

（67）a. *桌子上书。
b. 满桌子书。
（68）a. *屋里人。

b. 满屋人。

对这种情况可能的解释是，存现主体是注意的焦点部分，在感知中一般被加以重视，同时存现主体也是信息表达中的重点部分，在信息传递中需要详细表述，否则可能因为表述含糊使得传递的信息不够清晰，从而导致交际失败。这里需要区别“类型”和“实例”，兰盖克（2017）对这一点作出过详细的解释，他认为英语中的简单名词的语义内容只表示“类别特征”，但是不能指称该类别中的任何一个实例，而名词短语的总体功能是使一个事物成为“注意焦点”[①]。换句话说，名词短语不是指称类型，而是指称实例。其实汉语中也存在类似现象，由于汉语无定存在句中缺乏动词，存现主体的存现方式往往被忽视，存现主体本身作为注意焦点的方面得到强化，言语行为参加者更加注意存现主体（类型中的实例）本身拥有的属性。作为实例的存现主体在语言表达中表现为名词短语，而单个的光杆名词由于只能指称类型，所以不能指称存现主体[②]。兰盖克（2017）指出名词短语中的信息既关涉“实例的数量”，也关涉其对于言语行为参加者来说是有定的还是无定的[③]。兰盖克（2017）同时指出，使用名词短语来表示某个类型中的特定的实例时，需要提供“量的信息”和实现“情景植入”（指相对于言语行为参加者来说是有定的还是无定的）[④]。兰盖克（2017）认为“每个名词短语凸显一个被识解为某个类型实例的事

---

① ［美］兰盖克（Ronald W. Langacker）：《认知语法基础》（第二卷），牛宝义、王义娜、席留生、高航译，北京大学出版社 2017 年版，第 51 页。

② 存现句句首的处所词语常常使用光杆名词来充当，但是它们并不指称类型，而是被识解为实例，因为语境要素，存现句中的处所词语都被识解为已知信息。另外，存现主体如果是专有名词，它既“包含类型特征”，也“预设例示”，并且隐含“隐性的数量特征”，被看作是一种“非常规”的名词短语（兰盖克，2017：57）。除非有特殊的语义表达需求，一般不需要在其前面加上修饰语。

③ ［美］兰盖克（Ronald W. Langacker）：《认知语法基础》（第二卷），牛宝义、王义娜、席留生、高航译，北京大学出版社 2017 年版，第 51 页。

④ ［美］兰盖克（Ronald W. Langacker）：《认知语法基础》（第二卷），牛宝义、王义娜、席留生、高航译，北京大学出版社 2017 年版，第 52 页。

物，并且包含某种数量和情景植入特征”[①]。

因此在汉语无动存在句中存现主体前常常使用数量短语表达量的信息，而且对于说话双方来说，存现主体必须是特定的实例。[②]

其实汉语中也存在类似现象，例（46）和例（47）里的存现主体“汗水”和“月光”之所以可以以光杆形式出现，是因为处所词语前的修饰语“满”不仅指向处所，也同时指向存现主体，受话人能够通过“满”这个词语了解到存现主体的具体状况，使其语义能够自足。

根据前面的分析，无动存在句中动词的缺乏并不是由于“省略”引起的，该类句子是一个完整的构式，构式赋予句子完整的语义，因此不管是从形式上还是语义上来看，这类句子都是完整的。这样就出现一个新的问题，即存现主体在句子中到底担任什么句法成分。当存现句中有动词时，存现主体可以被看作动词的宾语，但是无动存在句中没有动词，无法把存现主体当作宾语，沈家煊（2016）把无动存在句称为“名词谓语句”，把表示存现主体的名词当作谓语看待，认为这是一种非修辞用法，并举了例句“树上三只喜鹊”。[③]

沈家煊（2016）还指出，类似无动存在句这样的“名词谓语句”没有否定式，例（69）为转引沈先生的例句：

（69）＊树上不是（没有）三只鸟。[④]

前面所讨论的几种无动存在句中，无论是“满”修饰处所词语的

① ［美］兰盖克（Ronald W. Langacker）：《认知语法基础》（第二卷），牛宝义、王义娜、席留生、高航译，北京大学出版社 2017 年版，第 53 页。

② 我们倾向于认为，汉语存现句表示某处出现、存在或消失了某物，存现主体本身的“量的信息”在该类语境中更加容易被“凸显”和“注意”，所以该类句子中的存现主体前往往需要加上数量短语来凸显量的信息。

③ 沈家煊：《名词和动词》，商务印书馆 2016 年版，第 173 页。

④ 沈家煊：《名词和动词》，商务印书馆 2016 年版，第 174 页。

无动存在句、还是“一片 + 存现主体”的无动存在句，或是其他无动存在句，都无法对存现主体进行否定，如：

（70）＊满头没有汗水。

（71）＊眼前没有一片火光。

（72）＊碗里没有几片白菜叶，这就是今天吃的所有的菜了。

第四节　“V有”存在句构式

汉语中的存在句或者有一个动词表示存在的方式，如“V着”存在句和“V了”存在句，或者有一个表示存在义的动词，如“有”字存在句，或者有一个表示判断兼存在的动词，如“是”字存在句，或者完全没有动词，如无动存在句。但是“V有”存在句的独特之处在于句子中有两个动词即“V”和“有”。第一个动词表示事物存在的原因和方式，第二个动词直接表示存在义。单从其语义上来说，似乎有些冗余，但是如果从构式的角度来分析的话，我们将会发现该构式不仅在形式上和其他存在句构式不同，在语义上也同样存在差异。

孙宏林（1996）把“V有”存在句中的动词分为三类：V1类动作性及物动词、V2类非动作性及物动词和V3类非及物动词。①

其中，V1类动词包括如“保存、设立、建、藏（收藏）、挂、扈、刻、涂、放入、装载”等动词，该类动词大都带有“保存义”“放置义”“附着义”“制造义”“收藏义”等，并且这些语义大都是广义的。②

① 孙宏林：《由“V + 有”构成的存在句》，《世界汉语教学》1996年第2期，第22—30页。

② 这里所说的广义是指句中动词的语义有时并不一定直接带有“保存义”“放置义”“附着义”“制造义”“收藏义”，而是一般通过词化并入的方式间接拥有了以上语义特征。如动词“装备”通过词化并入的方式拥有了“放置义”，动词“刻”或“印”，通过词化并入的方式拥有了“制造义”。句中的动词有的甚至带有隐性的“位移义”，但是这不是通过词化并入的方式获得的，而是构式赋予的，如例（81）中的动词“披”和例（82）中的动词“堆”。

当“V 有”存在句中的动词是 V1 类动词时，句子中的图形一般比背景小，图形或者位于背景空间内，或者和背景在同一个平面，前一种情况表现为句首处所词语中常带方位词“里”“中”或“内”，如例（73）和例（78）。而后一种情况常常表现为句首处所词语中常带方位词“上”，如例（79）到例（82）。当然有时也可以带其他方位词，如例（83）。当感知方式为视觉时，这类存在句中的图形和背景之间的界限一般较为清晰。有时即使是其他感知方式，也是如此，如例（79）这样图形和背景是部分和整体关系，图形是背景的一部分时，它们之间依然有相对明显的界限。

（73）保险柜里装有很多机密文件。

（74）箱子内藏有一些珍贵的珠宝。

（75）风声中夹杂有尖锐的叫喊声。

（76）风声中隐约夹杂有若断若续的呼喊声。

（77）花香中夹杂有一股刺鼻的异味。

（78）花香里隐隐夹杂有一股异味。

（79）那个手镯上雕刻有一些繁复的花纹。

（80）墙壁上隐约刻有一些图案。

（81）身上披有一件华丽的长袍。

（82）地上堆有一些武器。

（83）河岸边建有一排排低矮的房屋。

V1 类动词所在的句子中，言语交际双方大都依靠视觉来获取信息，少数情况下可能可以通过触觉来感知，如例（79），通过听觉来感知，如例（75）和例（76），或通过嗅觉来感知，如例（77）和例（78）。当感知方式为听觉或嗅觉时，句首处所词语中的方位词一般为“里”“中”或“内”。通过听觉、嗅觉或触觉感知时，图形和背景的界限有时相对明显，如例（75）、例（77）和例（79），有时不太明显，如例（76）、例（78）和例（80）。

V2 类动词包括“包含、包括、带（具有）、含”等动词，这些动词都是静态动词，往往具有“包括义”或“隐含义”。“V 有”存在句中的动词是 V2 类动词时，从句子中的图形/背景关系来看，图形比背景小，并且被背景所包围，图形和背景之间往往是整体和部分关系，一般情况下此类动词所在的句子中图形和背景之间的区别并不十分明显，如例（84）到例（87）。有时除非说话者具有某些方面的知识储备，才能知道隐藏在背景中的图形，并且这类图形往往难以通过一般的感知手段如视觉、听觉或触觉等感知到，如例（88）和例（89）：

（84）这些东西里面包括有送给孩子们的礼物。

（85）笑容里带有一丝伤感。①

（86）话音里含有一丝颤抖。

（87）烟味中隐含有一股略微刺鼻的气味。

（88）这种物质里含有生长素。

（89）这种药品里含有兴奋剂。

在认知上区分 V2 类动词往往需要更多的主观控制或者认知努力，使注意焦点集中于图形上，一般运用感知方式最快捷和最灵敏的视觉感知，听觉感知次之，极少使用触觉感知，因为触觉感知的快捷度和灵敏度最弱。

V3 类包括“隐藏、散落、存在、坐、长”等动词，其后所带宾语是动作的施事，句子表述的事件是施动性事件，如：

（90）山谷里散落有很多飞机残骸。

（91）战壕里隐藏有一些士兵。

① 这个句子中包含隐喻用法。

“V 有”存在句构式中最为独特的是其中的动词，其他的存在句式中只有一个动词，但是“V 有”存在句中有两个动词，即“V”和“有”。如果“V 有”存在句中的动词“V”被识解为事物的存在方式，那么表示存在的动词“有”就显得有些多余了，不符合语言经济性的原则。但是，如果从构式的角度来看的话，“V 有”存在句的存在具有合理性。因为“V 有”存在句具有一个固定的形式，从语义来看，“V 有”存在句的构式义并不同于其他存在句的构式义，其构式义为“某处被特意地通过 V 的形式存在某物”。因此，它具有自己独特的形式和独特的语义，完全符合构式的形式和意义相搭配，一种形式配对一个意义的特征。所以，“V 有”句式是一个完整的构式。“V 有”存在句构式中的动词“有”并不是冗余成分，相反，“有”被附加在主要动词后，是为了强化“存在”状态，当动词“V”后带上“有”时，该动词短语具有了“慎重”义或“珍视”义。但是，这里的“慎重”义或“珍视”义并不是该类动词短语自身所拥有的。也就是说，单独的“V + 有”并不能带来“慎重”义或“珍视”义，获取这类语义是因为该类动词短语进入了“V 有”存在句构式中，受到构式的压制或影响，被“赋予”或“强加”了“额外的角色”，才获得了“慎重”义或“珍视”义。[①] 所以，“V + 有”动词短语的“慎重”义或“珍视”义是构式赋予的。关于“构式压制”有众多的解释，其中 Michaelis（2004，2005）明确指出，“当一个词汇项的语义不匹配于其形态句法环境时，该词汇项的语义服从于其嵌入的结构义”[②]。也就是说，当词汇义和结构义（即构式义）发生冲突或不匹配时，占据主导地位的构式能够强制其改变用法

---

① 王寅：《构式语法研究（上卷）：理论思索》，上海外语教育出版社 2011 年版，第 333 页。

② Michaelis, Laura A., Type Shifting in Consteuction Grammar: An Integrated Approach to Aspectual Coercion, *Cognitive Linguistics*, 2004, 15 (1), p. 25.

Michaelis, Laura A., *Entity and Event Coercion in a Symbolic Theory of Syntax*, In Östman, Jan-Ola & M. Fried (eds.), *Constructional Approaches to Language*, *Vol.* 3: Construction Grammars: Cognitive Grounding and Theoretical Extensions, *Amsterdam*: *John Benjamins*, 2005, pp. 50 – 56.

或语义。所以，“V＋有”动词短语的“慎重”义或“珍视”义是由其所在的构式强制改变后得到的。

“V有”存在句中的处所词语不能省略，这和这类句子中的动词有关。刚才我们已经论证了该构式中的动词短语“V＋有”具有“慎重”义或“珍视”义，其实严格来讲，整个构式义中都含有“慎重”义或“珍视”义。为表达该含义，句中的处所词语一般不能省略。

另外，“V有”存在句构式中的宾语一般不能是专有名词。

第五章　存现句中的情景植入

本节将会讨论存现句中名词和名词短语的情景植入方面的问题。首先，我们要把这个重要术语进行界定。按照兰盖克（2017）的观点，所谓的情景植入预设实例，因为其涉及“实例和言语行为参加者之间的关系”①，言语行为的参加者指的是参与言语行为的说话人和听话人，“每个名词短语都凸显某类型的一个被识解为情景化的、量化的实例”②。名词和名词短语的情景植入述义涉及有定性程度、程度副词、数量短语和相对量词。我们将讨论存现句中的名词和名词短语中的有定性及无定性涉及的情景植入述义。认知语法中，“情景植入述义以情景（G）作为最凸显的参照点”③，具体到存现句中，情景就是表示某处出现、存在和消失某物。

汉语存现句中的名词性短语分别是 A 段主语（即处所词语）和 C 段宾语（即存现主体），它们涉及的重要的情景述义之一是有定性和无定性。以下分别会分析这两种名词性短语成分在不同情况下的有定性和无定性特征。

---

① ［美］兰盖克（Ronald W. Langacker）：《认知语法基础》（第二卷），牛宝义、王义娜、席留生、高航译，北京大学出版社 2017 年版，第 95 页。

② ［美］兰盖克（Ronald W. Langacker）：《认知语法基础》（第二卷），牛宝义、王义娜、席留生、高航译，北京大学出版社 2017 年版，第 89 页。

③ ［美］兰盖克（Ronald W. Langacker）：《认知语法基础》（第二卷），牛宝义、王义娜、席留生、高航译，北京大学出版社 2017 年版，第 95 页。

第一节　主语的有定性

存现句的结构是“存现处所 + 动词 + 存现主体”，在主语即存现处所处即有有定性属性。我们借用“话题 + 述题”结构来说明该问题。存现句的处所词语位于句首位置，这个位置正好是原型话题所在的位置。① 另外，汉语中的处所词语一般位于主语之后动词之前，它被放在句子首位，是说话人为了唤起话题而做的句法调整。处所词语一般由名词性短语、名词或介词短语来担任，这和话题要求相吻合。信息传递是由已知的旧信息推导出未知的新信息，话题结构中话题作为已知的旧信息，也是讨论的焦点，述题围绕话题展开讨论，要求话题必须是有定的，因此有定性是话题的重要属性。充当话题的处所词语具有有定特征是自然而然的事情，所以可以把话题身份带来的有定性看作一种隐性情景述义。存现句句首处所词语的原型表达为“名词 + 方位词”，其出现频率最高。可以看到，原型的处所词语的有定性不是其自身隐含的隐性属性，因为像“桌子上放着一本书”“动物园里跑了一只猴子”之类的句子中，处所词语“桌子上”和“动物园里”作为词语自身并没有表征有定性特征，没有一个显性的词语来表达其是有定的。它们的有定性来自于两个方面：话题身份和语境，决定话题身份的是其在句中所在的位置、自身的名词性属性和信息传递方式。语境是确定处所词语有定性的另一重要因素，也可以说是更重要的因素，因为在另外一些句子里，处所词语即使不是话题，根据语境判断也是有定的，如“我们明天去动物园玩”。所以这类存现句中导致情景植入的语境属于强语境。我们在这里讨论的对象排除了专有名词，如果存现句处所词

① 有的非原型话题的位置可能在句中，有时甚至出现在句末。位于句中的非原型话题一般是次要话题，如“他身体不舒服”中的“身体”，句末话题常常出现在口语表达中，如“干什么呀，你?”

语是专有名词，如“泰山有一棵很出名的迎客松”中的“泰山”，则该表达式（专有名词）自身就带有情景植入——因为专有名词是有定的。这样一来，确定专有名词处所词语有定性的因素包括自身的情景植入、话题身份（句中位置、名词身份和信息传递方式）和语境。

处所词语还有一种非原型性的表达，即“指示代词 + 名词 + 方位词语”，如“这座山上有一座庙”“那个房子里住着很多人”。汉语的指示代词“这”和“那”与表示类型的名词短语相组合时，和英语中的定冠词“the”有较为类似的语义。当用“这”和“那”来修饰其后的名词短语时，表示在当前的话语空间里说话人和听话人与该名词短语所例示的类型中的实例有心智接触。兰盖克对“心智接触”的定义是：“在概念化者当前的心理状态下，出于个体的自觉意识，一个实体被挑选出来。”他进一步指出挑选出来的实体不必是真实的或者指称性的（兰盖克，2017）。[①] 换句话说，所谓的心智接触是指某一认知主体对某事物具有心理接触经验，这种心理接触经验可能是亲身经历得到的，也可能是非亲身经历，如通过阅读、交谈、想象等方式间接得到的。只要某一个被挑选出来的实例与认知主体（包括说话人和听话人）建立了心智接触，那么就可以认为，该实体对于说话人和听话人来说是有定的。指示代词“这”和“那”修饰名词性词语，用显性的方式指明其有定性，也就是说在这里指示代词行使了显性情景植入的功能，体现所修饰词语的有定性。这是使用显性的情景植入取代了隐性情景植入，其原因可能是说话人认为听话人不知道处所词语所指的具体对象，也可能是某些语用方面的需求，如为了表示强调。使用指示词时，有时还伴随有如手势、眼神这样的身势语。由于手势属于某种指示形式，所以也有指示功能，能够凸显名词短语的有定性。[②]

① ［美］兰盖克（Ronald W. Langacker）：《认知语法基础》（第二卷），牛宝义、王义娜、席留生、高航译，北京大学出版社 2017 年版，第 96 页。

② 兰盖克（2017）把手势看作指示形式的一个类型，并把手势的含义也看作指示形式意义的一个方面。［美］兰盖克（Ronald W. Langacker）：《认知语法基础》（第二卷），牛宝义、王义娜、席留生、高航译，北京大学出版社 2017 年版，第 102 页。

指示词之后的量词具有使被修饰的名词个体化的功能，个体化本身并不能确定有定性，但是能够凸显某类集合中的单个实体，为有定性打下基础。[①] 在这类表达式中，隐性情景植入功能同时也在起作用，如话题身份。而语境是否起作用则要看说话人对听话人是否了解处所词语的具体所指对象的判断来定：当说话人认为听话人不知道处所词语的具体所指，那么语境就不起作用；当说话人认为听话人知道处所词语的所指对象，那么语境也是导致情景植入的一个因素。但是因为指示代词的存在，导致其所起的作用受到一定的弱化，所以属于弱语境。

基于以上分析，我们认为汉语存现句中处所词语的情景植入分别为以下三大类：

第一类：话题身份 + 强语境类隐性情景植入述义

第二类：自身属性（专有名词） + 话题身份 + 强语境类隐性情景植入述义[②]

第三类：指示代词（ + 身势语） + 话题身份（ + 弱语境）类显性情境植入述义合并隐性情景植入述义

从上面的分类可知，汉语存现句中处所词语的情景植入都不是单一因素引起的，而是受到了多种因素的影响。有的为多个隐性情景植入述义，如第一类和第二类，有的为显性情景植入述义 + 隐性情景植入述义，如第三类。

第二节　宾语的无定性

以往研究中对于存现句宾语的有定性/无定性方面的结论是：存现

① 需要提醒的是，量词本身并不能确认有定性，如果和数词构成数量短语时，表征的反而是无定性。

② 第一类和第二类虽然都是强语境，但还是有所不同。第一类中的强语境是说话双方不言自明的信息，第二类中的强语境则是广义的百科知识。

句宾语具有无定特征，但是从认知的角度进行分析的比较少。以下我们将从认知的角度分析各种不同因素对名词性宾语情景植入中的有定性/无定性方面的问题。这些因素包括新信息、注意焦点和图形、宾语中心语前的修饰语（如“数量短语＋名词”“量＋名词”）、宾语中心语的角色特征等。

2.1 新信息、注意焦点和图形

汉语存现句中句首的处所词语都和说话双方具有心智接触。也就是说，它作为一种预设存在于说话双方的大脑中，在进行话语沟通时存现句中的处所词语都被看作是有定的。但是存现句中的存现主体是否有定则存在一定的复杂性。一般认为，存现主体表达了新信息，因此是无定的。但是我们认为存现主体是否有定需要根据认知主体来进行判断，不同的认识主体有不同的判断。存现句的说话人已经和存现主体建立了某种心智接触，所以对于说话人来说存现主体是已知的，所以具有有定特征。说话人预设听话人并不知道存现主体，所以向听话人传达信息。对于听话人来说，存现主体是通过说话人的信息传递才获取新信息的。因此，宾语具有无定性。我们将其表现如下：

存现主体说话人→有定宾语

存现主体听话人→无定宾语

一般的看法认为，存现主体具有无定性，这其实是从听话人的角度来进行判断的。因为交谈的目的是为了传递新信息，所以说话人往往被有意无意地忽视了，人们更看重从听话人的角度来分析这类句子，导致的结果就是存现主体宾语被认为是无定的。

汉语存现句宾语所处的位置为句末，这个位置是大多数新信息所在的位置，即是凸显关注焦点的典型位置。在存现句中处所词语被表征为图形/背景关系中的背景，而存现主体则被表征为图形。认知主体的注意焦点往往被视为图形（兰盖克，2013）。[①] 新信息、注意焦点和图形都集中在了存现主体身上，我们来分析一下这几个方面和事物的有定性是否有关联？首先我们来看新信息，所谓新信息，即是指对某个认知主体来说，某个信息是未知信息，因此具有不确定性，所以是无定的。由此可见，信息的新旧程度对于确定其是否具有有定性具有极其重要的作用。而从注意焦点的角度来看，首先，在不同的认知域中往往会同时发生一连串的认知事件。兰盖克（2013）指出，在多个认知域中，同时发生有意识的经验，而这种有意识的经验是由多种事件部分地整合在一起的。但是对于认知主体而言，不可能同时专注于所有的同步发生的有意识经验，人们往往会选择把注意力集中到某个感官的认知域当中，忽视了其他感官域的输入。即使在同一个认知域中，受到关注的图形也往往具有选择性，并不是该认知域中所有的事件都会得到关注，注意体现为认知过程的高强度或者高能量层级，因此，在经验上具有高凸显性。高能量层级能够让认知主体的敏锐度增高，从而完成“一个更加完整，精细，具体的心理经验”[②]。但是需要注意的是，这里所说的心理经验的完整性，精细性和具体性并不一定达到了百分之百的标准。也就是说，在一个完整的认识过程中，心理经验的某些细节方面并不能够达到真正意义上的具体性，这可以从存现句中宾语的原型形式体现出来。

但是，需要说明的是，新信息、注意焦点和图形虽然都和有定性即情景植入有关联，但是它们都不是从语言表达式的角度来植入情景的。它们使用相对隐性的手段如信息传递、认知方式等来体现情景植入。

---

① ［美］兰盖克（Ronald W. Langacker）：《认知语法基础》（第一卷），牛宝义、王义娜、席留生、高航译，北京大学出版社2013年版，第127页。

② ［美］兰盖克（Ronald W. Langacker）：《认知语法基础》（第一卷），牛宝义、王义娜、席留生、高航译，北京大学出版社2013年版，第119—120页。

2.2 “数量短语+名词”

根据认知语言学的观点，简单名词（光杆名词）凸显某种类型或范畴，名词性短语则凸显该类型或范畴中的某个实例，当某个名词类型中的实例有不止一个时，对于该范畴中的实例的识别就需要涉及某种数量特征。换句话说，当使用某种数量特征来修饰某个名词时，即是暗示该名词类型当中包含多个实例（兰盖克，2017）。[①] 现代汉语中表示数量特征的原型用法为数量短语修饰名词。当使用“数量短语+名词”的形式来表征时，其表征的对象虽然是该名词类型中的某个或某几个实例，但是并不意味着表示某一个特定的实例。因为普通的光杆名词的语义仅表征类型特征，但是并不用于指称类型中的某个特定实例。比如“书”这个名词的语义内容只是总括性地表征“书”这个类型或范畴的类型特征，它是识别“书”这个类型中的实例的基础，但是并不指称类型中的任何实例。汉语中的“数量短语+名词”结构关涉到了类型中实例的数量，该数量特征又涉及了关于有定性/无定性的情景植入，暗示该名词类型中有多个实例。但是“数量短语+名词”表达式并不指称类型中的任何一个实例，因此“数量短语+名词”代表的语义具有无定性。汉语存现句句末做宾语的存现主体一般以“数量短语+名词”的形式出现，其中，“一+量词+名词”结构是其原型用法，因此可以推断，存现句中“一+量词+名词”宾语是无定的。王羽熙和储泽祥（2017）也指出，一量名结构和数量名结构都是汉语当中较为典型的无定用法，同时一量名结构还可以表示定指或者类指。[②] 但是他们提到的定指和类指用法都不适用于存现句宾语，适用于存现句宾语的只有无定用法。

---

① ［美］兰盖克（Ronald W. Langacker）：《认知语法基础》（第二卷），牛宝义、王义娜、席留生、高航译，北京大学出版社2017年版，第49页。

② 王羽熙、储泽祥：《“一量名”结构的指称功能》，《湖北大学学报》（哲学社会科学版）2017年第4期，第124—128页。

由名词短语标示的类型中的实例是被情景化了的实例，实例和实例之间被区分开来，其情景植入中涉及的有定性/无定性需要说话双方来加以确定。从听话人的角度来看，存现主体代表的信息是未知信息，因此是无定的，说话人倾向于选用“一＋量词＋名词”的形式来表征存现主体，这是为了凸显其无定性。但是对于说话人来说，存现主体可能是有定的，也可能是无定的，如例（1）中可能存现两种情况，一种是前面来的人是说话人自己认识的，那么这个人对于说话人来说就是有定的，但是说话人没有描述自己对这个人所知道的细节信息，而是选择使用了图式程度较高的“一＋量词＋名词”的表达方式。[①]另一种情况是说话人自己不能确定走过来的人是谁，仅判断出走过来的是名词“人”所表达的集合类型中的某个实例，所以只能选择高度图式性的、较为模糊的表达方式，在这种情况中，存现主体对谈话的双方来说都是无定的。

（1）前面走过来一个人。

如果从图形的角度来看，图形往往被视为注意焦点，但是图形和注意焦点之间并不能完全画等号，没有注意焦点的认知域中也可能存在图形/背景关系。如认知主体把注意力集中到听觉域时，也能感知到视觉域中发生的事件，被关注的图形有可能会获取更多的信息，从而增加其有定程度，没有被关注的图形则有更高的可能性被视为无定的，如例（2）：

（2）他听到墙角传来一阵细微的窸窣声，眼角余光中看到墙角好像有一个什么东西在移动。

① 这种情况并不多见。

单一认知域中同时存在多个图形/背景关系时，被关注的可能只是其中的一个图形/背景关系中的图形，其他的图形/背景关系中的图形则被忽略了。比如一个房间中的墙上和地板上都溅了污渍，但是认知主体只关注到墙上的污渍，忽略了地板上的污渍，说话人只说出了例（3）表达式，而一般不会说例（4）表达式。

（3）墙上有一些污垢。

（4）地板上有一些污垢。

还有一种情况是，当同一背景中有多个图形时，这些图形容易作为一个整体或集合被感知，无法分辨出个体实体，所以是无定的。此时表达式中可能有表周遍性的词语修饰处所词语，或有表周遍性的副词修饰动词，或动词后是表示全量的补语，或使用“是”字存在句或定心谓语存在句，如例（5）到例（9）：

（5）满地垃圾。

（6）窗户上全部贴满了报纸。

（7）花园里栽满了月季花。

（8）眼前是一大片花圃。

（9）屋外一片油菜花地。

由此可以看到，图形不一定等同于注意焦点，即使成为注意焦点或图形，也不能确定是否是有定的。对于听话人来说，存现主体（宾语）都是无定的，但是对说话人来说，则可能是无定的，也可能是有定的。

2.3 “量词+名词”

有时宾语里可能会省略数词“一”，成为“量词+名词”结构。杉村博文（2002）认为这里的量词是为了在话语中引进“新的”“未知的”信息。① 古川裕（2001）认为计数是数词的功能，分类是量词的功能，个体化功能的激活不是词汇现象，而是涉及认知主体的经验结构。② 我们赞同该观点，量词本身具有的是分类功能，但是个体化功能则需要在一个完整的认知事件中才能得到激活。

存现句中量词的这种个体化功能使得某个名词类型中的实例得以从类型中被挑选出来，为之后被计数打下了基础，使其具有被计数的可能。当被挑选出来的实例数量为“一”时，往往在表达式中省略了数词“一”，这里量词在实施个体化功能的同时，带上了计数的功能，所以能够表征其所修饰名词的无定性。另外，量词虽然能够让实例个体化，但是它和数量短语一样同样不具有特指的功能，即不能指称特定实例，所以宾语“量＋名”表达式也是无定的。

存现句中“量＋名”表达式倾向于用来修饰专有名词，专有名词是名词范畴中的非原型模式，它既能表现类型特征，也能指称特定的实例，隐性数量特征为“一”，且其自身还带有情景植入——有定性。正因为其自身带有隐性的数量特征，且该数量特征计数为“一”，因此，作为修饰专有名词的数量短语里常常能够省略前面的数词“一”而不改变其语义功能。另外，无论数词“一”有没有被省略，该名词还是被当作专有名词，而不会被视为普通名词。比如我们不会把例（10）和例（11）中被数量短语修饰的“陶渊明”或“曹雪芹”看作有多个实例的普通名词，它们还是专有名词，因此是有定的。

（10）晋朝出了个陶渊明，他以擅长田园山水诗而闻名于世。

（11）清朝有个曹雪芹，他创作了一部名叫《红楼梦》的小说，这是一部艺术性极高的作品，和《水浒传》《西游记》以及

① 杉村博文：《论现代汉语“把”字句“把”的宾语带量词“个”》，《世界汉语教学》2002年第1期，第18—27页。

② 古川裕：《外界事物的“显著性”与句中名词的“有标性”——“出现、存在、消失”与“有界、无界”》，《当代语言学》2001年第4期，第264—274页。

《三国演义》一起被称为我国四大名著。

但是这种说法和我们前面所说的存现句宾语具有无定性并不矛盾，在语言表达式的存现关系中，存现句中宾语的数量特征会受到更大的关注。因此，即使专有名词本身自带有数量特征，但还是可以使用数量短语来修饰该专有名词，这是一种语用上的需要。此时并不是句法行为反映在语义功能上，而是语用行为反映在语义功能上，当句法和语用产生冲突时，句法服从于语用。当存现句宾语为"一 + 量词 + 专有名词"或"量词 + 专有名词"具有无定性，是因为专有名词本身具有丰富的百科知识，说话人说到该专有名词时，不光表征其所指称的实体，也唤起其自身所隐含的百科知识，并且说话人预设该百科知识或百科知识当中的一部分内容是不为听话人所知道的。因此，在专有名词做宾语的存现句后，往往还附加了关于该专有名词的一些说明和解释，从这一方面来说，"一 + 量词 + 专有名词"或"量词 + 专有名词"的宾语形式是无定的。另外还有一种情况是，听话人也具有和专有名词宾语相关的百科知识，但是并不知道某处出现、存在或消失的是该专有名词指称的存现主体，该存现主体对听话人来说是无定的。

2.4 具有角色特征的宾语

存现句中的名词宾语除了表示类型的普通名词、专用名词之外，还有一类较为特殊的名词表示某种角色特征，我们把它称之为"角色名词"，如"总统""教育部部长""总经理""工会主席"等。构想世界在时间域中被定义，不同的世界空间有不同值的角色，角色的刻画是针对世界类型，而值对应的是特定世界实例中的角色（兰盖克，2017）。[①] 换言之，如"教育部部长"这个角色可以由不同的人来扮演，但是某

① ［美］兰盖克（Ronald W. Langacker）：《认知语法基础》（第二卷），牛宝义、王义娜、席留生、高航译，北京大学出版社 2017 年版，第 70—72 页。

一个具体的时间段内只能由一个具体的人（具体的值）来担任该角色。表征不同时期具体的角色（值）时，汉语和英语采用了不同的手段。汉语可以使用光杆名词来表征具体的值，如“总经理”，英语使用定冠词“the”修饰名词的手段，如“the pope”（教皇）。角色的事件类型图式性地表征时间轴上全部的实例，并且从各种实例中获取关于该类型概念的图式性描述。之所以称之为图式性描述，是因为这种描述是一种适用于所有实例的总括式的描述，并不是涉及某一特定实例的某些特定特征的描述，也许可以把这种图示性描述看作关于该类型概念的百科知识。比如“教育部部长”类型概念的描述可能包括教育部、担任职责、任期、具体工作、各种教育机构等，这些描述适用于各个不同任期类的教育部部长，是该名词范畴的图示化表征。当激活实例的概念（值）时，将会自然地激活类型层面关于“教育部部长”图式性描述。也就是说当说到在某个任期内任职的某一位教育部部长时，自然附带激活构成“教育部部长”语义集的相关认知事件（即前面提到的该类型概念相关的图示性描述），这是因为“类型特征（角色）内在于实例概念（值）”（兰盖克，2017）[①]。另外，类型概念作为一个认知域，每一个世界空间（时间轴上不同时间段）凸显一个实例，它们在各自的世界空间中占据相同的位置，并通过该位置被识别出来。无论是类型概念还是任何实例都可以被看作具有唯一性，因为这是角色刻画的一部分，也可以用于指任何世界空间中的特定的、唯一的实例（兰盖克，2017）。[②] 因此，在英语中表征类型或实例都可以使用定冠词“the”，“the pope”可以指称“pope”这个类型，也可以指称某个世界空间中担任教皇的特定的实例，而汉语则可以直接使用光杆动词来表征类型和实例，如“教育部

① ［美］兰盖克（Ronald W. Langacker）：《认知语法基础》（第二卷），牛宝义、王义娜、席留生、高航译，北京大学出版社2017年版，第71页。

② ［美］兰盖克（Ronald W. Langacker）：《认知语法基础》（第二卷），牛宝义、王义娜、席留生、高航译，北京大学出版社2017年版，第71页。

部长”既可以表示一个适用于不同世界空间中的角色类型，也可以表示某个世界空间中的具体实例，如某一任职年限内任职的具体的某个人。当然，汉语中的角色名词表征类型或实例时，也可以使用“一量名”的形式，如例（11）到例（13）表征类型，例（14）到例（16）表征实例①：

（11）一个老师应该注意为人师表。

（12）一个总经理应该履行自己的职责。

（13）教育部部长是教育部行政首脑，代表教育部，参与管理全国教育工作，统筹规划、协调管理全国的教育事业。

（14）教室里进去了一个老师。

（15）我们公司最近来了一位总经理。

（16）我们班少了一个班长，大家都觉得群龙无首。

汉语存现句宾语中出现了表示角色特征的名词时，从存现句构式义中可以推断出这个名词指向的是一个实例。因为在某个存现关系中的存现主体一般是以个体来体现的，如果从参与者的关系即情景植入的角度来看的话，对于说话人来说，这个实例是指称性描述，具有有定特征，因为说话人和它建立了心智接触。但是对于听话人来说，这个实例是无定的，如例（17）因为听话人并不知道“主席台第一排正中间”位置处坐着的是谁，没有和该实例建立心智接触。

---

① 角色名词似乎是介于普通名词和专有名词之间的一个类别，它可以表征类型，但是其类型中的实例远远少于普通名词。同时又比专有名词类型中的实例多，并且在表征类型概念和实例时既可以使用光杆形式，也可以使用“数量名”形式，这一点和专有名词非常相像。另外根据兰盖克（2017：71—72）的观点，角色名词外在特征的描写比普通名词更加凸显，对角色名词的例示要参照多个世界空间中的实例（从时间轴的纵向来观察），对而普通名词的例示可以在单一世界中进行（从时间轴的横向来观察）。

（17）主席台第一排正中间坐着教育部部长。

以上分析可以看出，以往对于存现主体的有定性讨论，实际上是根据说话人进行信息传递之前来判断的，另外，说话人也是从听话人的角度来进行表达的。

第六章 存现句中的隐喻和转喻

隐喻和转喻是语言中常见的表达手段，体现了说这种语言的人们在认知上的概念结构，这两种表达方式和一般的表达方式有所不同。人们隐喻和转喻的解读不是基于字面意义，而是通过心理上源域对目标域的映射，实现对言语行为的另类解读。隐喻和转喻在词义上表现为对原有词义的扩展，它们是“词义扩展中的两个类型”，代表了“一个单词的不同用法”①。威廉·克罗夫特和艾伦·克鲁斯（2022）把隐喻和转喻视为比喻中的主要类型，并从说话人和听话人两方面的动机分析了比喻性语言的动机。其认为说话人使用比喻性表达是因为“感到无法通过字面意义来达到同样的交际效果”，而听话人使用比喻性识解“是因为很难找到具有同等相关度的字面识解”②。由此，可以理解为言语活动参与者双方使用比喻性语言都是为了使交际达到最佳关联。弗里德里希等（2009）把隐喻和转喻的使用和人们的认知联系在一起，指出隐喻和转喻是人们“对世界进行概念化的有力的认知工具”，转喻是词的字面义和比喻义之间具有“邻接”关系，是某一个成分被另一个成分所“代表”并出现在语言表达中。隐喻是表达式的

① ［美］William Croft：《认知域在隐喻和转喻解释中的作用》，［德］Dirk Geeraerts 主编：《认知语言学基础》，上海译文出版社 2012 年版，第 308 页。

② ［美］威廉·克罗夫特、［英］D. 艾伦·克鲁斯：《认知语言学》，邵军航译，商务印书馆 2022 年版，第 262 页。

字面义和比喻义之间存在“相似”或“对比”关系①。

隐喻和转喻在现代汉语存现句中并不少见，本章将要讨论存现句中的隐喻和转喻产生的认知机制，涉及认知概念所依赖的认知域、图形/背景关系、特定隐喻和一般隐喻、隐喻共现、隐喻映射所涉及的词的层次范畴、构式压制、某些隐喻对动词使用的影响等。

第一节　存现句中的隐喻

传统的观点认为隐喻是语言现象，而现代隐喻研究理论则认为隐喻跟思维紧密相关。Lakoff（2012）指出所谓的隐喻是“用一个心理域来理解另一个心理域的方式”，因此隐喻涉及“跨域映射”。日常生活中的许多抽象概念都是“隐喻性”的，常见的日常隐喻是“数千个跨域映射”构成的。他区别了“隐喻”和“隐喻表达”两个概念，认为“隐喻”是“概念体系中的跨域映射”，“隐喻表达”是跨域映射体现在词、短语、句子等外在语言表达上。他还认为，隐喻映射的这个体系具有“认知现实性”②。关于隐喻的存在范围方面，Lakoff（2012）认为，日常生活中隐喻无处不在，日常的概念系统就是“包括大多数抽象概念在内的”巨大的隐喻体系，脱离具身经验涉及“抽象概念或情感”时就会出现隐喻性识解③。由此可见，隐喻在我们的生活中具有的巨大影响。Lakoff（2012）通过对容器和路径（即源域）的意象图式向目标域映射的分析，得到一个重要的假设，并将之称为“恒定性原则”。该原则认为“被隐喻映射留下来的是与靶域（目标域）内

① ［德］弗里德里希·温格瑞尔、汉斯－尤格·施密特：《认知语言学导论》（第二版），彭利贞、许国萍、赵微译，复旦大学出版社2009年版，第128页。

② ［美］George Lakoff：《隐喻的现代理论》，［德］Dirk Geeraerts主编：《认知语言学基础》，上海译文出版社2012年版，第199页。

③ ［美］George Lakoff：《隐喻的现代理论》，［德］Dirk Geeraerts主编：《认知语言学基础》，上海译文出版社2012年版，第201页。

部结构相一致的源域认知拓扑（即意象图式结构）”，隐喻映射中的固定对应受到“限制”，目标域的意象图式如容器、路径等图式不能被“冒犯”（be violated）①。

埃里克（2019）把隐喻称为“创造性思维最有生机的产物之一”，但是，这并不是说思维在创造隐喻时可以完全无拘无束，隐喻过程不可避免地会受到某些因素的影响和制约，比如逻辑。他把隐喻和逻辑联系起来，认为“隐喻是语言生态中的逻辑有机体”，强调隐喻逻辑在隐喻的产生和对隐喻的解释中起到的作用。在隐喻的来源方面，埃里克强调“类比”的重要性，认为多数的隐喻都是“基于类比”的，而“类比”是指“世界的某些部分在结构上具有相对的不可辨别性”。所谓的具有“不可辨别性”的部分，即指可以类比的部分。埃里克认为那些不基于类比的隐喻仍然基于相对的不可辨别性。由此可见，埃里克的观点中强调了“类比”对于隐喻的重要性，所有的隐喻都或多或少地基于“类比”。因此他推断隐喻义是符合逻辑的②。

关于隐喻基于“类比”，具有“不可辨别性”的观点和弗里德里希等的“相似”和“对比”的看法基本相同。这两种看法都是经过对表达式字面义和比喻义的对比之后，发现其相似性，并且“相似”和“不可辨别”之间存在因果关系——因为“相似”所以“不可辨别”。正因为该因果关系的存在，所以隐喻义具有逻辑性。弗里德里希等（2009）指出隐喻被认为包括“本体”“喻体”和“背景”这三个项模型，其中“本体”对应于“被解释成分”，“喻体”对应于“解释成分”，而“背景”对应于“对比的基础”。③ 因为人们把感知到的事物在认知域中进行概念化，所以弗里德里希等（2009）将本体看作隐喻的“目标概念”，

---

① ［美］George Lakoff：《隐喻的现代理论》，［德］Dirk Geeraerts 主编：《认知语言学基础》，上海译文出版社 2012 年版，第 210—214 页。

② ［美］埃里克·查尔斯·斯坦哈特：《隐喻的逻辑：可能世界之可类比部分》，兰忠平译，商务印书馆 2019 年版，第 1—3 页。

③ ［德］弗里德里希·温格瑞尔、汉斯－尤格·施密特：《认知语言学导论》（第二版），彭利贞、许国萍、赵微译，复旦大学出版社 2009 年版，第 128 页。

“喻体”看作隐喻的“源概念”，并把“背景”整合到映射域中。[①]

“隐喻的本质就是通过另一种事物来理解和体验当前的事物”，而隐喻的产生是由于我们的概念系统中就存在隐喻。[②] 我们的日常生活和语言中充满了隐喻，现代汉语中有大量的隐喻表达方式，其中存现句中就有不少实例。大多数隐喻似乎都是自然而然发生的，很多时候人们甚至没有意识到隐喻的存在，就很轻易地对言语中的隐喻表达实现了隐喻性解读。现代汉语存现句中经常出现各种隐喻表达，在对存现句的认知研究中，隐喻是一个重要的讨论话题。因此，我们将在这一章中探讨现代汉语存现句中常见的两种隐喻表达方式：容器隐喻和物体隐喻。

1.1　容器隐喻

存现句中有各种表示处所的词语，容纳处所即是其中的一种。容纳处所可以看作容器，容器中存放、出现或消失的物体就是存现主体。存现句中有很多表示实体容器的词语，它们可以直接从字面义上来进行解读，它们表达的事物具有“容纳”其他事物的功能。但是，我们也发现存现句中还有大量的“非容器”类词语被解读为“容器”，这样的解读不是通过字面意义来实现的，而是通过隐喻映射把不属于同一类认知域中的事物在“相似”或“对比”的基础上联系起来，实现容器隐喻的表达。

在存现句中，容器隐喻只能发生在存现处所上，而不能发生在存现主体上，这和存现句特殊的表达形式有关。在一般语境中，容器本身就被看作事物存在的处所，存现句中存现处所被隐喻性理解为容器，在认知上存在合理性。

① ［德］弗里德里希·温格瑞尔、汉斯－尤格·施密特：《认知语言学导论》（第二版），彭利贞、许国萍、赵微译，复旦大学出版社 2009 年版，第 132 页。

② ［美］乔治·莱考夫、马克·约翰逊：《我们赖以生存的隐喻》，何文忠译，浙江大学出版社 2015 年版，第 3 页。

1.1.1 “思想是容器”隐喻

“思想是容器”隐喻包括一些类似的隐喻表达，如“想法是容器”“观点是容器”“推测是容器”“想象是容器”等。

（1）他的看似怪异的想法中隐藏有很多颇具启发性的新观点。
（2）你的观点有问题。
（3）他的想法中有很多值得大家学习的经验。
（4）你的猜测很有道理。
（5）这个推论中存在着一个很大的错误。
（6）这个推理有两个漏洞。

以上的例子中都是存在句，在“思想是容器”的隐喻表达中还包含了隐现句，如：

（7）这个推测出了一点差错。
（8）这种观点显露出了一些急迫之意。
（9）这种观点慢慢地失去了价值。
（10）这种观点很快就失去了吸引力。

通过以上例句，我们发现无论在存现句还是在隐现句中，当存现处所为隐喻表达时，存现主体也随之产生隐喻义。作为存现处所的“思想”虽然具有高度的抽象性，却被隐喻为具有实体性质的“容器”时，存现主体也相应地从抽象事物隐喻为实体事物，出现“物体”隐喻，即“××（即存现主体）是物体”隐喻。我们将这种现象称为“隐喻共现”，这里的隐喻共现表现为抽象事物具体化。

当然，存现句中不是所有的“容器”隐喻都会引发隐喻共现，有时则不会，如例（6）中的存现主体“漏洞”不能作为隐喻来识解。

1.1.2 “行为是容器”隐喻

在现实生活中很难想象“行为”是一种容器，然而当其进入存现句构式时，受到构式的压制，增加了原词义中没有的“容器”义，新增加的语义来自于存现句构式，因此可以说该语义是构式赋予的。从“行为”这个词的原义本身很难直接推导出“容器”义，人们之所以能在认知中对这两种几乎没有关联的事物产生类比联想，是因为存现句构式为语义的扩张提供了语境支持。如：

（11）他的动作中隐藏有一丝慌张。

（12）这种行为中充满了对同伴的蔑视。

（13）他的行为中满是崇敬之意。

（14）他的行为中多了一丝稳重。

（15）他的行为中少了一丝稳重。

同样，在“行为是容器”隐喻类存现句中也出现了“隐喻共现”现象，“行为”寓于具体的动作中。从其词义来看，本身具有一定的抽象性，当其被隐喻为“容器”时，被看作了一种实体。① 从例句中可以看到该类句子中的存现主体也被识解为隐喻表达，从抽象事物转化为实体事物。

1.1.3　“情感是容器”隐喻

把情感类比为容器，因为它们之间具有相似性。“情感”作为一种抽象物体，当情感被隐喻为一种“容器”时，存在于该容器中的事物往往是一些伴随情感而产生的物体，可以看作情感的附属物，在认知上容易被识解为情感所“容纳”的物体。弗里德里希等（2009）把隐喻看作“一种对事物进行思维的方法”，② “容器”范畴中的成员所拥有的一些重要属性如具体的形状、能够容纳其他物体的空间等特

① 从这个角度来说，也可以认为“容器”隐喻也是“实物”隐喻，即当我们认为“××被隐喻为容器”时，实际上等同于“××被隐喻为实物”。

② ［德］弗里德里希·温格瑞尔、汉斯－尤格·施密特：《认知语言学导论》（第二版），彭利贞、许国萍、赵微译，复旦大学出版社2009年版，第130页。

征在“情感”中似乎都没有，那么具体是什么因素导致该隐喻中的目标概念和源概念之间产生了联系，从该隐喻的映射域中可以得到相关的解释。弗里德里希等（2009）认为隐喻的映射域反映人们所在世界的概念经验，它对源概念映射到目标概念上进行了“限制”。书中把映射域分为三个主要部分：意象图式、基本相互关系和文化依存评价，这三个主要部分都包括一些下位的成分。[1] 如果从这三个方面具体分析“情感是容器”隐喻，则该隐喻在意象图式“容器—内容”（container-contained）的映射域中被激活，并且在基本相互关系“出现 <　　> 存在”为基础的映射域中得到支持。所谓“情感”包括亲情、友情、爱情等方面，它们都是具有包含相同的意象图示和基本相互关系的映射域。并且从“情感是容器”隐喻在汉语言语社团中使用的普遍程度来看，该映射域达到很高的牢固程度。也就是说，汉语言语社团中的成员可以毫不费力地利用该映射域理解“情感是容器”隐喻。从这个角度来说，“情感是容器”这个隐喻是一个“规约化”程度较高的隐喻。[2]

（16）亲情中有时也会有斤斤计较。

（17）小朋友之间的友情中没有掺杂任何利益关系。

（18）他们的爱情中充满了温馨和甜蜜。

从以上的例句中可以看到，当存现句处所词语中出现“情感是容器”隐喻时，存现主体也相应地出现物体隐喻表达，抽象事物被隐喻为具体的物体。也就是说汉语存现句中的“情感是容器”隐喻往往伴随着另外一个隐喻的产生，即产生了“抽象事物是实体”（容纳物）

---

① ［德］弗里德里希·温格瑞尔、汉斯－尤格·施密特：《认知语言学导论》（第二版），彭利贞、许国萍、赵微译，复旦大学出版社 2009 年版，第 132—134 页。

② ［德］弗里德里希·温格瑞尔、汉斯－尤格·施密特：《认知语言学导论》（第二版），彭利贞、许国萍、赵微译，复旦大学出版社 2009 年版，第 132—134 页。

这一隐喻，从而实现了“隐喻共现”。这里的隐喻共现中两个隐喻都具有一个共同点：抽象事物具体化。这体现了认知上的一个倾向，即人们倾向于使用具体的事物对抽象的事物现实化。我们认为这种倾向和人们在日常生活中经常使用并依赖身体亲身经历得来经验这一方式有关，因此在隐喻表达中常常可以看到具体的源概念映射到抽象的目标概念上。

1.1.4　“人体器官是容器”隐喻

某些人体器官参与了人的思想活动和情感活动，在存现句中被隐喻为容器，比如“心脏是容器”“头脑是容器隐喻”“眼睛是容器隐喻”“腹部是容器”等，和其对应的是句中的存现主体一般为抽象事物，如：

(19) 心中充满了欢乐。
(20) 心里充满了祈盼。
(21) 心里一阵兴奋。
(22) 头脑中一片空白。
(23) 头脑中有一个惊人的想法。
(24) 满脑子胡思乱想。
(25) 满目杀气。
(26) 眼中全是兴奋之意。
(27) 眼中含泪。
(28) 满腹心酸。
(29) 心中出现了一丝恐惧。
(30) 眼中闪过一丝诧异。
(31) 大脑中失去了一段记忆。

这类隐喻也有否定用法，如：

(32) 心里没有了任何期盼。[①]

在"人体器官是容器"隐喻存现句中，大部分情况也存在"隐喻共现"现象，存现处所被隐喻为具有空间容纳能力的"容器"，存现主体则从抽象物体被隐喻为"具象物体"，因此其隐喻共现表现为容器隐喻和物体隐喻的共现。

我们把"人体器官是容器"看作隐喻表达，是跟对应的另外一些非隐喻表达相比较后得到的结论，如：

(33) 脑中长了一个瘤子。
(34) 眼睛里飞进来一只小虫子。
(35) 心脏里多了两个支架。
(36) 眼睛里有沙子。
(37) 眼睛里含着眼泪。

通过比较后可以发现，例（33）到例（37）中的处所词语和句末表示存现主体的名词（或名词短语）的语义都是字面义，处所词语本身可以被理解为"容器"，表存现主体的名词性词语表示一个实际存在的物体，它们都不需要做隐喻性解读。

由此看来，"人体器官是容器"隐喻中所说的"容器"是相对于句中的抽象存现主体而言的，不能把容器隐喻中的"容器"和一般容纳实物的容器等同起来。因为能够容纳实体物质的容器本身也具有实体属性。在认知中我们无法想象实体容器里容纳的是抽象物体，因此当存现主体是抽象物体时，其对应的存现处所即使在某些情况下可能被看作实体容器，但还是需要做隐喻性识解。也就是说当存现主体为抽象物体时，存现处所必须被隐喻识解为"容器"，我们将这种前后

① 这个例句中的"没有"后面加上"了"，表示事物的状态发生了变化，由原来的"存在"状态变为了"消失"状态。

隐喻呼应现象称为“隐喻一致性”，这也是该类句子中出现隐喻共现的原因。隐喻一致性是存现句隐喻表达的一种特性，而隐喻共现是这种特性在语言表达中的体现，它们之间的关系可以表述如下：

隐喻一致性→隐喻共现（即隐喻一致性导致隐喻共现）

另外，还需要注意的是，在实际的生活经验中本身就容易被看作容器的人体器官，一般不识解为隐喻表达。同时，和其相应的存现主体一般都是具有实体属性的物体，如：

（38）口中飞进来一只小虫子。

（39）胃里全是菜叶。

（40）耳朵里有一团棉花。

1.1.5　“人生是容器”隐喻

关于“人生”的隐喻中我们经常看到的是“人生是旅途”隐喻，但是这个隐喻是在意象图式“路径”的映射域中才被激活，其依靠的基本相互关系往往是“目的〈　〉目标”和“变化〈　〉运动”关系，因此这个隐喻并不适用于存现句。但这并不是说“人生是旅途”和“人生是容器”这两个隐喻之间完全没有任何联系，相反，这两个隐喻之间存在一定的因果联系。人们一想到“人生”，马上会联想到人生中经历的无数悲欢离合，这种“经历”和“过程”的感觉，建立在“路径”意象图式的映射域上。当人们感知到“人生是旅途”隐喻后，把人生路上经历的每一件事都看作人生中“包含”或“容纳”的事物似乎是一个比较自然的反应。比如“每个人在一生中都会经历各种各样的考验，尝遍各种酸甜苦辣的滋味”这一例子中，主要的隐喻表达是“旅途”隐喻，但是在句中“人生”后加上方位词“中”似乎隐含了另外的一个隐喻，即“容器”隐喻，只不过在这个句子中得到凸显的是“旅途”隐喻，而“容器”隐喻被弱化。但是在存现句中，情况刚好相反，被凸显的是“容器”隐喻，而“旅途”隐喻被弱化到基本上难以察觉到，如：

(41) 人生中充满了变数。
(42) 人生中有很多次可以改变自己命运的机会。
(43) 他的人生中出现了转机。
(44) 人生中少了许多乐趣。

存现句中出现“人生是旅途”隐喻时，也往往会伴随隐喻共现现象。此时存现主体本来是抽象事物，但是在隐喻表达中，把具体的源概念的实物特征映射到抽象的目标概念上，抽象的“人生”隐喻表达为具体的实物容器，抽象的存现主体被隐喻为实物，出现“××是物体”隐喻。

1.1.6 “话语是容器”隐喻

“话语”特指人类发出的言语，“话语是容器”隐喻中被映射的目标概念属于基本层次范畴，这给与其对应的存在主体的身份带来了影响。一般情况下，“话语”被隐喻为“容器”时，句子中的存在主体可能是情绪、评价等，但是不太可能是另外的声音。这类存在句中的存现主体也被隐喻为“物体”，实现了隐喻共现，如：

(45) 她的话语里充满了抚慰。
(46) 这句话里包含了一定深意。
(47) 他的嘱咐中有担心，有不安。
(48) 这种评价里没有一点点公平。
(49) 责备中隐含着鼓励。

“话语是容器”隐喻同样不仅适用于存在句，也适用于隐现句，如：

（50）他的话语中流露出一种不屑一顾的语气。

（51）他的话语中早已没有了那种高高在上的气势。

1.1.7　“表情是容器”隐喻

“表情”通过人们的面容来表达，“表情”是人们通过脸上的器官和肌肉的各种变化表达出来的。严格来说，从视觉上感知到的表情更像是平面而非容器，而真实的感知是人们往往可以通过调整脸上器官和肌肉的形状使面容上呈现出不止一种表情，有时甚至是完全相反的两种表情。除此之外，这些表情还有主次之分，主要表情往往更加适用于会话交际时的语境，如为了不失礼貌表现出笑容，我们可以称之为“语境表情”，而真实的表情则隐藏在语境表情中，存现句中语境表情就是存现处所，真实表情则为存现主体。所以，当存现句中出现“表情是容器”隐喻时，往往伴随着隐喻共现的产生，即“××是物体”隐喻，同时，该存现处所和存现主体属于同类事物，都是表情，但在隐喻表达中分别成为“容器”和“容纳物”，如：

（52）她的笑容里隐含着一丝讽意。

（53）她悲戚的面容里隐隐带有一丝狡狯。

（54）同学们的笑容里带着一丝兴奋。

1.1.8　“声音是容器”隐喻

不同于前面所说的被隐喻为容器的抽象物体，“声音”是一个抽象的物体，但是当“声音”被隐喻为“容器”时，却可能给人一种抽象事物隐喻为容器的感觉。“声音”在听觉域中才能被感知，而人们通常所说的“容器”大都是通过视觉获得的，因此把“声音”隐喻性识解为“容器”是不是需要更强的认知能力呢？其实不然，如果回想一下我们平时听到某个声音时，我们不光能够感知声音，还能感知声音中夹杂的其他杂音（或声音），另外还能从声音中获取其他信息，如声音中带有的情绪，做到这些似乎是自然而然的，不需要付出太多的努力。所以，这里的“声音是容器”隐喻是一个规约化较高的隐喻，以至于很多时候人们都没有注意到这个隐喻的存在。“声音是容器”隐喻中的目标概念“声音”属于上位层次范畴，前面说到的“话语是容器”隐喻中被映射的目标概念“话语”则属于基本层次范畴。相比较而言，“声音是容器”隐喻的使用范围更广，因为基本层次的映射被包含在上位层次的映射里。存现句中被隐喻为“容器”的“声音”在图形/背景关系中担任的角色是背景，作为容纳物的存现主体是图形，在感知上成为焦点，这个焦点通常是“情绪”，焦点是另外一种声音的情况要少见一些。但是不论是哪一种情况，在这里都实现了隐喻共现，即它们都被隐喻为装在容器中的“物体”，如：

(55) 枪声中夹杂着人们的哭喊声。

(56) 音乐声中出现了不和谐音。

(57) 钟声中充满了肃穆之情。

1.1.9 “情绪是容器”隐喻

“情绪是容器”隐喻中的目标概念属于抽象概念，因此“情绪”本身也非常容易被隐喻性识解，与其对应的存现主体一般为另外一种相反、相似或相关的其他情绪，并且该情绪被隐喻为“物体”，和前面的“容器”隐喻形成对应，实现隐喻共现。

(58) 兴奋中又隐藏着不安。

(59) 高兴中带有一丝庆幸。

(60) 他的悲伤中流露出一丝绝望。

1.1.10 “天空是容器”隐喻

“天空是容器”隐喻的目标概念是具体概念，但是在人们的实际感知中并非实体，当其被隐喻为容器时，必须后接方位词“中”，不能后接方位词“里”和“内”，显示其大小或范围相对模糊，这或许是该类隐喻倾向于出现在出现句中的原因。由于“天空”是现时中的具体概念，所以这个隐喻表达所对应的存现主体一般也是具体概念，不需要隐喻表达，如：

（61）空中飘来几片花瓣。

（62）空中飞舞着一片片雪花。

（63）天空中出现了几架无人机。

1.1.11　“空气是容器”隐喻

“空气是容器”隐喻中的目标概念也是具体概念，其后通常后接方位词“中”，有时也可以后接方位词“里”，但是不能后接方位词“内”。由于空气无色无味，难以通过感官感知到，“空气是容器”的隐喻表达常常被具体的处所词语所代替。“空气是容器”隐喻类存现句中的存现主体属于具体概念，没有发生隐喻映射，一般为某种通过嗅觉感知到的气味，如：

（64）空气里满是油烟味儿。

（65）空气中传来一阵阵饭菜香。

（66）空气里没有了那股淡淡的花香。

1.1.12　“水是容器”隐喻

“水是容器”隐喻中把目标概念“水”看作容器，是基于人们实际的具身经验。“水”本身的属性是没有内部空间的，但是人们通过视觉或触觉感知到水对物体的“包容”能力，这种能力被隐喻性识解为容器，并被理解为物体被“装进”了容器中，这使得“水”的用法得到了隐喻性扩展。如：

（67）水中游动着一群群小鱼。

（68）水里长着许多红柳。

（69）水里突然跳出来一条鱼。

1.1.13 “气氛是容器”隐喻

“气氛是容器”隐喻中的目标概念“气氛”是抽象概念，在语言表达中抽象概念容易被隐喻映射为实体。“气氛是容器”也是基于具身经验，日常生活中人们容易受到气氛的影响，觉得自己被气氛所裹挟，因此“沉浸”在某种气氛中。此时，自然而然地发生了隐喻映射，“容器”映射域中的语言表达和思维模式被映射于目标概念中。如：

（70）平静中暗含着危机。

（71）喧嚣中隐藏着一种孤寂之感。

（72）混乱中跑出来一个小孩。

1.1.14 “行为是容器”隐喻

“行为是容器”隐喻类存现句中的存现处所和存现主体之间隐含因果关系，但是承担原因和结果的角色可能会有不同，有时处所为原因，存现主体为结果，有时则相反，存现主体为原因，存现处所为结果。当存现主体为抽象概念时，一般容易被隐喻为“物体”，但是有时也可能不需要隐喻表达，特别是当存现主体本身不是抽象概念时，如：

（73）她的挣扎中隐含着愤恨。

（74）他的努力中带有绝不屈服的坚强斗志。

（75）打斗中可能会有损伤。

1.1.15 “时间是容器”隐喻

在许多语言中，时间和空间的关系十分密切，人们往往喜欢通过空间概念来理解时间概念，因此将时间理解为空间是一种常见的、规约化的隐喻方式。而“容器”可以看作 Lakoff（2012）所说的“具有大小和范围的静止空间”①，“时间是容器”隐喻也可以理解为“时间是具有大小和范围的静止空间”隐喻。“时间是容器”隐喻类存现句中，存现主体通常是具体概念而非抽象概念，可以直接按照字面义来理解，不需要进隐喻性识解，而且表示时间的词语除了可以后接方位词“里”“中”“内”之外，还可以后接“……之间”，很多时候甚至可以不需要后接任何方位词语，如：

（76）这几年（间）发生了不少新鲜事。

（77）两天（之间）少了很多人。

（78）一个月（中）新增了很多同伴。

1.1.16 “生活是容器”隐喻

“生活是容器”隐喻中的目标概念属于抽象概念，但是人们似乎不能从单一的感官感知这个概念，从这个方面来说，“生活”本身具有一定的抽象特征，所以我们能够从例句中找到表现为抽象概念的存现主体。这种情况下往往会发生隐喻共现，即存现主体被隐喻为“物体”。有时，存在主体也可能是具体的概念，此时不需要进行隐喻映射，如：

（79）生活中充满了变数。

（80）童年的生活中总是充满了欢乐和幸福。

（81）他的生活中突然闯入了一个陌生人。

1.1.17 “战争是容器”隐喻

“战争是容器”隐喻和“生活是容器”隐喻有不少相似的地方，

---

① ［美］George Lakoff：《隐喻的现代理论》，［德］Dirk Geeraerts 主编：《认知语言学基础》，邵军航、杨波译，上海译文出版社 2012 年版，第 219 页。

首先“战争”和“生活”在时间域中都占据了不短的时间，而时间常常被隐喻为空间，这和“容器”的空间属性形成一致。① 其次，隐喻映射中的目标域都是具体概念，但是“战争”和“生活”都具有一定的抽象特征。因此其对应的存现主体既可以是具体概念也可以是抽象概念，当存现主体为抽象概念时，被隐喻映射为“物体”，出现隐喻共现，当存现主体为具体概念时，不发生隐喻映射。如：

（82）战争中充满了血腥和残酷。
（83）那场战争失去了意义。
（84）那场战争中加入了其他的参战者。

1.1.18 “论争是容器”隐喻

“论争是容器”隐喻中的目标概念“论争”带有“过程”的属性，所有和论争相关的认知事件都发生在论争过程中，或者说被限制在论争过程中。这样一来，源概念“容器”所具有的“容纳”属性和“论证”过程具有了相通点，由此产生了隐喻性识解。与此相对应，句中的存现主体也从“抽象事物”被隐喻识解为“实体”从而实现了隐喻共现，如：

（85）他们的辩论中充满了火药味儿。
（86）他们的辩论中全是一些逻辑混乱的观点。
（87）争论中出现了变故。

1.1.19 “人际交往是容器”隐喻

“人际交往是容器”隐喻中的目标概念“人际交往”是一个相对抽象的概念，但其带有的“过程”属性使得所有和目标概念相关的认

① 方位词和某些量词如“那场战争”中的“场”都赋予了所修饰词语时间属性。另外，从百科知识中也可以了解到“战争”和“生活”这两个词语中自带有时间属性。

知事件都在这个“过程”中发生，也就是说“人际交往”“包含”了所有相关事件，映射域和目标域中间产生对应，因此两者之间产生了隐喻映射。如：

（88）他们的交往中没有一丝算计。

（89）他们的交往中出现了一些障碍。

（90）他们的交往中少了一丝真诚。

1.1.20 “实心物体是容器”隐喻

“实心物体是容器”隐喻中映射域和目标域之间看起来很难形成域间对应，该类构式的图形和背景之间的关系对隐喻映射的发生产生了很大的影响。从例句中可以看到，图形和背景之间为零距离，图形似乎完全和背景融为一体，两者看上去像一个整体。此时，图形被“包含”在背景中，产生了“容器”的隐喻性识解。如：

（91）电视里有很多体育节目。

（92）这本书里有很多精彩的情节。

（93）电脑里存了不少以前的照片。

1.1.21 “聚集的同类物体是容器”隐喻

“聚集的同类物体是容器”隐喻中的目标概念是具象概念，存现主体也是具体的物体。域间对应的产生导致隐喻映射的产生，存现主体从处所离开对应于容纳物离开容器，存现主体存在于处所中对应于容纳物装在容器中，存现主体出现在某处所对应于容纳物装入容器中。这类构式还有一个特点是图形“隐藏”在背景里，“隐藏”也带有“容纳”之意，由此产生了隐喻性识解。如：

（94）花丛里飞出一只蜜蜂。

（95）头发里飘出一股幽香。

（96）森林里生活着各种动物。

这里需要注意的一点是，存现句中出现容器隐喻时，容器一般指的是处所，容器里的事物指的是存现主体。因为在存现句图形/背景关系中，存现句中的存现处所被看作背景，存现主体被看作图形，背景一般都比较大，或者其本身可以扩展延伸。而图形则相对较小。当然，有时也确实存在图形比背景大的情况，只是这样的情况一般比较少见，并且，句子的动词一般带有“完全覆盖”义，如例（97）到例（99）：

（97）钢琴上盖着一块暗红色的绒布。

（98）头上套着一个铁套子。

（99）盒子外面包了一层布。

例（97）到例（99）中的动词分别为“盖”“套”和“包”，它们的词汇义中都具有“完全覆盖”的含义。

任何隐喻都有其经验基础，“容器”隐喻也不例外。“容器”隐喻的产生和意象图式息息相关。意象图式指“一个源域（即映射域）（或源域的构成部分）映射到不同的靶域（即目标域）上这一反复出现的规定模式”。意象图式产生于人们的“运动感知行为”，“容器”（container）就是其中的一个图式性结构。[①] 容纳（containment）图式以“容纳”作为源域，其对应的目标域种类繁多，包括“视野”“时间”“困难”“责任”即“被认为是包裹在身体里的自我”等。容纳图式涉及“空间结构经验”，空间域这样的“前语言认知域”可以

① Raymond W. Gibbs, Jr. And Herbert L. Colston：《意象图式的认知心理现实及其相互转换》，［德］Dirk Geeraerts 主编：《认知语言学基础》，邵军航、杨波译，上海译文出版社 2012 年版，第 266 页。

"为抽象认知域提供结构"①。"容器"存现句中处所词语里的方位词"里"和"中"唤起了人们认知中的"容器"意象图式，当方位词"里"和"中"跟抽象认知域中的"思想""人生""时间""生活""战争"和一些难以用感官清楚地直接感知的事物如"天空""空气"，以及一些看似不能成为容器的如"书""电脑"等实心物体，"树林""头发"等表聚集的同类物体的名词结合时，为其提供了隐喻性解读，弥补了语义自身的非自足性。

另外，在以往的研究中，图形/背景关系中关于"背景"的一些描述也为容器隐喻存在的合理性提供了解释，背景被看作"无定形""无结构、无形状、均匀的"，并且背景似乎在图形之后"或多或少地不断延伸"②。这些描述或者说人们认知中关于"背景"的特征或印象，似乎从一定程度上解释了存现句中容器隐喻存在的合理性。因为容器（即背景）被理解为无固定形状和结构，且能够不断扩展延伸，这使得存现句中容器的概念得以很大地扩展，使许多非常抽象的事物都可以成为背景，比如"思想是容器"隐喻、"观点是容器"隐喻、"行为是容器"隐喻、"情感是容器"隐喻、"人生是容器"隐喻、"话语是容器"隐喻、"表情是容器"隐喻、"声音是容器"隐喻、"情绪是容器"隐喻、"气氛是容器"隐喻、"行为是容器"隐喻、"战争是容器"隐喻、"论证是容器"隐喻、"人际交往是容器"隐喻，也可以让一些没有具体形状的事物成为容器，如"天空是容器"隐喻、"空气是容器"隐喻、"水是容器"隐喻，也可以让一些在实际生活体验中无法成为容器的事物变成容器，如"实心物体是容器"隐喻、"聚集的同类物体是容器"隐喻、"时间是空间"隐喻、"生活是容器"隐喻。

---

① Dirk Geeraerts 所说的容纳（containment）图式即容器图式。参见［德］Dirk Geeraerts《引论：认知语言学简介》，［德］Dirk Geeraerts 主编《认知语言学基础》，邵军航、杨波译，上海译文出版社 2012 年版，第 12—13 页。

② ［德］弗里德里希·温格瑞尔、汉斯－尤格·施密特：《认知语言学导论》（第二版），彭利贞、许国萍、赵微译，复旦大学出版社 2009 年版，第 186 页。

按照弗里德里希等（2009）把隐喻分为特定隐喻和一般隐喻，其中抽象概念基于“更为具体的源概念，尤其是基本层次概念”，这种特定隐喻的源概念属于“事件概念”，其本身“由其他的基本物体或基本行为概念”组合而成。“一般隐喻”是“更为一般的概念经验的组合”，其源概念“不是特定的基本层次概念或其上位概念”，容器隐喻属于“一般隐喻”。具体源概念和抽象目标概念之间的对应如果形成多种对应，则被称之为“丰富映射”，如果具体目标概念“着重于对应具体源概念的单一属性”，由于其隐喻映射被映射域所限制，则被称为“贫乏映射”。作为目标概念的抽象概念和作为源概念的一般概念之间产生的隐喻映射既可能是贫乏映射，也可能是丰富映射。[①]仅从汉语存现句“容器”隐喻的角度来看，其源概念“容器”属于一般概念，当其对应的目标概念为思想、情感、情绪、气氛、人生、生活等抽象概念时，从理论上来说，其隐喻映射可能是丰富映射或贫乏映射。我们认为当具体源概念“容器”的单一属性“容纳空间”被凸显，而其他属性如“物体”处于补充或次要地位时，源概念和目标概念之间的映射为贫乏映射；当源概念“容器”的多个属性如“容纳空间”“具体的实物”等被同时对应时，源概念和目标概念之间的映射为丰富映射。但是从汉语母语者的语感上来说的话，似乎大多数人更倾向于感知到源概念中“容纳空间”这一单一属性，其他属性被弱化或忽略。因此，我们倾向于认为汉语存现句中的“容器”隐喻基于源概念和目标概念之间的贫乏映射。在存现句“容器”隐喻的映射类型上出现可能的分歧，主要原因在于贫乏映射往往发生于具体源概念和具体目标概念之间，具体源概念和抽象目标概念之间更多的是丰富映射。[②] 而像汉语存现句中的“容器”隐喻映射一般被当

---

① ［德］弗里德里希·温格瑞尔、汉斯－尤格·施密特：《认知语言学导论》（第二版），彭利贞、许国萍、赵微译，复旦大学出版社 2009 年版，第 140—143 页。

② ［德］弗里德里希·温格瑞尔、汉斯－尤格·施密特：《认知语言学导论》（第二版），彭利贞、许国萍、赵微译，复旦大学出版社 2009 年版，第 141—143 页。

作贫乏映射的观点则是贫乏映射范畴中的非典型现象。当存现句中“容器”隐喻的目标概念为具体目标概念，如人体器官、天空、空气等，源概念为容器这样的一般概念时，目标概念的“容纳空间”这一属性被凸显，其他属性被弱化或忽略，此时源概念和目标概念之间的映射为贫乏映射。①

存现句中的“容器”隐喻映射没有涉及如杯子、碗、盒子等基本层次范畴，而是直接地映射到“容器”这一上位层次范畴，所以“容器”隐喻映射属于“上位层次映射”。Lakoff（2012）指出，大量的基本层次映射包含在上位层次映射中，上位层次映射能把源域中的概念结构“最大限度地”映射到靶域（即目标域），因此，在规约化隐喻映射中大部分情况下被映射的是上位层次范畴。基本层次范畴参与的映射并不多见。② 存现句中的“容器”隐喻映射证明了这个观点的正确性。

我们还注意到一个语言事实就是汉语存现句中宾语的修饰语的原型形式是数量短语，数量短语的一个重要功能就是把被修饰语个体化，在存现句中可以理解为数量短语后的名词性成分被实物化。当该名词性成分是一个抽象名词时，就发生隐喻映射，出现我们称之为隐喻共现的现象，数量短语对该抽象名词的修饰使发生在这个抽象名词身上的隐喻映射更加具体化，也可以说数量短语对于抽象名词宾语的隐喻映射起到了“助力”的作用。从这个意义上来说，我们把这种“助力”称之为“隐喻协助”。因此，隐喻协助使产生隐喻共现之间有对应关系。③ 从构式的角度来看，存现句中无论是句首的容器隐喻，还是句末的隐喻协助和隐喻共现，都是构式压制的结果。进入这类存现句构式中的各个成分都受到构式的压制（或影响），映射域中的词项

---

① ［德］弗里德里希·温格瑞尔、汉斯－尤格·施密特：《认知语言学导论》（第二版），彭利贞、许国萍、赵微译，复旦大学出版社2009年版，第140—143页。

② ［美］George Lakoff：《隐喻的现代理论》，［德］Dirk Geeraerts主编：《认知语言学基础》，邵军航、杨波译，上海译文出版社2012年版，第209—210页。

③ 并不是所有的隐喻共现都必须有隐喻协助，但是隐喻协助和隐喻共现对应的情况是一种比较常见的现象，有时如果没有隐喻协助，也能实现隐喻共现，如“目光中有惊喜、有欣慰”。

在目标域中获得了一个“扩展的词汇化意义”（lexicalized sense）。[①] 具体来说，在容器隐喻中，映射域中的词项“容器”在目标域如思想域中获得了“容器是思想”这个扩展的词汇化意义。

当存现句主语使用容器隐喻来表达时，往往采用“名词 + 方位词‘里’‘内’或‘中’”的表达形式，并且在一般情况下方位词“里”“内”或“中”不能省略。这是因为这种隐喻的表达方式并不是一种典型的空间表达方式，方位词“里”或“中”在这里起到了明确并强化“容器”的存在的作用。

从上面的例句中可以看到，容器隐喻可以出现在存现句的各类子句式中，其中，最为常见的就是“有”字存在句。我们注意到，虽然“V 着”存在句一直被看作是存在句的原型表达方式，甚至被看作最为常见的存在句句式，[②] 但在使用容器隐喻方面，却没有“有”字存在句那么频繁。这种现象似乎给了我们一个提示，即当存在句使用容器隐喻时，言语活动参与者的关注焦点似乎更倾向于存现事物的“存在”本身，而不是某种状态的持续，因为这种持续性容易使得人们在认知上将其视为是运动的而非存在的。想象一下，如果背景是平面如“桌面”时，更常见的表达方式是“桌子上放着一个杯子”，而不是“桌子上有一个杯子”。这种使用上的差别，可能是因为当某种物体位于容器中时，容器本身具有的特点使物体难以位移到其他地方，人们关注到物体的相对静止性，而不是物体存在的方式，这种静止性使得物体“存在”于容器里，所以纯粹表达“存在”义的“有”字存在句比“V 着”存在句更加适用于有容器隐喻的句子里。另外一种可能的解释是有容器隐喻的存在句容易被识解为存现物体为容器（此时的容

① ［美］George Lakoff：《隐喻的现代理论》，［德］Dirk Geeraerts 主编：《认知语言学基础》，邵军航、杨波译，上海译文出版社 2012 年版，第 208 页。

② 一般认为“V 着”存在句是某种状态的持续，但是严格来说这种句式是动作结束后留下来的某种状态的持续，而这种状态的持续其实也是另一种动作的持续或进行，只不过这不是发生明显位移或活动的动作，而是一种相对静态的动作，因此从某种角度来看，这种持续的动作或状态其实也是一直在“进行或持续”的。

器被拟人化或该容器为某人之物）所有，句子的语义中可能隐含有“领有”的含义，使用“有”字存在句可以同时兼容“存在”和“领有”两种语义。这是因为从原型理论的角度来看，某些“有”字存在句并不是存在句的原型表达，当存现处所（主语）被拟人化时，句子就可能既有“存在”义，也有“领有”义，这类句子是存在句范畴中的较差的样本或边缘成员。

我们还发现，隐现句中出现句比消失句更容易使用容器隐喻，这和一般的隐现句使用规律是一样的。其中的原因是事物的出现总是比它的消失更加引人注目。

1.2　物体隐喻

除了“容器”隐喻之外，汉语存现句中还有一种常见的隐喻表达，即“物体”隐喻。其实，在上面关于“容器”隐喻映射的分析中，我们已经涉及了“物体”隐喻的探讨，当句中“容器”隐喻中的目标概念为抽象概念时，其后的存现主体很多情况下也是抽象概念。“容器”隐喻使抽象概念变为了具体概念（因为在日常生活中容器本身就被看作一种实体物质），作为抽象概念的存现主体相应地被隐喻映射为“物体”，从而出现了“隐喻共现”现象。以下我们将具体分析存现句中一些常见的“物体”隐喻。

1.2.1　“思想是物体”隐喻

“思想”类词语表示存现句处所词语时，常常被隐喻为容器，容器也可以看作是一种物体，当其出现在存现主体的位置时，也被隐喻性识解为“物体”，如：

（100）心中有一个不成熟的想法。

（101）心中有了一个惊人的计划。

（102）心中突然冒出一个念头。

1.2.2 “表情是物体”隐喻

存在句中“表情是物体”隐喻的表达既可以出现在句首处所词语处，也可以出现在存现主体处，前面我们已经分析过“表情是容器”（物体）隐喻，下面的例句中“物体”隐喻映射出现在句末存现主体处，如：

（103）满脸怒气。

（104）面有难色。

（105）嘴角露出一丝笑意。

以上分析的都是规约化隐喻，所谓规约化隐喻是指那些已经约定俗成到难以意识到的、自然而然产生的隐喻。与此形成对比的是“新奇隐喻”。新奇隐喻是指那些“新近创生的隐喻”①，其涉及源域和目标域之间的混合。② 由于存现句不是汉语中那些最频繁使用的句式，所以新奇隐喻的产生往往滞后于其他常用句式。

第二节　存现句中的转喻

“转喻指一种词表示的字面意义和它相应的比喻意义之间的邻接（即接近或邻近）关系”，转喻关系表示“一个成分代表另一个成分”③。讨论转喻时，必须要考虑“域”在转喻中起到什么作用？根据 Lakoff & Turner（1989）的观点，转喻不是跨域映射，而是“单域内部的映射”，

① ［美］威廉·克拉夫特、［英］D. 艾伦·克鲁斯：《认知语言学》，邵军航译，商务印书馆 2022 年版，第 277 页。

② ［美］威廉·克拉夫特、［英］D. 艾伦·克鲁斯：《认知语言学》，邵军航译，商务印书馆 2022 年版，第 281 页。

③ ［德］弗里德里希·温格瑞尔、汉斯－尤格·施密特：《认知语言学导论》（第二版），彭利贞、许国萍、赵微译，复旦大学出版社 2009 年版，第 127 页。

因此，转喻涉及的是单一的概念域。[①] 换句话说，转喻发生于单一的概念域中。隐喻是不同概念域之间发生的映射，属于跨域映射，而转喻则是非跨域映射。但是从 William Croft（2012）对概念的分析来看，一个概念能够以多个不同的域作为前提，这些“域联合体”被称为“域阵”，单一的概念是建立在大量的抽象域、复杂的域阵及基础域上的。具体来说，就是一个概念以抽象域为前提，抽象域又以复杂的域阵为前提，复杂的抽象域又以大量的基础域为前提，他把概念所依赖的这种复杂的域背景称为“域结构”[②]。所以，William Croft（2012）对转喻的定义加以修正和调整，认为“转喻映射是发生于同一个域阵中的映射，而不是跨域（或域阵）的映射”，并且认为域阵在经验上具有统一性。[③]

2.1 “以整体代表部分”转喻

（106）桌子上放着一杯水。

（107）衣服上有一点灰。

（108）花园里种了一些花。

例（106）是用整个桌子代表和杯子接触的那部分，例（107）中是用整件衣服代表沾灰的那部分，例（108）用整个花园代表花园的某处。这类转喻常常用于对存现处所的表达，而几乎不会出现在存现主体处。我们认为存现处所在图形/背景关系中担任背景的角色，因为背景并非注意的焦点，在感知上具有一定的模糊性，而且在信息传递中也不是焦点信息，因此在言语表达中也做了模糊化处理，用整体代

① George Lakoff and Mark Turner, *More than Cool Reason: A Field Guide to Poetic Metaphor*, Chicago: The University of Chicago Press, 1989, p. 103.

② ［美］William Croft：《认知域在隐喻和转喻解释中的作用》，［德］Dirk Geeraerts 主编：《认知语言学基础》，邵军航、杨波译，上海译文出版社 2012 年版，第 303—304 页。

③ ［美］William Croft：《认知域在隐喻和转喻解释中的作用》，［德］Dirk Geeraerts 主编：《认知语言学基础》，邵军航、杨波译，上海译文出版社 2012 年版，第 311 页。

表了部分。这也体现了认知语言学中的一个重要观点，即言语表达反映了认知概念。当概念模糊时，言语表达同步模糊化，当概念清晰时（如存现主体），言语表达同步清晰。

2.2 “以容器表示内容”转喻

（109）餐桌上有一碗，冰箱里还有一碗。
（110）家里放一包，车里再放一包。
（111）（不用买了），家里还有一袋。

例（109）中用“碗”代表了碗中的东西，例（109）中用“包”代替了包中的物品，例（110）中用“袋”代替了包中的物品。“以容器表示内容”转喻一般只出现在存现主体位置，因为容器可以看作处所，如果容器出现在处所词语处，一般不能使用转喻映射，否则就失去表示处所的功能。

2.3 “以颜色代表事物”转喻

（112）到处一片金色。
（113）眼前一片灰蒙蒙的。
（114）枝头出现一点绿意。

从上面的例句中可以看到，“以颜色代表事物”转喻表达方式似乎倾向于出现在存现主体部分。这是因为存现主体是整个句子的信息焦点，在获取信息时，通过视觉看到的物体呈现大面积的同一颜色，人们对颜色的感知似乎超越了物体本身，这时出现转喻转移就成为非常自然的现象，同时在言语表达中常常使用数量短语“一片”来表示这种视觉上的冲击感。另外，除了存现主体之外，这类转喻也可以出现在存现句的存现处所位置，只是使用频率没有前者高，而且往往需要更多的上下文语境支持，如：

（115）下了一夜的雪，打开窗户，只看见一片白茫茫中几点艳红，那是前些年种下的梅花开了。

（116）一片绿意中藏着几处金黄色，似乎是向日葵。

2.4 “以某种情感的生理反应代表这种情感”转喻

（117）心里忽然一片冰凉。

（118）心中阵阵寒意。

（119）嘴角勾起一丝弧度。

例（117）中用“心里一片冰凉”代表失望，例（118）中用“心里阵阵寒意”代表失望，例（119）中用“嘴角勾起一丝弧度”代表高兴。

2.5 “身体的变化代表年龄的变化”转喻

（120）头上出现了白发。

（121）额头出现了皱纹。

（122）嘴角出现了法令纹。

上面的例句中用身体的变化代表年龄的变化，此类构式适用于隐现句。

2.6 “以身体感知的结果代表身体行为”转喻

（123）脑中一片空白。

(124) 眼前一片模糊。

(125) 脸上一片湿意。

例(123)中的“脑中一片空白”代表大脑失去记忆或判断能力，例(124)中“眼前一片模糊”代表哭泣行为，例(125)中的“脸上一片湿意”代表了哭泣行为。

2.7 “用体温变化来代表身体的变化”转喻

(126) 那个人的身体已经失去了最后一丝体温。

(127) 身上发冷。

(128) 脸色发青。

例(126)中用“身体失去体温”代表失去生命，例(127)用“身上发冷”代表生病，例(128)用“脸色发青”代表身体不适。

第七章　汉语存现句中的图形与背景

第一节　存现句中图形与背景的多重关系

图形和背景来源于格式塔心理学，是认知语言学研究中经常涉及的一个常见的认知系统。在该系统中，某一个概念被确立为参照点或者是定位体，这个概念被称之为“背景”，而以背景作为参照点，被定位的概念，被称之为“图形”（泰尔米，2017）[①]。图形和背景普遍存在于语言中的不同层级的单位中，我们可以在语言的简单句中以及篇章中都能找到对应的图形/背景系统。

1.1　存现句中图形和背景的依存关系

图形/背景关系普遍存在于很多汉语的简单句中，在现代汉语的存现句中也有图形/背景关系的存在。一般情况下，当判断句子当中哪个成分是图形哪个成分是背景时，可能需要付出少许认知努力；在某些情况下，当背景和图形还可能产生逆转时，则需要付出较多的认知努力；而在某些特殊情况下，则需要有特殊的动机，付出更多的认知努力。但是在汉语的存现句中则似乎不需考虑这些情

① ［美］伦纳德·泰尔米：《认知语义学》（第一卷），李福印等译，北京大学出版社 2017 年版，第 272 页。

况[①]。因为存现句作为一种比较特殊的句式，其句法结构和语义结构都具有一定的特殊性。首先，特别引人注目的是存现句句首位置出现的词语并不是我们常见的表示施事的名词，而是表示处所的词语，这种处所词语常常被看作是一种典型的背景。存现句中的处所词语常常是“名词性成分＋方位词”结构，这样的原型表达方式强化了句首词语的处所义。处所词语之后的动词，或者是表示单纯的存在如动词“有”或“存在”，或者是使用其他的动词表示事物具体存现的方式，句子的最后出现的是出现、存在或消失的事物，这个事物被称为存现主体。存现主体也被看作是一种典型的图形。汉语存现句中词语的排列顺序，往往引起学界对句中成分的句法功能的讨论，学者们就句首的处所词语是主语还是状语以及句末的存现主体是主语还是宾语产生争议。如果从纯粹的顺序排列的角度来看的话，句首的处所词语被看作主语，而句末的存现主体被看作宾语。而当从语义的角度来看的话，句首的处所词语被看作状语，句末的存现主体则容易被看作是主语或宾语。因为典型的主语是施事，当句末存现主体是施事时，更易被当作主语。而当存现主体是受事时，容易被视为宾语。我们认为这两种不同的看法是因为使用了不同的标准，从不同的角度来进行界定的。但是如果我们把存现句放到认知的层面来看待的话，可以对句中的成分做出一个更加合理的身份界定。我们认为汉语存现句体现的是一种强势的图形/背景关系，之所以这么说，是因为在某些简单句里可能还存在图形和背景的界定上不易区分，或者图形和背景可以被逆转等情况。但是在存现句中，句首的处所词语无疑可以被视为典型的背景，而句末的存现主体也可以被看作是典型的图形。

图形/背景原则事实上是语言结构中的一种凸显原则，当我们感知一个物体时，我们把该物体当作从背景中凸显出来的一个对象，这个

---

① 这里仅指处所和存现主体之间的图形/背景关系，因为这是存现句中最显性的也是最常见的图形/背景关系。而在某些存现句中还存在一种较为隐性的图形/背景关系，即认知事件之间的图形/背景关系。

对象就是图形，而背景则隐藏于其后，被淡化或模糊化。对这种凸显性的感知，往往是在不经意当中发生的，也就是说，一般情况下我们并不需要付出特殊的认知努力就可以形成此类感知（但是典型的图形或背景会更加容易得到区分）。在语言表达中出现的这类凸显感知大都是从视觉经验或听觉经验中获得的感知，特别是视觉经验感知的信息在语言表达中常常高频出现。当然，这和我们在客观事件中的身体经验有关：在日常的身体体验中，视觉的体验多于听觉的体验，也就是说，我们通过视觉获知的信息要远远多于从听觉获知的信息。

在同一个认知系统中出现的图形和背景各自具有一些特殊的属性，弗里德里希·温格瑞尔，汉斯－尤格·施密特（2009）认为，图形应该有形状或外形，而且具有类物性，如有物体特有的结构以及连贯性。而背景却没有清楚的形状或轮廓，体现为没有结构，没有形状，并且是均匀的。在人们的感知中，它们的位置也不太一样，图形的位置往往被感知位于背景的前面，而背景则被感知位于图形的后面，并且其边界较模糊，具有延伸性。相对于背景而言，图形则具有感知凸显性，更加易于识别和记忆，并且与情感及审美价值等人类特有的心理活动有关①。

我们再来看一下泰尔米（2017）对于图形和背景的理解，他认为图形是移动的，或者在概念上被识解为可以移动的实体，它的路径、位置或方向都是变量，该变量的具体值是人们所关注的问题，背景是参照实体，相对于某一参照框架而言，这个实体是静止的，背景可以确定图形的位置、路径或方向②。图形和背景是一种相互依存的关系，他们相互定义，互以对方的存在作为自身存在的基础，也就是说没有背景就没有图形，同样，没有图形也没有背景。在上面的定义中，泰

① ［德］弗里德里希·温格瑞尔、汉斯－尤格·施密特：《认知语言学导论》（第二版），彭利贞、许国萍、赵微译，复旦大学出版社 2009 年版，第 186 页。

② ［美］伦纳德·泰尔米：《认知语义学》（第一卷），李福印等译，北京大学出版社 2017 年版，第 273 页。

尔米特别注意到了图形具有位移的特点，他认为图形和背景是运动事件的成分，其语义结构可以表示如下：

"［Figure + Fact – of – Motion + Path + Ground］"
（"图形 + 运动事实 + 路径 + 背景"）①

汉语中这个运动事实常常用动词来表现，而动词后的趋向补语则可以实现表明路径的功能。因此我们可以看到汉语存现句中除了图形和背景之外还包含着另外的成分，即运动事实和路径，并且严格来说，路径也是背景。如：

（1）前边走过来一个人。
（2）树洞里钻出来一只小鸟。

在有的存现句中，动词后没有趋向补语，但是我们仍然能够想象到存在一条路径，这类句子一般属于存在句，如：

（3）街上走着一群人。
（4）第二跑道上跑着我们班的参赛队员。

在上面的两个存在句中，虽然句中没有趋向动词，但是前面的处所词语也有明示运动路径的功能，使得我们能够感知到路径的存在。

我们再来看另外一种情况，如：

（5）天空中黑压压的一群麻雀。
（6）窗前一片月光。

① ［美］伦纳德·泰尔米：《认知语义学》（第一卷），李福印等译，北京大学出版社 2017 年版，第 254 页。

上面两个例句中不仅没有出现趋向补语，而且连动词也没有出现，但是我们能不能说这两个句子并不表示运动事件呢？根据我们对百科知识的掌握，可以知道天空中的麻雀是飞着的，也就是说，作为图形的“麻雀”存在位移，因此，一定存在位移的路径。在这两个句子中，如果存在主体充满了整个背景或是观察者认为存在主体充满了整个背景，在图示上体现为图形覆盖了背景。当众多的图形覆盖背景时，在人的感知中，会将这些图形感知为一个整体，或者说概念化为一个整体，此时图形的运动路径便被淡化甚至消失，因此，运动产生的路径也就随之消失了。但是需要注意的是，这种相对静止的感觉只是一种虚构静止，而事实上运动却是真实存在的。例（6）中的“月光”看起来像是静止的，但是我们同样可以根据百科知识知道光线也有速度。因此，月光同样存在运动的路径，只是因为光速太快，人们仅凭借视觉无法察觉到光线中也存在运动事件。

当然，在无动存在句中也可以表示真实的静态存在，如：

（7）眼前一片一望无际的稻田。

（8）满地垃圾。

例（7）和例（8）是否违背了前面所说的图形和背景是运动事件的成分这一观点呢？如果我们换一个角度来看，表示静态的存在是一种静止的状态，而静止的状态同样可以看作是运动事件的一个成员，只是此时运动的速度为零。另外，存在的事物在其存在以前必然经历过“出现”这个过程，而“出现”就是典型的运动事件。同样，存在的物体也有可能“消失”，“消失”也是典型的运动事件。

还有另外一种情况是，事物事实上是静止的，但是在观察者的眼中却看起来像是处于运动中，这是一种虚构的运动，如：

（9）讲台前一排排的座位。

（10）身后是一个个身姿挺拔的战士。

上面两个例句中的虚构运动是依靠量词重叠实现的，观察者的视线沿着图形排列顺序进行顺序扫描，视线运动的轨迹即是虚构运动的路径。

在静态存在句中，同样也有运动事件，如：

（11）窗台上放着一盆花。

（12）柜台上铺了一层绒布。

例（11）和例（12）表示动作完成后状态的持续，由于状态的持续也可以看作持续发生的运动，同时状态的持续在时间轴上占据了一个完整的时间段，因此我们照样可以把例（11）和例（12）看作一个运动事件，此时路径已经被概念化为一个点。另外，存在主体（图形）必然经历过出现、存在和消失三个过程，其中的出现和消失过程也是运动事件。

由此可见，汉语存现句中的图形和背景蕴含于运动事件中，运动的主体是图形即存现主体，背景则是句首的处所词语所表示的处所。

1.2 存现句中图形和背景视窗的开启

泰尔米（2017）指出，图形与背景是运动事件的成分，并且该运动事件例示了一个概念实体，这个概念实体构成了相互关系事件框架中的运动事件框架，而该框架支持一种特别的注意选择方式——图形/背景视窗开启，当图形或背景所指的视窗闭合时，语言中的相关表达成分就会被省略掉①，如存现句中的“B+C句式”和“C句式”：

① ［美］伦纳德·泰尔米：《认知语义学》（第一卷），李福印等译，北京大学出版社2017年版，第254—255页。

（13）跑过来一只小狗。——“B + C 句式”

（14）有敌人！——“B + C 句式”

（15）一只小狗！——“C 句式”

（16）敌人！——“C 句式”

例（13）到例（16）中视窗都是在图形上开启，在背景上闭合，那么汉语存现句中有没有只开启背景视窗而闭合了图形视窗的情况呢？实际上是有的，我们将在下面给大家加以证明，请先看例句：

（17）我们大家都出来了，因为屋子里有……

（18）谁都没想到 A 班突然冒出来个……所以我们都输了。

如果我们从话题结构的角度来看，例（17）和例（18）中被省略的是述题成分，而述题成分代表的是句子当中的新信息，一般是不能省略的，例（17）和例（18）中的述题之所以能够省略，是因为某种特别的因素导致说话人不敢或不便说出后面的述题内容。因此，例（17）和例（18）和前面的例（13）到例（16）正好相反，例（17）和例（18）开启的是背景视窗，而闭合了图形视窗，这是一种比较少见的表达方式，但是它们确实存在于人们具体使用的言语中。

综上所述，我们认为图形和背景之间具有非常紧密的依存关系，二者缺一不可，图形是位移的主体，图形和背景的存在使人们开启了图形/背景视窗。有时图形视窗或背景视窗中的某一个被关闭时，就代表着其相对应的语言表达成分被省略掉，存现句中被省略的不仅是 A、B、C 三段中的 A 或 A + B，有时也可能省略掉了 C。[①]

---

① 认知语言学认为语言结构反映了概念结构，但是并不是说概念结构中的所有成分一定全部都会反映在言语表达中。由于某些语用因素，某些概念存在于认知中，并没有在言语表达中具体体现出来，但是可以被看作交际双方已知的信息，并且也可以在言语表达中补出来。

1.3 存现句中图形和背景的多重组合

汉语存现句中图形和背景都可以呈现为点、线、面或体，当图形和背景相组合时，可以出现多重的点、线、面或体的组合，如：

（19）地上有一块小石头。
（20）桌子上掉了一粒饭。

例（19）和例（20）是点面组合，其中图形为点，背景为面。

（21）桌子上出现了一支笔。
（22）墙上画了一条细细的线。

例（21）和例（22）是线面组合，其中图形为线，背景为面。

（23）书包里装着不少糖果。
（24）盒子里放了不少小玻璃珠。

例（23）和例（24）是点体组合，其中图形为点，背景为体。

（25）细长的树干上出现了一个小洞。
（26）青黑色的剑刃上刻着一个字。

例（25）和例（26）是点线组合，其中图形为点，背景为线。

（27）屋子里放着一大块玻璃。
（28）盒子里嵌着一块隔板。

例（27）和例（28）是面体组合，其中图形为面，背景为体。

（29）瓶子里装着一条蛇。
（30）文具盒里放了一支笔。

例（29）和例（30）是线体组合，其中图形为线，背景为体。

1.4 图形和背景的适配性

从例（19）到例（30）中，点、线、面和体状的图形和背景虽然可以进行多种结合，但是图形普遍小于背景。在人们的认知中，对于哪个物体可以当作图形，哪个物体可以当作背景，往往具有一定的选择性，但是物体轮廓的大小可以为我们的选择提供帮助。一般情况下人们倾向于把大的事物当作背景，而把小的事物当作图形，如果一定要颠倒过来的话，将会在感知上付出更多的努力，并且这样的图形/背景关系在我们的语言中极少出现，或者容易被看作是别扭的表达，试比较例（31）和例（32）：

（31）柜子旁边有一个脚印。
（32）？脚印旁边有一个柜子。

我们这里指的是在一般的语境条件下，人们倾向于把大的事物当作背景，把小的事物当作图形。但是在一些特殊的语境下，可能会违反上述的原则。我们可以想象警察在案发现场办案时，可能先注意到“脚印”的存在，然后再注意到“柜子”，此时“脚印”就成为了一个已知信息，可以看作背景，而“柜子”则成为了图形。因此，如果我们需要把较小的物体看作背景，把较大的物体看作图形时，需要付出更多的认知努力，而这在一般的交际场所中往往是违背常理的，故而极为少见。如果在一些特殊的语境条件下，观察者（包括说话者和听话者）先注意到了较小的物体，并将其当作已知信息，这样才能使较小的物体成为背景。但是在人们的认知中，图形和背景的量值比例还是似乎有一个模糊的限定，如果图形和背景的大小相距过大时，句子的可接受程度相对较低或句子难以成立，如：

(33)？桌子旁边有一根针。
(34)＊针旁边有一张桌子。
(35)？这栋房子旁边有一个人[①]。
(36)＊这个人旁边有一栋房子。

例（33）到例（36）都是存在句，我们看到例（33）和例（35）的可接受程度比较低，例（34）和例（36）则几乎不能成立。我们尝试将它们移植到隐现句中，看看情况怎么样：

(37)＊桌子旁边出现了一根针。
(38)＊针旁边出现了一张桌子。
(39)？这栋房子旁边出现了一个人。
(40)？这个人旁边出现了一栋房子[②]。

例（37）和例（38）中图形和背景的大小差距悬殊，句子可接受程度非常低，而例（39）和例（40）的接受程度似乎有所增加。但是如果再进一步考虑的话，会发现例（39）和例（40）中的“房子”在人们的感知中一般不会太高，如果我们把这栋房子想象为一栋摩天大楼，就会发现例（39）和例（40）的可接受程度同样非常低。我们再看一下“针”和“桌子”的比例，就会发现两者之间同样因为大小比

① 该句中的“房子”如被设想为和旁边的“人”大小过于悬殊时，句子可接受程度较低，如果两者之间大小没有过于悬殊时，句子可接受程度较高。

② 这个句子被设定为在一个特殊的情景中，比如神话故事里。

例过于悬殊，因此例（37）和例（38）实际上也很难成立。

另外，我们还发现当背景和图形的大小差距悬殊时，人们在语言表达中往往会特意缩小背景的范围，比如把背景缩小到原先背景的某一部分，如：

（41）桌子脚旁边有一根针。

（42）桌子脚旁边出现了一根针。

（43）这栋房子的大门口站着一个人。

（44）这栋房子的大门口出现了一个人。

例（41）到例（44）的可接受程度大大提高了，可以说已经达到了一般句子的可接受程度，但是如果我们把上面的例（41）到例（44）中图形和背景逆转过来的话，就会发现句子还是难以成立，如：

（45）*这根针旁边有一条桌子脚。

（46）*这根针旁边出现了一条桌子脚。

（47）*这个人旁边是一栋房子的大门口。

（48）*这个人旁边出现了一栋房子的大门口。

例（45）和例（48）不能出现的原因是，当说话者想要表达存现主体存在或隐现时，存现主体必须是一个整体，而不能是其中的某个部分。也就是说，图形必须以整体（即认知心理学中的“完形”）的形式加以呈现。但是背景的情况有所不同，例（41）到例（44）中的背景被压缩变小，这完全符合我们前面谈到的关于图形和背景的某些特征。前面我们曾说过图形的形状比较固定，而背景则缺乏固定的轮廓，这个特点也体现在语言表达中，因此图形必须作为整体来呈现，而背景可能受到认知加工产生压缩或延伸。上述问题，还可以从兰盖克（2013）关于述义范围的选择的论述中得到进一步印证，兰盖克使用“直接范围”来表述述义对范围的选择，因为述义的直接范围可以更加直接和显著地预设概念①，如例（33）所示，当句子中的主语“桌子”和宾语“一根针”相比，其概念层级之间的相距过大，它们之间的适切性或者说相配度降低，导致该例句的可接受程度降低。这是我们的身体亲身体验的结果，因为如果述义范围是“桌子旁边”，这无疑将扩大视觉的搜寻范围，增加了注意焦点的调整难度，需要花费更多的精力和更长的时间才能使视线凝聚到一根针上，这在实际行为中是非常不经济的。典型的操作是缩小搜寻范围，以便更快地发现搜寻目标，所以原先作为背景的“桌子旁边”被缩小到“桌子脚旁边”，使之和作为图形的“一根针”相适切。

泰尔米（2017）认为方位词“near”（旁边）是表示对称关系的逆转关系，当他把这种逆转关系使用到了“above”（……上）和“below”（……下）时，他发现关系逆转，原先的图形变为背景，背景变为图形之后，句子的可接受程度就出现了下降，他把这种现象称之为逆转对子的非对称关系②。在这里我们打算使用汉语方位词“上”和“下”来进行论证，如：

（49）头上有一顶帽子。

（50）*帽子下有头。

（51）屋檐下有人。

（52）*人上有屋檐。

从上面的例句可以看到，当上下关系逆转时，句子的可接受程度大大降低。也就是说，如果背景比图形小，句子就变得难以接受。

① ［美］兰盖克（Ronald W. Langacker）：《认知语法基础》（第一卷），牛宝义、王义娜、席留生、高航译，北京大学出版社 2013 年版，第 123—125 页。

② ［美］伦纳德·泰尔米：《认知语义学》（第一卷），李福印等译，北京大学出版社 2017 年版，第 274—277 页。

另外图形和背景的选择还需考虑到其他的一些特性，其中图形具有可移动性，而背景具有恒定性。这和他们的大小也有关，一般情况下较小的物体更易移动，而较大的物体更加固定。[①] 泰尔米（2017）比较详细地分析了图形和背景的定义特征和关联特征，为了让我们能够更好地辨别图形和背景，在这里我们把泰尔米总结的图形和背景的特征引用如下[②]：

图形的定义特征：

具有待确定的位置，空间或时间特征

图形的关联特征：

更具可移动性
较小
几何图形简单，通常为点
刚出现在场景或意识中，关注度或相关性较高
不宜立刻被感知
一旦被感知更加凸显
更具依赖性

背景的定义特征：

可以作为参照实体，具有已知特征，这些特征可用来描述图

① 当然，这并不是绝对的，如例（49）中作为图形的“帽子”比作为背景的“头”更大，但是因为“帽子”能够灵活移动，所以可以担任图形的角色。从另外一个角度来看，可以把句中的“头”看作是一个转喻表达，其源域实际上是整个身体，这里使用“头”代替了“身体”，由此可知，该句中真正的背景还是要比图形大。

② ［美］伦纳德·泰尔米：《认知语义学》（第一卷），李福印等译，北京大学出版社 2017 年版，第 276 页。该书把“figure”译为“焦点”，我们将之称为“图形”。

形的未知特征

背景的关联特征：

更具恒定性
较大
几何图形复杂
更熟悉或可预知
关注度或相关性较低
容易立刻被感知
一旦图形被感知，更加背景化
更具独立性

泰尔米（2017）特别指出，最后五项关联特征和定义特征中都涉及注意分布图式系统以及它们的分布模式①。我们认为最后五项特征和注意相关，是前面的四项定义特征和关联特征导致的。比如，图形具有不确定的空间或时间特征，且其形体较小导致其不易被感知，一旦被感知则会更加凸显。并且当图形具有可移动性时更加容易被感知。同样，背景具有已知、形体较大的特征，导致其容易立刻被感知、更熟悉或可预知。并且一旦图形被感知后，更加容易背景化。而且背景具有恒定性，因此导致其关注度较低。

除了上面我们已经给出例子的点、线、面、体交叉组合之外，点、线、面、体还能够在自己内部进行组合，即点和点组合、线和线组合、面和面组合、体和体组合，如：

（53）指尖上有一个针眼。——图形和背景都为点

① ［美］伦纳德·泰尔米：《认知语义学》（第一卷），李福印等译，北京大学出版社 2017 年版，第 276 页。

（54）棉线上染了一段红色。——图形和背景都为线

（55）沙发上铺着坐垫。——图形和背景都为面

（56）大盒子里套着一个小盒子。——图形和背景都为体

这些例句里面例（54）比较特殊，图形和背景都为“线”，并且图形和背景完全重合，这种情况比较少见，在线和线组合的实际的表达中，我们更多看到的是图形和背景相交叉，此时图形和背景的组合方式常常会由句中的动词性成分来表达，如：

（57）铁轨上横着一段树枝。

（58）栏杆上搭着一根拐棍。

图形和背景的适配性和两者之间的相关性程度有关。在词语的述义范围中包含了图形和背景，兰盖克（2013）把背景中凸显出来的次结构看作图形，因为其最为凸显，他还把比较事件中的标准看作背景①，图形/背景组合中，背景可能随图形的转变而发生相应的转变。在描述一个场景时，常常有不同的图形/背景组合，当所选择的图形发生变化时，背景的选择也随即发生变化。即使变化前后的所有图形和背景都还处于同一个场景中，例如我们描述一个花园中的场景时我们会这么说：

（59）花园里有一个池塘，池塘中蓄满了水，水中游动着几尾红色的锦鲤。

例（59）中有三个存在句，其中“池塘”和“花园”组合成图形/背景关系，图形是“池塘”，“花园”是背景；“水”和“池塘”

① ［美］兰盖克（Ronald W. Langacker）：《认知语法基础》（第一卷），牛宝义、王义娜、席留生、高航译，北京大学出版社 2013 年版，第 125—126 页。

组合成图形/背景关系，图形是“水”，背景是“池塘”；“几尾红色的锦鲤”和“水”组合成图形/背景关系，图形是“几尾红色的锦鲤”，背景是“水”。我们经常用这种描述方式，但是却没有注意到在不知不觉中图形和背景发生了转换，并且这种转换预示着图形对背景的预设。上面的所有图形和背景都处于同一个场景中，这样就带来一个问题，我们怎么样去选择图形/背景的组合？也就是说我们怎么样决定哪个图形和哪个背景相搭配？在进行图形和背景的组合搭配时，我们往往会权衡图形和背景之间的相关性，而这种相关性是一种直接相关，对于间接相关的部分，有可能被舍去，比如我们一般不会出现以下的描述：

(60)？花园里有水草。

(61)？花园里有几尾红色的锦鲤。

这是因为名词性述义建立在相关的关系网络概念组成的抽象语域中，其述义的范围可以从身处的认知域中无限延伸。比如可以想象花园是在某个公园中，某个公园又在某个具体的地点，而该具体的地点在某个城市，某个城市可能属于某个省份……随着范围的不断延伸，范围中所包含的事物与花园以及花园中的物体的相关性逐渐减弱，因此，我们不能出现以下的表述：

(62) A市有几尾红色的锦鲤。

这一场景中不同的事物之间的相关性并不一样，“花园”是“池塘”这个词语述义的直接范围，当“池塘”被凸显为图形时，“池塘”概念更直接显著地预设了“花园”这一概念，而不是预设其他更大的概念。[①] 因此，“花园”更加适合于被选作背景。同样，“池塘”概念

① 古川裕：《外界事物的“显著性”与句中名词的“有标性”——“出现、存在、消失”与“有界、无界”》，《当代语言学》2001年第4期，第264—274页。

预设了“水”概念的直接范畴，当“水”被凸显为图形时，池塘更易成为背景。而当“几尾红色的锦鲤”被凸显为图形时，和其有直接关联的“水”理所当然地成为背景。

因此，图形和背景的组合关系中蕴含着一个非常重要的条件，即相关性，图形/背景关系的形成，是图形和背景相互选择的结果，这种选择建立在双方的相关性上。在某些图形和背景的组合中，我们可以发现一些规律性的东西，比如形体差异过大的两个物体，难以形成图形和背景组合，因其相关性较弱。有时距离的远近也会对图形和背景的组合产生影响，比如以下的例子就显得很不自然：

(63)？教学楼外100米处站着一些同学。

(64)？学校门口500米处开来了不少接孩子的车。

我们发现汉语的存现句运用了某些词汇手段，把图形和背景的距离缩小，从而巧妙地解决了图形和背景之间相关性弱这个问题，如：

(65) 教学楼下站着一些同学。

(66) 学校的大门口开来了不少接孩子的车。

例（65）中作为图形的“一些同学”和作为背景的“教学楼”之间形体差距过于悬殊，难以形成合适的图形/背景组合。但是，在“教学楼”后加方位词“下”时，使得背景的范围迅速缩小到能够适配于图形。例（66）也是一样，当“学校”的后面加上更加具体的位置“大门口”时，看起来拉近了图形和背景之间的距离，因而形成了非常合适的图形和背景的组合。

但是我们也要注意，上面所使用的附加其他词语的方法并不能解决所有的问题，当两个物体之间大小实在差距悬殊，或者说很难有直接相关性时，即使加上了相关的一些词语，还是很难形成合适的图形/

背景组合，比如以下例句：

（67）山下长着一些小草。

（68）这栋房子的右边就是四川省。

1.5 套叠式的图形/背景关系

我们都知道汉语存现句中存在明显的图形/背景关系，且在一般情况下句中只有一个背景/图形关系。但是在某些情况下，存现句中有时可能存在多组图形/背景关系套叠在一起的现象，如：

（69）故宫北面，神武门前有一个公交车站。

（70）在320教室里，黑板前面，讲台上放着一个麦克风。

例（69）中“公交车站”是图形，“神武门前”是背景，然后它们一起作为复合图形，此时“故宫北面”是该复合图形的背景，“神武门前”具有图形和背景双重功能，而“公交车站”具有双重图形功能，它在两种图形/背景关系中都担任图形的角色。例（70）中，“麦克风”是图形，“讲台上”是背景，它们可以共同作为复合图形，此时“黑板前面”是该复合图形对应的背景。“麦克风”“讲台上”和“黑板前面”也可以组成一个复合图形，此时“320教室”做它们的背景，“麦克风”具有三重图形功能，“讲台上”和“黑板前面”具有图形和背景双重功能，其中“讲台上”还具有双重图形功能。此时我们可以看到句子呈现为大的图形/背景关系中嵌入小的图形/背景，小的图形/背景关系中可以嵌入更小的图形/背景关系，由此层层套叠，从理论上来说可以无穷无尽。

但是需要注意的是，上面所分析的感知方式有一定特殊性，一般情况下，需要付出特别的认知努力才能产生这样的感知。在实际的语言表达中，说话者更多的是把句子前面的处所词语当作一个整体来表达，整个处所词语是一个修饰和被修饰的定中关系，有时可能出现套叠式的定中关系，此时述义的范围逐渐缩小，直到缩小到说话人认为适切性最佳的直接范围，这时句子被识解为只有一个图形/背景关系①，如：

（71）故宫北面神武门前有一个公交车站。

（72）在320教室里黑板前面的讲台上放着一个麦克风。

另一类图形/背景关系的嵌入是把运动事件发生时的某个参照背景作为背景，但是该背景在显性语言表达中没有出现，如：

（73）窗台上放着一盆花。

（74）水里跳出来一条鱼。

例（73）中“一盆花”是图形，“窗台”是背景，它们可以共同作为复合图形，它们所在的大的场景是背景。例（74）中“一条鱼”是图形，“水”是背景，它们共同作为复合图形，其所在的大的场景是背景。当然，在这两个图形/背景关系中作为复合图形的背景也可以是观察者或其他的可作为背景的事物。和前面的例（71）和例（72）不同，人们理解例（73）和例（74）时不需要付出特殊的认知努力，但是复杂图形的背景被模糊化和弱化，在说话者的语言表达中不再出现。

1.6　背景的置换

图形和背景的复杂关系还呈现在另外一方面，如：

① 严格来说，当背景越来越大时，受到适配性的支配，这个背景所对应的图形应该是和其产生直接相关性的那个角色，其他可以做图形的角色则被模糊化为该角色的一部分。如例（69）中，当“故宫北面”成为背景时，直接对应的图形是“神武门”，其他的角色如“神武门前”和“公交车站”则被模糊化处理为“神武门”的一部分。

（75）枕头下放着一个小盒子。

（76）那块大石头下压着一张纸条。

上面这两个例子看起来似乎和其他的存在句没有什么区别，但是如果我们想象一下这两个句子中背景比图形大，并且图形完全在背景之下，从上方看不到图形，那么说话者怎么能够传递出这样的信息呢？其实看到这样的句子时我们的大脑中会自动呈现出一个场景，即背景发生了移动才显现出图形来，说话人表述的是图形在背景之下，此时有一个特殊的情况出现了，即交际双方都没有发现该图形的背景悄悄地发生了变化。从真实的视觉经验上来看，这时候真正的背景已经不再是原先覆盖在图形上面的那个背景，而是位于图形之下的其他背景。如例（75）中的背景已经变成了“床上”，例（76）中的背景已经变成了“地上”。但是说话人的语言表达并没有随着情况的改变而发生变化，因此语言的表达上就出现了一个很奇怪的现象，即时间的滞后性。说话人在表述的是过去发生的事，也就是原先的背景移动之前发生的事，而不是说话时的真实的场景，我们将这种情况称之为“隐性的背景替换”。这里所说的隐性是指说话时的真实背景替换了原先的背景，但是这样的替换在交际双方的认知中被忽略了，这应该是语用因素的影响，说话者想要告知的是图形原来所在的位置，因此，其语言表达中出现的背景也是被置换前的背景。

但是如果图形和背景的位置有所变动的话，可能又是另外一种情况。比如我们设想一下图形并没有被背景完全遮盖，此时，不需要移动背景即可看到图形，这种情况下不会发生背景替换。

除了上面所提到的几种情况之外，还存在另外一种情况，即说话者把代表图形的事物放到背景之下，或说话者被告知图形在某个背景之下，这时即使不移动背景，说话人也能表述出例（75）和例（76）这样的句子，而且此时也没有发生背景置换。

另一种背景置换的情况出现在隐现句中，如：

（77）我家来了客人。

（78）他们组走了一个人。

上面的例句中虽然都发生了背景置换，但是置换的情况并不完全一样。例（77）是一个出现句，表示在某处出现了某物，该句中图形是“客人”，背景是“我家”，在图形没有出现以前，该图形是和其他的背景发生关系，所以例（77）中的背景是置换后的背景，但是置换前的背景并没有在句子中出现。例（78）是一个消失句，图形是“一个人”，背景是“他们组”，当句子中的动词所表示的动作实现或完成以后，发生了背景的置换，此时被置换的背景是原先的背景“他们组”，而置换以后的背景是新的背景，但是置换后的背景也同样没有在句子当中出现。

隐现句中还会出现另外一种背景置换，如：

（79）从山里来了一个人。

从句子的字面上来看，此时的图形是“一个人”，背景是“山里”，但是句子实际想要表达的意思是“从山里来的一个人到了观察者所在的位置”，在这里背景也发生了置换，随着图形的移动，此时的真实背景指的是观察者所在的位置，而不是“山里”。从例（79）的整体句义来看，说话者想表述的是某处出现了某物，因此我们把这个句子界定为出现句。我们这样界定的依据是我们认为句子所表达的语义是基于观察者的，事物的出现或消失是针对观察者而言的，不是针对句中表述的处所而言的。这需要明确的是，例（79）并不是一个典型的出现句，这是因为典型的出现句中处所词语表达的位置就是事物出现或消失的位置。比如例（77）就是典型的出现句，句中的处所词语“我家”是事物出现的地点，例（78）是典型的消失句，句中的处所词语“他们组”表示事物消失的地点。例（79）句子中的处所词语“山里”并不是事物出现的处所，而是事物消失的处所，所以例

(79) 中被置换的背景是字面表达的背景，而置换后的新背景在句子当中并没有出现。

由此可见，我们可以从中发现一定的规律，即隐现句中都存在背景的置换，在典型的出现句中，置换后的背景即是句中表述的背景，如例（77）。在典型的消失句中，句中叙述的背景是置换前的背景，如例（78）。而例（79）中，当句中的处所词语表示动作发生的起点时，置换前的背景是句中出现的背景，置换后的背景没有在句中表示出来。另外，例（79）句中出现的背景也可以看作是存现主体消失的背景，但是句子的整体意思却是表达某处出现了某物，之所以没有出现置换后的背景，是因为置换后的背景就是观察者（说话人）所在位置，而说话人认为这是不言自明的。

另外，如果我们从图形的角度来考虑的话，我们看到的是图形产生了位移，从一个背景进入了另外一个背景。这些背景的出现有先后之分，其中典型出现句中表述的背景是置换后的那个背景，而典型消失句中表述的背景是置换前的那个背景，非典型的出现句中表述的背景是置换前的那个背景。典型隐现句中表述的背景是事物出现或消失的真实位置，但是非典型出现句中出现的背景却不是事物出现的真实的位置。但是不管怎样，这三类句子中背景的隐现都是语用因素造成的。

1.7 动词对图形和背景的表征功能

汉语存现句中的成分表征图形和背景关系，由于存现句特殊的结构，一般认为句首处所词语表征背景而句末宾语表征图形，这是一种显性的表征方式。但在句子中，其他的非名词短语成分也可能具有表征图形或背景的功能，特别是句子中的动词。我们先看一下动词表征背景，如“装、套、填、包”等动词可以表征背景，且显示背景为体背景，而且能够把背景具体表征为容器。动词“铺、撒”等可以表征平面背景，且该平面为水平面。动词“飘、飞”可以表征体背景并且该体背景相对于图形来说要大得多。动词“游”可以表征体背景，且可以具体化为液体背景。为了能够更清楚地显示这一点，我们将这些动词放到例句中，如：

(80) 书包里装着一本书。
(81) 被套里套着一床儿童使用的小被子。
(82) 洞里填了土。
(83) 包裹里包着一些衣服。
(84) 地上铺着地毯。
(85) 饼子上撒了一层葱花。
(86) 空中飘着一些飞絮。
(87) 树丛中飞过来几只小鸟。
(88) 水里游着几条鱼。

动词除了可以表征背景之外还可以表征图形。如行为动词“走、跑、踩、躺、飞”等表征图形为生命体，且该生命体为动物；动词“栽、种”表征图形为生命体，且该生命体为植物；动词“淋、泼”表征图形为液体；动词“泡”表征图形为固体；动词“烧”表征图形为“火”；动词“建”表征图形为建筑物；动词“绕”表征图形为线图形，动词“铺”表征图形为面图形，如：

(89) 街上走着很多游客。
(90) 屋子里跑出来一伙人。
(91) 沙滩上踩了许多脚印。
(92) 床上躺着一个人。
(93) 花坛里栽着栀子花。
(94) 身上淋了一身水。
(95) 地上泼了一地的油。

(96) 茶壶里泡着绿茶。
(97) 床上铺了一床新床单。
(98) 地上烧了一堆火。
(99) 小木棍上绕了一圈线。

从上面的例句中我们可以看到，动词既可以表征图形也可以表征背景，甚至有的动词可以同时表征图形和背景，如动词“游”既表征体背景，也表征动物图形，“铺”既表征面背景，也表征面图形。另外，动词和名词短语的表征方式不一样，动词的表征是一种隐性的表征，这种表征隐含在动词的语义中。名词短语的表征是一种完全表征，即名词短语可以把图形和背景的特点具象化，而动词的表征是一种不完全表征，动词可以表征的图形包括点、线、面、体等，有时可以更加具体化一些，将图形表征为生命体，甚至具体表征为动物或植物。有的动词可以表征事物某个具体的类别，比如动词“游”可以把图形的范围界定于会游泳的动物。

除了动词之外，存现句中的其他词语有时也可以表征图形/背景，如：

(100) 这条河里淹死过不少动物。
(101) 门上沉甸甸地压着一块大石头。
(102) 头发上斜插着一支朱钗。
(103) 眼睛里滚出来一串泪水。

例（100）中的结果补语表征图形为生命体，当补语结合动词一起表征时，可以使图形更加具象化，动词短语“淹死”表征图形为动物，例（101）中的状语“沉甸甸”表征图形的重量，例（102）中的状语“斜”表征图形的形态，例（103）中动词后的趋向补语，表征图形运动的路径。

根据以上分析，我们将汉语存现句中动词性成分表征图形的特征归纳如下：

1. 动词可以表征图形，也可以表征背景；
2. 某些动词可以同时表征图形和背景；
3. 动词短语中，除动词外的其他成分也可以表征图形的某些特征；
4. 动词短语对图形和背景的表征是一种非完全的隐性表征。

1.8　存现句中的自指事件

所谓的自指运动事件，是指“一系列物体作为复合焦点朝着复合背景即自身运动”（泰尔米，2017）①。这种自指运动事件中的图形的数量众多，这些图形在运动还未开始时在认知中被看作一个格式塔整体，也被称作“构型”②。当聚集在一起的众多的事物四散分开的时候，他们彼此成为了对方的背景，但是在分开的初始阶段，这些图形的背景是彼此组合成的聚合体。当分散程度较大的时候，原先的聚合体已经消失，导致原先的背景也随之消失，此时这些图形彼此作为对方的背景，因此我们可以感知到图形之间越离越远。与此同时，还存在另外一个隐性的背景，即这些图形存在场景中的某个背景，在认知中通常会把场景中的非图形物体作为一个整体背景，如：

（104）排列整齐的队伍，突然间四散开来。

（105）鞭炮瞬间炸成了碎片。

① 此处的“焦点”即“图形”。参见［美］伦纳德·泰尔米《认知语义学》（第一卷），李福印等译，北京大学出版社2017年版，第292页。

② ［美］伦纳德·泰尔米：《认知语义学》（第一卷），李福印等译，北京大学出版社2017年版，第292页。

上面这两个句子的背景分别是“排列整齐的队伍”和“鞭炮”，随着时间的推移，各个图形之间越离越远，原先的背景已经不可辨识，即原先的“队伍”和“鞭炮”，已经不再作为一个格式塔整体而存在。从某种意义上来说，该背景已经消失了。在运动中作为图形的队伍里的个人和鞭炮的碎片分别以彼此作为背景，在视觉感知中体现为一系列的复合图形朝着复合背景运动。此时各个图形之间的距离越来越远，原先作为隐性背景的周围的场景慢慢地显现出来，当图形停止运动时，这个隐性背景变成了显性背景。这个场景中既有图形也有背景。但是我们无法使用存现句表达这个场面，比如我们不能说：

（106）＊队伍中散开来很多人。

（107）＊鞭炮中炸开了很多碎片。

注意这两个句子和下面的两个句子不太一样：

（108）排列整齐的队伍中走出来很多人。

（109）鞭炮中炸出来很多碎片。

例（108）和例（109）这两个句子是成立的，因为此时原先的背景“队伍”和“鞭炮”并没有消失，当图形只有一个或者少数时，这种情形更加明显：

（110）排列整齐的队伍中，走出来一个人。

（111）鞭炮中炸出来几片碎片。

在另外一种自指运动事件中，众多的图形是一个完整物体的组成部分，当该物体发生形体上的变化时，这些图形朝着彼此运动，或根据对方来确定自己的位置。泰尔米（2017）把它们组合成的事物整体的语义功能称之为“元焦点”（即元图形）和“元背景”①，如：

（112）气球越吹越大。

（113）气球越来越小。

（114）肚子越来越鼓。

（115）肚子越来越小。

上面几个例句中“气球”和“肚子”既是“元焦点”，也是“无背景”，随着气球和肚子的形状越来越大，它们的组成部分之间互为图形和背景。我们也可以把它们设想为变得越来越小，它们的组成部分之间同样互为图形和背景。由于形态不断产生变化，背景也随之不断发生变化，在认知中往往就容易被忽略。换句话说就是物体自身的形态不断作为物体形态变化的背景，只是这个背景转瞬即逝。另外这种运动事件有一个很特殊的地方，即各图形之间并没有分开，从物理的角度来说，它们还是连接在一起的，只是发生了膨胀和收缩，因此不能使用某个特定的词语来命名组成该物体的各个连续部分，这样的运动事件无法使用存现句来加以表述，因为该运动事件中的图形即是背景。

由此可见，例（104）和例（105），以及上面的例（112）到例（115）中，因为原先的背景要么不复存在，要么不断发生变化，人们的视线很难捕捉到一个比较稳定的背景。背景应该是相对恒定的和静止的，这类背景不具有典型背景特有的恒定性，所以属于不典型背景。根据我们的理解，汉语存现句内部具有强势的图形/背景关系，对于背景的稳定性要求非常高。也就是说，存现句中的背景一般具有较高的典型性，表现为具有较高的恒定性，这就导致这类情景进入不了存现句中。

① ［美］伦纳德·泰尔米：《认知语义学》（第一卷），李福印等译，北京大学出版社 2017 年版，第 292—294 页。

因此，当图形即是背景时，不能使用存现句，当图形是背景中的组成部分，但是不能完全从背景中分离出来时，也不能够使用存现句。当图形是背景中的一部分，并能从背景中完全分离出来时，可以使用存现句。

在自指运动事件中，多个图形四散开来时，这些图形各自以其他图形作为背景，呈现出多图形、多背景的状况，我们将之称为复合图形和复合背景。在这种自指运动事件中，难以确认哪个是图形，哪个是背景，因为图形和背景都在不断运动，而典型的背景则是恒定的，因此，这时的背景可以看作一种非典型背景。

泰尔米（2017）还提出了一种特殊的情景，以下是他的例句：

（116）I sheathed my sword.

（译文：我把剑插入鞘。）[①]

例（116）中图形和背景呈现了分配的不确定性，既难以确定是以剑入鞘还是以鞘套剑，或者两者同时移动，最后相遇套叠在一起。

我们再设想一个情景，两个相向而立的人，以相同的速度相对跑向对方，在这里唯一能确定的是这两人所处的场景是一个隐藏的背景，或者成为参照框架。同时两人互为对方的图形和背景，这个时候就出现了图形和背景分配的不确定性。这似乎给我们一种暗示，在我们的视觉经验感知活动中，我们似乎能够把移动中的物体也当作背景，甚至允许同一个物体既是图形，同时也是背景。这是一种非常特殊的图形/背景关系，同时也是一种非典型的图形/背景关系。

在汉语的存现句中，一般难以用语言表达出这种特殊的图形/背景关系，如：

① ［美］伦纳德·泰尔米：《认知语义学》（第一卷），李福印等译，北京大学出版社 2017 年版，第 297 页。

(117)? 向前奔跑的小张的前面跑来小李。

(118)? 向东漂移的冰山东边漂来另一座冰山。

上面这两个句子可接受程度比较低，甚至可能在理解上带来困难，对此类情境的正常表达一般如下：

(119) 小张和小李相向奔跑。

(120) 这座冰山向东漂流而去，迎面同样漂流过来另一座冰山。

例（119）中使用了一个表示方向的词语“相向”做状语来描述这个情景，例（120）中分开描述两个物体的位移状况，其中使用了存现句来描述后面一个物体的位移状况，“迎面”这个词语用来描述两者运动的方向，但是我们不能完全使用存现句来描述例（120）中的场景。

由此可见我们不能够用存现句来描述两个同时相向运动的图形和背景关系，但这里有一个前提条件，即运动中的图形都是以相同的速度发生位移的。当这些图形的位移速度发生差异时，人们倾向于把速度慢的那个物体看作背景，而把速度快的物体看作图形，但即使是这样，此类情景也很难用存现句来表述，如：

(121)? 慢慢跑着的小张的前面飞快地冲过来一个小米。

(122)? 慢慢向东漂移的那座冰山东边飞快地漂移过来另一座冰山。

只有当观察者和其中的一个物体融为一体，才能够使用存现句来进行表达，比如我们假设观察者站在其中的一座冰山上，可以出现如下的表达：

（123）前面漂过来一座冰山。

这个句子中的“前面”指的是观察者和脚下的冰山共同的前面，因为此时观察者已经和脚下的“冰山”共同作为背景。对于观察者来说，他所站立的“冰山”已经是静止状态，这样一来，图形和背景的分配就不再具有不确定性。

因此，我们可以看到观察者所在的位置非常重要，他所在的具体位置可以决定某一个事件是否是自指运动事件，并且是否能够使用存现句来表述该事件。

1.9 图形/背景组合中的非连续视窗开启

在汉语的语言表达中，某一些连续的背景似乎会出现中断，存现句中也有这样的现象，我们先看一下例子：

（124）从家乡来了一些亲戚。

（125）从国外进口了一些设备。

上面两个例子是隐现句中的出现句，从字面上来看，句中的背景分别是“家乡”和“国外”，但是从观察者的角度来看，事物出现的地点才是真正的背景，该地点就是观察者所在的位置。所以这两个句子中其实还存在一个没有表达出来的背景，这个背景就是观察者所在的位置。这个背景在观察者看来是不言自明的，因此没有在语言当中表达出来。如果再具体地观察一下，可能会发现还有一段背景被忽略了，这段背景就是从出发点到达观察者位置所经过的路径。严格来说，从图形开始移动到到达终点所经历的路径都应该是背景，但是使用句子显性表达手段来强化的背景是运动的出发点，而通过隐性的语用手段强化的是运动的终点。被忽略的中间的路径部分既没有在语言的显性表达中出现，也不是存现主体最后出现的终点。虽然存现主体确实从中间路径经过，但是该路径被有意识地概念化缩减到了几乎不被人注意的状态。由此可见，在此类句子中视窗并不是一直开启的，视窗的开启只发生在初始相位和终端相位。由于背景和图形是互相依存的一种关系，当背景出现时，图形同步出现，同样当图形出现时，背景也照样同步出现。因此，在例（124）和例（125）当中，句首的处所词语也预示着背景的出现，虽然句子当中并没有明示运动的出发点，但因为背景的出现，图形的存在也是可以推测出来的。存现主体（即图形）出现在了句末，其对应的背景在语言上并没有被明示，但是可以通过句末存现主体的出现推测出相应的背景的存在。至于中间路径阶段，则因其既不是运动的出发点（这个位置被看作存现主体出发前的背景），同时也不是观察者所在的位置（这个位置被看作存现主体到达后的背景），在概念化中被压缩甚至被忽略了，所以也没有相应的显性语言表达形式。

另一种情况是句子当中的处所词语表示事物出现的位置，此时视窗只在最后阶段开启，前面的起始阶段和中间阶段都在概念化中被压缩或忽略了，如：

（126）我们班来了一位新同学。

（127）教室里搬来了一些新的桌椅。

例（124）和例（125）中表示出发地的背景和表示到达地的背景都得到了强化，只是表示出发地的背景以显性的方式加以体现，而表示到达地的背景则因为图形的出现而以一种非语言形式的方式加以强化。但是例（126）和例（127）当中只有图形出现的位置（即运动的终点）在语言形式中得到明确表达，并且整个句子的含义表示某处出现某物，这样句义本身就强化了事物出现的位置（即背景），双重强化的结果使得此类句子作为出现句的典型性得到很大的增强，因此可以把它们看作典型的出现句，而例（124）和例（125）则是非典型的出现句。

另外，消失句中也存在非连续视窗开启，请看以下例句：

（128）这家公司走了三四个人。

（129）笼子里飞走了一只鸽子。

上面的两个消失句中“这家公司”和“笼子里”是存现主体所在的地点及位移发生的起始点，它们也是句子中的背景。句子中并没有明确出现存现主体（即图形）消失时经过的路径和消失后去的地方，因为中间的路径和终点都不是说话者想要表达的内容，所以运动的出发点成为唯一被强化的背景。句末的存现主体（即图形）和句首的背景相互呼应，相互强化，使得例（128）和例（129）这样的句子成为典型的消失句。

除了隐现句外，存在句中也同样有非连续性的视窗开启，如：

（130）第三排坐着李晓明。

（131）河对岸的柳树下站了一个人。

在例（130）中，如果观察者所在的位置是在第一排的前面，其视线的位移轨迹经过了第一排和第二排，最后到达第三排，但是视窗只在第三排开启，而第一排和第二排被压缩忽略了。如果观察者的位置是第三排之后，则从观察者的位置到第三排这段路径，以及第三排到第一排的这段路径都被忽略了。其实不管观察者在哪个位置，第三排周围的相关背景都会被忽略，唯一被明示出来的背景只有第三排，这也是图形出现的位置。而例（131）中，观察者的视线位移轨迹虽然经过了河流才到达柳树，但是河流也在概念化的过程中被压缩和忽略，使用语言明示表达的是图形运动后出现并存在的位置，即“河对岸的柳树下”。因此例（130）和例（131）这类句子也是存在句中的典型句子。

但是并不是所有的存在句中都存在非连续性视窗开启，在有的存在句中视窗一直连续性开启，并没有任何的中断或缺失，如：

（132）窗前一片月光。

（133）眼前一片黑暗。

（134）门前是一条小河。

（135）屋外是一望无际的田野。

例（132）和例（133）是无动存在句，这类存在句中没有动词，一般情况下在无动存在句中，作为存在主体的图形占据了背景的所有位置，或者说在观察者的认知中，认为图形占据了整个背景空间，因此这里的视窗是连续性开启的。例（134）和例（135）是一种较为特殊的存在句，因句中动词是“是”，所以被称为“是”字存在句，“是”字存在句有一个特点，即句中出现的图形是背景中唯一的图形，该背景中没有其他的图形，或者说在观察者的认知中认为该背景中只有一个唯一的图形，所以其视窗也是连续性开启的。当然，如果仔细观察事件发生的真实场景，就会发现在上面的例子中，有的图形并不是事实上唯一的图形，比如在例（134）中，“门前”和“小河”之间也许还存在一些其他的事物，如“小动物、树木、石头”等，但是在观察者的概念化中这些都被忽略了。需要注意的是，例（130）和例（131）中忽略的是路径（即背景），就其大小量值或长短量值来说，往往比出发点和终点要大得多或长得多，之所以没有开启视窗，是说话人有意将其忽略了。而例（134）里被忽略的是同一个处所中可能存在的其他物体（即可能成为图形的物体），因为相对于句子当中的存现主体（图形）来说，其他的物体因形体过小被观察者直接忽略。有时现场可能也有一些比较大的物体如高大的树木，但是因其不是观察者关注的焦点，同样被观察者选择性地忽略了。

从上面的分析可知，汉语的存现句中无论存在句还是隐现句都存在非连续性视窗开启的现象，但是他们表现出了不同的特征。隐现句中都存在非连续性视窗开启，其模式分为两类：一类是典型的出现句，句中只开启运动终点的视窗，运动的出发点和中间阶段被忽略；另一类是典型的消失句，句中只开启运动开始的出发点的视窗，而忽略了运动的中间阶段和终点。在存在句中则存在两种不同的情况：在非典型存在句如无动存在句和“是”字存在句中，视窗都是连续开启的；而在“V着”存在句和“V了”存在句中，视窗则是非连续开启的。

1.10 存现句中多层级的图形与背景关系

在实际的认知体验中，多种不同的体验往往可能并存，这类体验经常是以比较的方式而普遍存在的，我们常常可能同时体验不同认知域、同一认知域的不同层面以及不同复杂度上的各种认知事件。在关于某一情景的感知中，我们的各种主要感觉器官面对周围的场景基本呈现为开放状态，认知主体往往能够同时接收到多个来自于不同认知域或者是不同层面的各式各样的认知体验，这在一些文学作品特别是小说对于场景的描述中可以经常看到，比如：

(136) 花坛里栽种着五彩缤纷的花朵，鼻中有淡淡的青草清香，耳边传来一阵阵轻快的乐声。

(137) 厨房里传来乒乒乓乓的爆炸声，鼻中充满了一股焦糊味，从厨房门口涌出大量的黑烟。

以上例子中，有多个来自不同认知域（视觉域、嗅觉域和听觉域）的图形/背景关系，例句中的情景是多个认知事件的组合。这些认知事件同时发生，但是有时这些事件相互之间并不一定有直接的关联，即它们不是由相关的事件或单一事件引发的，它们只不过是刚好共存于同一情景中，如例（136）。另外，也有可能存在来自单一事件引发的复杂认知域中同时发生的多个认知事件，如例（137）中因厨房发生火灾这一单一事件同时引发了听觉域、嗅觉域和视觉域中的多个认知事件。另外，还需要注意的是，这些感官认知事件中往往同时拥有两个背景：一个是认知事件发生的空间背景，另外一个是无色无光、无声、无味这三个感知背景。在存现句中出现的往往是空间背景，而感知背景常常被忽略。这是因为存现句凸显事物出现、存在或消失的场所。

这些在不同认知域中出现的图形与背景组合在语言表达中排列的先后顺序也并不固定，一般根据说话人认知感知程度进行排列。视觉经验的认知事件经常排在首位，因为一般情况下视觉是人们从外界获取信息的最大来源，在语言表达中一般首先出现的是通过视觉经验获取的信息，另外通过视觉获取的信息也往往容易成为注意的焦点。但是这只是在普通语境中的典型排列方式。在某些特殊语境当中，比如出现高分贝的声音时或在场景中出现强烈的气味时，听觉经验或嗅觉经验中的图形与背景组合将会得到凸显，被排到语言表达的首位或靠前的位置。

另外，认知主体的注意力也是影响认知事件排序的一个重要因素，比如当认知主体把注意力集中到听觉域时，在听觉方面的认知加工将会得到提高，使得听觉世界的“临界值降低，强度增加”①，弱化或忽略了其他认知域中发生的认知事件，此时听觉域的图形与背景组合将更容易被凸显并被排在句子的首位。有时甚至出现认知主体对其他认知域视而不见，听而不闻的现象，此时语言表达中就只出现嗅觉域的图形与背景组合。

单一的认知域中也可能出现图形/背景组合的层级性，较为典型的是图形/背景组合不断出现转化，原来的图形转化为背景，形成新的图

① ［美］兰盖克（Ronald W. Langacker）：《认知语法基础》（第一卷），牛宝义、王文娜、席留生、高航译，北京大学出版社 2013 年版，第 120 页。

形/背景组合，同时新出现的图形和背景呈现不断缩小的趋势①，如：

（138）屋里有一个桌子，桌子上摆放着一个精巧的梳妆镜，镜子的背面雕刻有繁复的花纹。

例（138）中的背景分别有“屋里”“桌子上”和“镜子背面”，除了第一个背景之外，后面的两个背景都是前一句中的图形，同时，句中新出现的背景的范围也在不断缩小，如“桌子上”的范围比“屋里”的范围小，“屋里”的范围比“镜子背面”的范围小。这样的语言表达方式和认知世界中述义的直接范围相关。认知主体通过对房屋内部的扫描，发现“桌子”比“梳妆镜”或梳妆镜背后的“花纹”更加具有视觉上的凸显性。“桌子”形状大小以及在房屋内部构型内所占据的位置，对于房屋内部构型的述义比较重要，即“桌子”在房屋内部构型述义范围中的直接范围内，而后两者并不在其直接范围的最核心区域，在语言表述中很难将房屋和“梳妆镜”或梳妆镜背后的“花纹”组合在一起，如：

（139）？屋子里有一个梳妆镜。

（140）？？屋子里刻有繁复的花纹。②

从例（138）中可以看到认知主体的视觉感知经验的排列呈现一定的先后顺序，这种先后顺序是以背景述义范围中的直接范围的转变

① 单一认知域中图形/背景组合的层级性也可能出现图形和背景不断扩大的情况，如“大树后是一座村庄，村子后面有一座大山，山的另一边就是广阔的草原”。视觉经验中的信息一般通过“全景扫描”获得，较大的图形/背景组合更易首先被感知，当图形背景组合出现转化时，一般呈现不断缩小的趋势。但还有一种较为少见的情况，即当观察者无法通过全景扫描获得信息或当观察者因自身原因（如身高或视角范围等）的局限性，可能导致观察者首先感知到的是较小的图形/背景组合，之后才感知较大的图形/背景组合，此时图形和背景呈现不断扩大的趋势。

② 这个例句中的“花纹”指的是梳妆镜背面的花纹，当说话人进屋后，很难直接一眼就发现这些花纹。

为依据的。严格来说，这类在同一认知域中的图形/背景组合的层级性在认知经验中并没有同时发生，只是这些图形/背景组合之间的转化非常快，使人产生它们是同时发生的错觉。当然，在某些情况下，它们之间的转化也可能并不快，甚至可能很慢，比如当例（138）中的观察者视线移动较慢时，各个图形/背景组合之间的转化也会相应地比较缓慢。

1.11　存现句中图形和背景的句法关系

关于图形和背景的句法关系，泰尔米（2017）认为可能存在某种语言的普遍性，即对于语言基本表达来说，相对于背景而言图形具有句法上的优先性。他认为对于简单句中的名词短语来说，图形的这种句法优先性包含了在各个层级上的表达，在施事做主语的施事句中，图形是句子当中的直接宾语，而背景是句子中的间接宾语。但是在非施事句中，图形是主语，背景是间接宾语。他进一步指出，和上面所说的这些图形/背景分配方式不同的其他分配方式都可以被认为是非基本的或延伸的①。

从汉语的角度来看，泰尔米对于简单句中图形和背景的句法关系的看法在某些情况下是合理的，但是并不适用于另外一些情况，如：

（141）我给了他一个书包。

（142）我拿了一个书包给他。

（143）我在桌子上放了一个书包。

（144）我把书包放在桌子上。

（145）桌子上放着一个书包。

（146）书包放在桌子上。

（147）路上走着一个人。

（148）那个人在公路上走着。

① ［美］伦纳德·泰尔米：《认知语义学》（第一卷），李福印等译，北京大学出版社 2017 年版，第 294—296 页。

例（141）和例（142）是施事做主语的施事句，其中例（141）是双宾句，即句子当中包含有两个宾语：直接宾语和间接宾语，例（142）是连动句，这两个句子当中的图形都是“一个书包”，而背景都是“他”，但是这两个句子当中图形和背景在句中的位置并不一样，第（141）中图形在句末，背景在句中，例（142）中图形在句中，背景在句末。例（143）中图形是“书包”，“桌子上”是背景，图形是句子中的宾语，背景是句子中的状语，图形在句末位置，背景在句中位置。例（144）是一个“把”字句，其中的图形是介词“把”的宾语“书包”，背景“桌子上”则是动词“放”的补语，图形在句中，背景在句末。例（145）是一个存现句，句中“书包”是图形，“桌子上”是背景，其中图形是句子的宾语，而背景“桌子上”是句子的主语，图形在句末，背景在句首。例（146）中图形是“书包”，背景是“桌子上”，其中图形是主语，背景是补语。例（147）中图形是“一个人”，背景是“路上”，图形是宾语，位于句末，背景是主语，位于句首。例（148）中图形是“那个人”，背景是“在公路上”，图形是主语，背景是状语，其中图形在句首，背景在句中。从这些例句中可以看出，图形可以是主语，也可以是宾语，当图形是主语时，是有定的，如例（146）和例（148），当图形是宾语时，句末的图形是无定的，如例（141）、例（143）、例（145）和例（147）。当图形在句中时，可能是有定的，如例（144），也可能是无定的，如例（142）。我们再来看一下背景，背景可以做间接宾语、补语、状语或主语，并且都是有定的。

从以上的分析中，我们可以看出汉语图形和背景的一些特征，句末图形一般是无定的，这个特点符合泰尔米对于图形的定义特征即图形具有待确定的位置、空间或时间特征。另外，它还符合关联特征，即与刚出现在场景意识中以及不宜立刻被感知等几个特点是相符的①。

① ［美］伦纳德·泰尔米：《认知语义学》（第一卷），李福印等译，北京大学出版社 2017 年版，第 276 页。

但是当图形是非句末宾语，如“把”字句当中的宾语时，是有定的。而当图形是主语时也是有定的，后面的两种情况违反了泰尔米的定义特征和其他的两个特征。汉语中背景都是有定的，符合泰尔米对于背景的定义特征中背景具有已知特征的观点，另外，它也符合关联特征中容易立刻被感知、更熟悉或可预知等特征①。

我们注意到存现句如例（145）和例（147）中的图形和背景完全符合泰尔米关于图形和背景的定义特征和关联特征的界定，由此也可以看出，存现句是一种高度图形/背景化的句式。在以上的句子中，只有存现句的背景位于句首，这非常符合认知中背景容易立刻被感知的特点，因此我们把存现句中的背景看作是背景范畴中的典型成员。另外，存现句中的图形（即存现主体）是运动事件中运动的实施者，这是图形的一个重要特征，所以，我们也可以把存现句中的图形看作是图形范畴中的典型成员。

在以上句子的分析中，我们还能发现一个更加重要的特点，即图形和背景并不完全对应于固定的句法身份。根据不同的语言表达式，图形和背景可能有多个句法身份，也就是说其句法身份具有多样性。但是如果在认知的层面上来看，不管在什么句式中，某个成分作为图形或背景的身份都没有改变，因此我们不能把句法身份和图形/背景角色进行一一对应。汉语的存现句中图形是宾语，背景是主语，图形并不具有句法上的优先性，所以，汉语存现句中图形/背景的句法结构应该被视为是一种非典型性的句法关系。

需要说明的是，非典型性指的是存现句的句法关系，因为处所词语在汉语中一般被当作状语，而施事是典型的主语，但是在汉语存现句中，处所词语做主语，而施事做宾语，如例（147）。因此，我们把存现句中的句法关系看作是一种非典型句法关系。但是如果从认知的角度来看的话，存现句体现了一种强势的图形/背景关系，就图形/背

① ［美］伦纳德·泰尔米：《认知语义学》（第一卷），李福印等译，北京大学出版社 2017 年版，第 276 页。

景结构而言，其典型性程度较高，换言之，汉语存现句是典型的图形/背景结构。

1.12 单一认知域中图形/背景的层级性

单个认知域中的图形/背景组合也常常体现出层级性。当观察者的注意焦点集中到绿色的草地衬托下的几朵花上时，这时这几朵花就被凸显为图形，当观察者的注意焦点集中到其中的最大的一朵花上时，这朵花就凸显为图形，其余的花和草地一起成为模糊的背景。这种层级性真实地反映在视觉体验上。在语言表达中，我们通常是这样表现其层级变化的，如例（149）和例（150）：

（149）草地上开着几朵花。

（150）草地上开着一朵很大的花。

在听觉域中同样如此。设想一下在无声的背景中出现了几个声音，这几个声音一起被凸显为图形，当观察者特别注意倾听其中的某一个声音时，这个声音就被凸显为唯一的图形，其他的声音则听而不闻，或沦为了模糊的背景。存现句可以清晰地表达这种层级性，如：

（151）耳边传来一阵悦耳的音乐声——（音乐声中包括多种乐器演奏的声音）。

（152）耳中传来她那清脆的嗓音。/嘈杂的歌声中夹杂着她那清脆的嗓音——（其他人同时在唱歌，但观察者只注意到某个人的歌声。）

触觉域中也存在层级性，试比较：

（153）手下是大大小小的鹅卵石。

（154）这里有一颗特别光滑的石子。/众多的鹅卵石中有一颗特别光滑的石子。

有一个现象需要注意，当图形/背景的关系出现层级性变化时，人们更倾向于使用以下表达，如：

（155）绿色的草地上开着几朵鲜艳的花，其中有一朵特别大的花。

（156）耳边传来一阵悦耳的歌声，其中就有她那清脆的嗓音。

（157）手下是大大小小的鹅卵石，其中有一颗特别光滑的石子。

以上三个例句中不光图形发生了变化，而且背景也相应发生了变化。例（155）中第一个句子里的图形是“几朵鲜艳的花”，背景是“绿色的草地上”，在第二个句子中图形/背景关系的层级性发生了变化，图形变为“一朵特别大的花”，背景变为“其”，即绿色的草地和除图形外其他鲜艳的花。例（156）中第一个句子里的图形是“一阵悦耳的歌声”，背景是“耳边”，在第二个句子中图形/背景关系的层级性发生了变化，图形变为“她那清脆的嗓音”，背景变为“其”，即除图形外其他的嗓音。例（157）中第一个句子里的图形是“大大小小的鹅卵石”，背景是“手下”，在第二个句子中图形/背景关系的层级性发生了变化，图形变为“一颗特别光滑的石子”，背景变为“其”，即除图形外其他的鹅卵石。这三个例句中的“其中”的“其”，都是指前句中的图形，也就是说，当发生层级性变化时，第一个句子中的图形的大部分变为第二个句子中的背景，剩下的小部分变为第二个句子中的图形。

在例（155）到例（157）中，当第一个句子是存在句时，则第二个句子也是存在句。当第一个句子是出现句时，第二个句子依然是存在句，因为第二个句子中的图形已经在第一个句子中出现，所以第二个句子表述的是该图形的存在状况。

1.13 多个认知域中同步发生的图形/背景关系

图形/背景关系不仅可以出现在单一认知域中，也可以同时出现在多个认知域中，即观察者可以同步感知多个认知域中的图形/背景关系。想象一下我们常见到的看电视的情景，我们常常一边观看电视中播出的节目，一边收听电视中播出的声音，此时的图形/背景关系是在听觉域和视觉域中同步进行的，这两个同步进行的图形/背景关系都可以使用存现句来加以体现，如：

（158）电视里传出阵阵歌声，屏幕上出现了参加演唱的各位歌手。

例（158）表明，我们可以同时在不同的认知域中进行图形/背景的组合，我们将这种组合方式称为“同步多域图形/背景组合”。这种组合方式体现为不同认知域中的认知事件同步发生。这些同步发生的认知事件并没有影响人们对事件信息的收集，相反，通过图形/背景同步多域组合的方式，能够使人们感知到的信息更加具体化和多样化，从而使信息的获取更加清晰而全面。

在人们的感知经验中，其实常常出现这样的多个认知域中图形/背景组合同现的现象，只是对于观察者来说，某些认知域中出现的图形/背景组合往往被观察者忽略。比如下雨时人们可以在视觉域中感知到图形/背景组合，同时在听觉域中也感知到图形/背景组合。如果雨势较大，观察者能够在两个认知域中同步感知到图形/背景组合。但是当雨声不是特别大时，观察者的注意焦点放在了视觉域中的图形/背景组合上，听觉域中的图形/背景组合则常常被忽略。

由于视觉在人们获取信息时比其他感知途径更具优势，有时即使多个认知域中同步出现图形/背景组合，在语言表达中人们常常倾向于选择视觉域中发生的事件及该事件中的图形/背景关系，而忽略了其他认知域中的图形/背景关系，如：

（159）天上下着雨。

（160）海面涌动着波涛。

人们一般不会用语言表述在同一场景的两个认知域中同时呈现的图形/背景组合（这里的两个认知域中描述的是同一个场景）。但是这并不是完全绝对的。在某些情况下，应语用环境的要求也会用语言表达不同认知域中同步发生的图形/背景组合，比如在某些小说中描述某一场景时，作者把不同认知域中的场景都表述了出来。尽管如此，我们认为，当描述同一场景的多域图形/背景发生同步组合时，人们倾向于关注视觉域中的组合，并倾向于将这种认知偏好表现在语言的显性表达中。

我们还发现这种多域组合方式并不完全局限于两个域中的组合，有时可能是两个以上的多域组合。比如设想一下炒菜时的情景，我们可以用以下的方式来描述这个场景，如：

（161）锅里传出咕嘟咕嘟的声音，里面正熬着排骨汤，鼻中传来一阵阵香气。

例（161）的表述刚好体现了中餐对色香味的要求，而这种要求来自于我们从不同的认知域中获得的多域图形/背景组合。

图形/背景组合在常见的各类认知域中能够单独出现是多个认知域中同步出现该组合的最重要的基础，这里再分类说明一下存现句在常见的认知域中的情况。

如果仅就存现句而言，事物的存现常常是由视觉感知来获取的，因此存现句中的图形/背景组合的实例，大都是表述在视觉域中发生的感知经验，如：

（162）脸上涂了斑斓的油彩。
（163）树上挂着一串串的果实。
（164）床上横卧一个人。
（165）眼前一片绿色。
（166）人行道上有几块砖头。
（167）小区里来了一群陌生人。

例（162）到例（167）都是依靠视觉获得信息，一般情况下，从视觉经验中获得的信息要远远多于从其他经验中获得的信息，特别是对于事物的存现大都依靠视觉经验来获得，视觉对图形/背景关系的感知似乎更加敏锐和快捷。通过视觉看到的事物都是存在的，而事物的出现或者消失也大都依靠视觉来判断。也就是说在视觉中可以“一目了然”，所以可以看到存现句中的图形/背景组合，往往是在视觉域中发生的。

除了视觉域外，另一个认知域也能够感知事物存现的图形/背景组合，这个认知域就是听觉域，如：

（168）耳边响起一阵柔和的音乐声。
（169）天空中传来一阵轰隆隆的雷声。

从字面上看，例（168）和例（169）中的背景分别是“耳边”和“天空中”，这是位置或方向背景，例（168）中的“耳边”是位置背景，例（169）中的“天空中”是方向背景。这里还隐藏了一个更加重要的背景，即无声背景。在这两个句子当中，判断声音是否出现要依靠无声的背景（或近似于无声的背景）。只不过这个无声的背景并没有出现在语言显性表达中。这里最独特的地方就在于出现句中的听觉图形本应对应的主要背景就是无声背景，而这个背景并没有出现，代之以位置背景或方向背景。这大概是因为相对于无声背景来说，观察者的注意力更容易放在声音出现的位置或传来的方向上，另外，在语言表达中表述无声背景的方式较为少见。①

除了无声背景外，还存在另外一种情况，即有声背景，如：

（170）柔和的音乐中突然响起一阵刺耳的铃声。

（171）琴声中隐隐传来一阵洞箫声。

上面两个例句中的图形分别是“一阵刺耳的铃声”和“洞箫声”，背景分别是“柔和的音乐”和“琴声”。克罗夫特和克鲁斯（2022）指出，“一个小句中的所有概念，都必须作为一个一体化的域中的组成部分进行识解”②，即小句的直接成分必须要遵从认知域的统一性，换言之，小句中的直接成分都必须属于同一类认知域。例（170）和例（171）这两个句子中的图形和背景都属于听觉域。换言之，不论图形和背景都是用声音背景衬托声音图形。一般来说，作为图形的声音在音高或音强上要超过作为背景的其他声音。在特殊情况下可能出现相反的情形，比如要在嘈杂的声音中捕捉一个微弱的声音时，需要观察者付出更多的认知努力。和前面的例（168）和例（169）不同的是，这里的背景是字面上的背景，也是主要背景。

在听觉域中表示事物的消失时，其表达形式较为单一，一般情况下在动词“有”前加否定词“没”，如：

（172）耳边突然没有了笑声。

---

① 比如可以说“一片寂静中突然传来一阵枪声”。

② ［美］威廉·克罗夫特、［英］D. 艾伦·克鲁斯：《认知语言学》，邵军航译，商务印书馆 2022 年版，第 94 页。

（173）原先喧闹的农贸市场里一下子没有了任何声音。

使用其他一些句式来表述同样的场景，可能更为常见，如：

（174）耳边突然安静下来。

（175）原先喧闹的农贸市场里，一下子变得十分安静。

在听觉域中，和声音的消失比起来，认知主体对声音的出现更加敏感，特别是当背景为无声背景时。而当声音消失时，更容易注意到的是声音消失后存在的状况，而不是声音消失这个瞬间现象。

听觉域的图形/背景关系也可以体现在存在句中，如：

（176）收音机里播放着音乐。

（177）电台播放了一段新闻。

（178）那边一片寂静。

（179）耳边是慌乱的叫喊声。

存在句中除了在视觉域和听觉域中存在图形/背景组合外，还可以在嗅觉域和触觉域中发现图形/背景的组合，如：

（180）鼻端飘来一阵幽香。

（181）手中多了一支笔。

（182）手中少了一支笔。

1.14 注意焦点和图形的关系

在图形/背景组合中，由于图形呈现为明显的凸显性，也因此成为注意焦点关注的对象，但是不能把图形和注意焦点等同起来。兰盖克

(2013)就曾经指出，注意容易在不同的认知域和同一认知域中的不同实体之间转换①。认知域中如果没有注意焦点，图形/背景的组合仍然能够存在。比如人们在日常生活中主要使用的是视觉感知，但是这并不是说不使用听觉感知，当原先微弱的声音变大时，听觉能够马上捕捉到这个声音。所以听觉域中的图形/背景关系早就存在，只是认知主体（即观察者）没有关注而已。这说明图形/背景的组合即使在没有注意焦点存在的情况下也可能存在，现在我们使用存现句来表示这一情景，如：

(183) 狭窄的地道中走来一个人。（此时，地道中传来一阵脚步声。）

例（183）括号中的部分表示听觉域中存在的图形/背景关系，但是这个图形/背景关系在语言中却没有相应的表达，这说明即使我们能从听觉域中同步得到相关的信息，我们的注意焦点也并不在听觉域上。由此可见，注意焦点的关注并不是图形/背景组合的必要条件，图形/背景的组合可以在认知主体完全没有准备或者说没有任何关注的情况下发生。

兰盖克（2013）举的另外一个例子是，在完全漆黑的环境中，当失去视觉捕捉能力时，视觉区域的中心仍然是注意焦点，这时如果在非视觉区域的地方出现亮光时，这个亮光马上会被凸显为图形，此时黑暗的环境就成为了背景，注意焦点会很快地追随这个凸显出来的图形，并将其带到视觉注意的中心。兰盖克试图使用这个例子来说明图形/背景组合中的图形和注意的焦点并非一体②。我们把刚才所说的这种情景用语言表达出来，如：

① ［美］兰盖克（Ronald W. Langacker）：《认知语法基础》（第一卷），牛宝义、王义娜、席留生、高航译，北京大学出版社 2013 年版，第 119 页。

② ［美］兰盖克（Ronald W. Langacker）：《认知语法基础》（第一卷），牛宝义、王义娜、席留生、高航译，北京大学出版社 2013 年版，第 127 页。

（184）四周一片漆黑，这时眼角处突然出现一点光亮，转头一看，才发现，不知道从哪里飞出来一只萤火虫。

例（184）中有三个存现句，第一个图形是“一片漆黑”，背景是“四周”，这是存在句。第二个图形是“一点光亮”，背景是“眼角处”，这是典型的出现句。正如我们前面所分析的，这里的字面上的背景是一个位置背景，而另一个更加真实的背景则是前一个句子当中的图形，即“一片漆黑”。第三个图形是“萤火虫”，背景未显性出现，这是非典型的出现句。我们还注意到，无论是视觉域还是听觉域，无光背景、漆黑背景以及无声背景一般不出现在语言表达中，但是在感知中能够感觉到，并且在同一场景的背景中对辨识图形起到最大衬托作用。句中的背景“眼角”和对动作的描述“转头一看”表明认知主体的注意焦点一开始并没有落在图形上，也就是说，认知主体并没有为图形的出现做好准备。由此可见，我们确实能够从例（184）中发现注意焦点并不总是和图形重合。但是需要注意的是，当图形和背景组合时，往往会吸引注意焦点。也就是说，当图形和背景组合时，感觉主体很可能马上调整注意焦点的关注方向，使图形成为注意焦点的追踪目标。因此我们可以说，注意焦点和图形/背景组合中的图形并不是等同的关系，而是追随和被追随的关系，或者说是捕捉和被捕捉的关系。

1.15 图形/背景组合中认知域的转换

有一种相对特殊的情况，开始注意力没有关注图形和背景的组合，图形凸显后，注意力转向这个凸显的图形，这时有可能出现认知域的转换，如：

（185）他正在闭目假寐，突然觉得手上一疼，定睛一看，发现手指上不知道什么时候爬着一只小虫子。

例（185）中的认知主体的注意力一开始并没有放在触觉上，当图形凸显在背景上时，认知主体才把注意焦点转向图形所在处，此时认知主体使用的是视觉模式来关注图形，图形凸显为视觉中的焦点“一只小虫子”。当然在触觉域中也能实现注意焦点的转移，认知主体把注意焦点转移到了手指疼痛处，这样我们就能看到，当图形出现时，注意焦点会聚焦到图形上，此时图形/背景组合可能分处于不同的认知域中。在例（185）中，图形分处于触觉域和听觉域两个不同的认知域中，同时实现了对图形的感知，只是视觉域中的注意焦点关注的是手指上出现的虫子，而触觉中的注意焦点关注的是手指上出现的疼痛感。这两个图形虽然不同，但是如果从更高的层面来看，它们之间关系紧密，或者说它们之间存在因果关系，正是因为虫子的叮咬带来的疼痛感才促使认知主体把目光转移到虫子身上。我们可以把对这两个认知域的感知看作是基本同步的，也可以将它们看作是一个认知域中对图形/背景组合的感知“激活”了另一个认知域中的图形/背景组合。在例（185）中具体表现为触觉域中的图形疼痛感凸显在无疼痛背景中，由此激发了视觉域中的图形/背景组合——即“一只小虫子”（图形）和“手指上”（背景）的组合。这是一种复杂的图形/背景组合模式，我们将之称为“跨域激发式图形/背景组合模式”。

另外，这里还隐藏了一个不太容易为人发现的认知域转化过程。触觉域中的图形/背景组合里，典型的背景是无痛状态，而句子中的“手上”是存现主体出现的地点，这个地点也可以被当作背景之一，但是并不是典型背景。和典型背景相比较而言，地点背景在认知中的感知处于次要顺序，即疼痛感首先对应于无痛背景，其后才对应地点背景，因此这里的地点背景似乎是一个隐藏于典型背景之后的更加模糊的第二背景，在语言表达式中出现的是第二背景。我们认为，这是因为在人们的感知里无痛状态通常是一种正常或常见状态，只有通过对比才凸显出疼痛感（即图形），这种对比太过于自然，以至于无须在语言形式中加以体现。另外，从现实的角度来看，观察者最倾向于使用视觉感知疼痛发生的地点，此时认知域也从触觉域转换到了视觉域。一般情况下这种转换非常快速，是一种比较隐性的转换，而语言的表达转换则表述了视觉域发生的事件。由此可见，认知域的转换可能导致图形/背景组合的转换，并且这类转换往往是比较快速、隐性的。

另外，例（185）中认知域的转换不仅导致背景从“无痛状态”转换到“手指上”，还导致了图形的转换，图形从“疼痛感”转变为“小虫子”。可以看到，这两个图形之间呈现高度的相关性，前面的图形的产生导致后面图形的出现。

1.16 注意焦点对图形/背景组合的影响

兰盖克（2013）对于认知主体注意焦点的观点在分析图形/背景关系时非常具有借鉴性。他认为心理经验是一连串的认知事件，这些认知事件是在多个认知域中同时发生并且被整合在一起的。而认知主体不可能同时专注于所有的同步发生的输入事件，这时有可能忽视所有的感知输入，对这些输入的接收却还在继续进行，并对它们进行加工。只是这种加工并不是专注性的加工，而是意识边缘的加工[①]。如果发生这种情况，说明认知主体忽略了所有的情景输入事件（即使用图形/背景组合方式呈现的情景输入事件）都忽略了，如：

（186）窗外火光冲天，到处是震耳欲聋的枪炮声和村民的哭喊声，她却还是呆呆地坐着，一点儿也没有反应。[②]

例（186）是说话人从旁观者的角度进行观察后输出的句子，对

① ［美］兰盖克（Ronald W. Langacker）：《认知语法基础》（第一卷），牛宝义、王义娜、席留生、高航译，北京大学出版社 2013 年版，第 119 页。

② 图形/背景组合既可以使用存现句来表达，也可以使用非存现句来表达，在这里我们把例句中的存现句加上了下划线，以方便阅读。

于说话人来说，这些句子中的情景都是自己亲眼看到的真实情景，他使用语言描述了这个情景，其中出现了两个存在句，在这里说话人也可以看作是认知主体。但是在说话人描述的情景中出现的主人公同样也可以作为该情景的认知主体，然而主人公却忽略了同一情景中多个感官域输入的信息。

兰盖克（2013）指出，当认知主体的注意力专注于某个感官认知域时，其他的感官认知域的输入信息就将会被忽视[①]。例（186）中的“她”忽略了视觉域和听觉域中输入的信息，专注于心理域的认知意识。

在分析图形/背景关系时，我们必须认识到观察者的“注意”在图形/背景组合中是一个比较重要的概念，很多时候在多个认知域中可能同时发生各种认知事件。但是观察者常常会有意识地集中注意力，使其专注于某一个具体的认知事件，而忽视了其他认知域中的事件。比如例（186）中认知主体忽略了视觉域和听觉域中的认知事件，只是专注于心理域中发生的认知事件，尽管这些事件是同时输入的。这种情况体现了观察者对认知事件的选择，这是因语境而产生的，也可以看作是语境选择性的体现。观察者对认知域的选择和语境中发生的事件以及认知主体本身的主观感受相关，如例（187）中观察者“她”由于某种原因忽略或降低了对视觉域和听觉域中的感知，只把注意焦点放在了触觉域中的图形/背景组合事件上：

（187）这时她觉得眼前一片模糊，什么都看不清了，耳朵也仿佛突然失聪了，什么也听不到，唯一能感觉到的是，手掌上传过来一阵阵温暖的触感。

有时观察者对多个认知域中同时发生的认知事件的选择有可能是

① ［美］兰盖克（Ronald W. Langacker）：《认知语法基础》（第一卷），牛宝义、王义娜、席留生、高航译，北京大学出版社 2013 年版，第 119 页。

认知事件本身对观察者的影响程度导致的。比如当一个被点燃的鞭炮被突然扔到观察者面前并发生爆炸时，如果爆炸声非常响的话，观察者首先关注的就是听觉域的输入。尽管同时视觉域也有输入，但是听觉域中的巨大爆炸声对观察者的影响更加强烈。这使其在观察者的感知中得到了凸显，事后观察者可能会选择听觉域发生的事件进行语言表达。比如想象一下观察者在事后向其他人描述当时的情景时可能会说出例（188）这样的句子，如：

（188）这时候，突然耳边传来一声巨响，原来不知是谁把一个鞭炮扔到了我的面前，吓了我一大跳。

这类认知事件对认知主体的影响程度导致的注意焦点的选择也可以看作是语境因素而导致的选择。

在单一的认知域中，也呈现注意焦点的选择。比如，当同一个认知域中发生多个认知事件时，可能会出现同一个背景中搭配多个不同的图形的现象，如：

（189）庭院中有人工湖、有假山、有凉亭、有曲折的回廊、有形状不一的花坛……

例（189）中这些存现主体的呈现方式有两种，一种是说话人通过全景扫描，同时感知到多个不同的存现主体，这些存现主体被感知的加工时间是同时发生的，没有先后顺序之分。此时出现了单一背景上的多个图形。但是，更加接近事实的是另一种扫描方式，即说话人通过顺序扫描，一个一个地感知不同的存现主体，这些存现主体的被感知时间及认知加工时间有先后，体现了认知主体的注意力具有极大的灵活性和选择性。当注意力专注于某一个存现主体时，其他的输入就会被相对忽略，甚至被完全无视，这些被忽略或者无视的事物融入原先的背景中，成为背景的一部分。比如例（189）中，当我们看到人工湖时，有可能忽略了其后的假山、凉亭、回廊、花坛等物体，同样，当我们看到假山时，也会忽略其他事物。此时，随着例（189）中语言表达式的线性展开，可以看到在同一背景中不断变换着的不同的图形显示了观察者注意焦点的变化。

兰盖克（2013）还指出，单个认知域中认知主体（即观察者）的注意力对某个事物的关注非常富有选择性[①]。在同一个认知域中，观察者也可能把注意焦点只投射到某一个存现主体上，而完全忽略了在同一背景中出现的其他事物。这是观察者对图形/背景组合中某一单一图形的选择，也是对图形的排他性选择，即观察者在众多图形的候选项中挑选了某一个图形进行凸显。比如在某处可能聚集了很多人，但是对于观察者来说，唯一关注的只有其中的一个人。因此，他的视线就仅仅投射到这个人身上，而其他的人完全被忽视了。如果用语言来表达观察者此时的视觉经验时就可能会出现以下的例句，如：

（190）走过花园里，他一眼就看到亭子里坐着自己心心念念的那个人。

和例（190）类似但是又存在一定区别的还有另一种情况。有时同一认知域中同一背景条件下具备存现主体可能性的事物有多个，同时观察者对这些具备存现主体条件的事物并没有明显的主观选择意愿，此时，对存现主体的选择似乎呈现了一定的随机性。但是事实可能并不是这样，观察者可能选择某个存现主体或某几个存现主体作为关注焦点，但是这种选择大多数时候并不具有随机性，更可能是和存现主体本身所具有的某些属性相关。如果是在视觉域中，观察者首先关注的可能是亮度最高、色彩最鲜艳或形状最大的实体，并将之选定为注

① ［美］兰盖克（Ronald W. Langacker）：《认知语法基础》（第一卷），牛宝义、王义娜、席留生、高航译，北京大学出版社 2013 年版，第 119 页。

意焦点，而有意无意地忽略了其他备选项。或者说将其他备选项融入到了原先的背景当中，成为背景的一部分，此时得到凸显的是在亮度、色彩或形状属性中具备最高程度的备选项，这个备选项被选择为语言表达中的存现主体。从图形/背景关系来看，在视觉域中物体的亮度越亮、颜色越鲜明、形状越大越容易从周围的环境中被识别出来成为图形。还有一种情况是，某个备选项在某一个或多个属性方面和其他备选项有很大不同时，也容易被选择为注意焦点。图形的界定是通过与周围环境的对比来完成的，对比度的鲜明程度和实体的离散程度与该实体被识解为图形的可能性成正比①。其他的认知域中也呈现相似的情景，听觉域中声音的响亮程度、声音的节拍等都可能成为选择图形时的参考属性。也就是说，声音越响亮越容易从众多的备选项中被识别为图形。某一种声音的节拍和其他声音明显不同时也容易被识别出来。我们来看一下不同认知域中发生的图形/背景组合的实例，如：

（191）看，那边有一朵好漂亮的花。

（192）乐声中突然出现了一道刺耳的声音。

有时也可能有另外一种选择，即可能有多个备选项在某些属性方面都达到了非常高的程度，相对其他选项而言，此时观察者的注意焦点可能被分散到多个备选项中。当这些备选项达到一定的数量，并且观察者和这些备选项之间的物理距离也达到了合适的程度时，这些备选项似乎连成了一片，成为一个整体被识别。和共同作为注意焦点的同伴连为一体时，其离散性将受到削弱，但是相对于背景而言它们的离散性还是比较强的，这时可能出现例（193）和例（194）这样的句子，如：

① ［美］兰盖克（Ronald W. Langacker）：《认知语法基础》（第一卷），牛宝义、王义娜、席留生、高航译，北京大学出版社 2013 年版，第 125 页。

（193）花坛里种着一大片色彩斑斓的花。

（194）和谐的音乐中出现了一些杂音。

例（191）和例（192）中对图形的判定是观察者的主动选择，图形的选择和其属性程度有明显关系，当某个备选项的某类或某几类属性的程度达到较高水平时，观察者就会把注意焦点放在该备选项上。因此，图形的最终选择和观察者的注意焦点具有直接相关性，并且作为注意焦点的图形具有唯一性。从例（193）和例（194）中可以看出，当被选择的实体不是单一实体，而是多个实体，并且它们在辨识度属性方面没有明显差异时，这些实体的个体识别度将会降低，观察者不再关注这些实体各自的属性，因为这些属性可能相关但又不相同。比如例（193）中被关注到的多个实体可能呈现不同的颜色，观察者无法同时关注这些不同的颜色的属性，此时观察者的处理方式是提炼出这些实体的共同特征，并将之归为一个类别进行共同识别。所以例（193）中使用了“色彩斑斓”这个词语。如果是在听觉域中出现这种情况，比如在同时听到的一大堆声音中，某几个声音的属性和其他声音不同，有的特别响亮，而有的节奏和其他声音明显不一样，认知主体将不再关注这些个别的属性，而把它们统一视为具有混乱属性的图形。这种情况下观察者采用的是全景扫描方式，把众多的图形看作一个整体（完形）。

从以上分析中，我们可以得出一个结论，在汉语存现句中当句子表现为某处出现、存在或消失某个物体时，只是反映了观察者在某个认知域中的主观经验，也可以看作是反映了观察者的注意焦点的投放情况。但是观察者的主观经验和真实的世界所呈现出来的情况并不完全一一对应，只有被观察者关注或识别到的事物才能成为存现句中的存现主体，即实现了图形的选择，而其他的事物则一律模糊化为背景。因此，存现句表示的是观察者对于图形的一种概念化的主观选择，是一种心理经验过程，具有比较大的主观性。

在图形/背景组合中，背景作为参照实体及参照点，更加具有恒定性，而在确定图形时，兰盖克（2013）认为“移动是一个高影响因素”①。因此，发生位移的物体更容易成为注意焦点，从而被选择为图形。相对而言，在一般语境中，背景具有较大的稳定性，这种稳定性体现在两个方面：一是背景位置一般不会移动，二是背景自身形体一般不会发生变化。但是在某些特殊情况下，我们发现情况发生了反转，比起图形来背景更加具有可变性，但是图形一直是注意焦点所在，没有发生改变。比如我们可以先参考一下以下的例句：

（195）从山上飘下来一件蓝色的衣服。

（196）远处隐隐传来一阵悦耳的歌声。②

一般情况下，我们容易把汉语存现句中句首的处所词语识别为事件发生的背景，但是上面两个例句的情况则比较特殊。首先这两个句子中的处所词语“山上”和“远处”是存现主体运动的出发点，但是并不是该运动的唯一处所。例（195）和例（196）所表达的意思是存现主体从处所词语所表达的地点出发，沿着一定的“路径”到达观察者所在的位置。随着运动的发生，存现主体所处的背景其实一直在发生变化，第一个出现的背景就是物体运动的出发点。但是当物体离开那个出发点时，背景就发生了变化，此时的背景已经变成物体运动的路径，当快要到达观察者所在位置时，背景已经变成了观察者及其所在的位置。例（195）和例（196）中，随着存现主体的运动的发展，背景不断发生变化，粗略来看至少发生了两次变化，出现了三个背景（如果从“活跃期”的观点来看，严格来说不止三个，因为路径的每

① ［美］兰盖克（Ronald W. Langacker）：《认知语法基础》（第一卷），牛宝义、王义娜、席留生、高航译，北京大学出版社2013年版，第125页。

② 这两个例句中的背景变换是一种非典型的背景变换，该变换产生的原因跟图形的位移有关。

一处都可以识别为一个背景）。很难界定这些背景具体在何时或何地发生转换的，因为这是一个渐变的过程，变化是一点点发生的，但是变化在起初阶段并不明显，渐渐地这种变化越来越明显，直到最终完成了转换。这种背景变换的渐变性特点和观察者的心理经验有关，不同的观察者可能有不同的心理经验，观察者本身也很难界定背景的变化是何时发生何时结束的，打个比方说整个背景的变换过程就像色谱的变化过程，背景和背景之间的区别很不明显。另外，存现主体运动中所经过的路径本身既可以看作一个完整的背景，也可以看作联系在一起的多个背景，比如当观察者的视线随着小轿车的移动而移动时，观察者在进行顺序扫描，视觉中的背景就不是一段完整的公路，而是随着汽车行驶时呈现出来的一段又一段公路，每一段公路都是一个背景，因此出现了更多数量的背景。在存现句的语言表达中，出现的背景只有出发点，其余的背景是以一种比较隐晦的方式来表达的，这个隐晦的表达方式就是使用“动词 + 趋向补语”来表征路径，如例（195）和例（196）的“飘下来”和“传来”。其中的趋向补语表明了运动的方向，指向运动的终点——即观察者所在的位置，同时似乎也顺带画出运动的路径。如果我们尝试使用自主加工模式，将自己想象为观察者，还原例句中所发生的情景，就能感觉到这一点。在语言表达中为什么只出现了出发背景而忽略了其他背景，这是一个值得探讨的问题。我们的观点是，例（195）和例（196）都是隐现句中的出现句，这类隐现句是一种比较特殊的类型，和一般表示瞬时出现或消失的隐现句相比，这类出现句体现了一个相对完整的过程，可以看作一个时间性过程，在这个过程中出现了多个背景。一个完整的出现句中就需要把背景也标识出来，但是无法使用其他手段比如动词短语等来表征表示出发点的背景，所以表示出发点的背景只能以显性的方式加以呈现。另外，背景的转换是在过程中陆续发生的，因此，无法使用名词性词语把多个背景同时呈现在句首位置，该句子采用了“词汇操纵”的手段，使用了动词短语来隐晦地呈现路径背景和终点背景。

和出现句不同的是，隐现句中的消失句只有单一背景，这和消失句的语义内容有关，因为消失句表示某处消失了某个物体，消失的地点作为背景，当物体消失后，不再为观察者所感知到，所以不再出现其他的背景，如：

（197）教室里少了一个学生。

（198）动物园里跑了一只豹子。

在存在句中也有背景变换，但是注意焦点（即图形）没有变化的现象，这种情况出现在动态存在句中，如：

（199）公路上行驶着一辆车子。

（200）跑道上跑着一个穿红衣服的人。

例（199）和例（200）中的处所词语“公路上”和“跑道上”是图形/背景组合中的背景，但是当观察者的视线紧紧跟随着存现主体而移动时，视线中的“公路”或“跑道”就被分割为不断变换的部分，这时就出现了多个背景变幻的现象。这里还有一个需要注意的地方是，这些背景的变换是不断发生和连续变换的，可以说是每时每刻都在发生变动的，因此，很难确定背景的数量到底有多少，但是我们无法使用语言来表述这种背景变换的情景。例（199）和例（200）中的情景也可以做另一种识解，即当观察者采用“全景扫描”的方式时，其视线遍布全场，此时背景就只是单一的背景，“公路”和“跑道”被作为一个整体来识别。和第一类解读相比，第二类解读时，语言的表达和实际情况更加相符。但是并不是说在实际经验中第一类解读比较少见，因为即使发生了第一类解读，但是语言表达式和第二类解读的语言表达式是完全一样的。第一类解读时，作为注意焦点的图形的被关注程度似乎比第二类识解中的图形被关注程度强，因为在第一类识解中，观察者的视线一直放在作为图形的存现主体上，并随着存现主体的移动而移动，而在第二类识解中，由于采用了全景扫描方式，观察者的视线更倾向于静止而非移动。

上面所举的例子中，不论背景是单一背景还是多个变换的背景，图形都具有唯一性，也就是说只有一个注意焦点。

当出现多个存现主体时，认知主体无法使用顺序扫描的方式来获取信息，此时，认知主体采用的是全景扫描方式，多个实体被识解为一个整体，这时候也不会出现背景的变化，句子中所表达的处所，即是唯一的背景，同时，注意焦点是某类事物的集合而非个体，如：

（201）公路上行驶着很多车子。

（202）跑道上跑着很多人。

上面所描述的背景变换的各类情境中，都有一个共同的特点，即不管是在存在句中还是在隐现句中，存现主体发生位移是背景发生转换的直接原因。

第二节　实例研究："处所名词＋上"的图形/背景关系

在实际的语言运用中，表示方位的词语经常出现，特别是存现句中一些方位词更是高频出现。我们对这些方位词的运用已经习以为常，使用时极少清晰地区分其中的多义现象。在语言表达中这些词语往往蕴含着极其丰富的语义变化，但是这些变化往往并不明显，如果运用认知语言学中的图示/背景理论来分析的话，就会发现其中的细微差别。

现代汉语中众多的方位词里，"上"是一个比较高频出现的词语，为了体现这一点，我们先展示其中的一些实例：

（203）桌子上放着一支笔。

（204）窗帘上沾了灰。

（205）衣架上晾着一件衣服。

（206）鞋底上沾着一块泥。

（207）树上站着一只鸟。

（208）绳子上拴着一片布条。

（209）公交车上坐满了人。

（210）脸上堆满了谄媚笑容。

（211）天上下着雨。

（212）飞机从桥上飞过。

（213）蓝天上飘着白云。

（214）电视上正放着新闻联播。

（215）报纸上刊登了这条新闻。

（216）思想上存在问题。

（217）在可行性上存在不足之处。

例（203）中的图形是“一支笔”，背景是“桌子”，该句中“上”的语义为“图形在水平方向接触到背景上部”。例（204）的“上”表示“图形在垂直方向接触到背景”。例（205）到例（208）一般都表示“图形在非水平方向接触到背景”，而这些“非水平方向接触”包含了多种可能的方式。如例（205）的图形“一件衣服”可能和背景“衣架”以多种方式接触。例（206）的图形“泥”接触到背景“鞋底”的下部或侧边。例（207）的图形则可能接触到背景“树”的很多地方，此时图形可能在水平方向或非水平方向（树枝可能向斜上方或斜下方伸展）接触到背景。例（208）的图形“布条”的少部分和背景“绳子”的少部分接触。例（209）的图形“人”被背景“公交车”包含，也就是说背景是一个相当于容器的事物。例（210）的图形“笑容”和背景“脸”“交融”在一起，难以区分。例

（211）呈现动态性，图形“雨”从背景“天”中“剥离”并渐渐远离。例（212）的图形“飞机”和背景“桥”无接触，图形在背景上方。例（213）的图形“白云”和背景“蓝天”在说话人眼中可能有接触，也可能无接触，当有接触时，图形在背景的“上面”，无接触时，图形在背景的“上方”。例（214）和例（215）与例（210）的相似之处是图形和背景“相融合”，背景有某种形式上的“变形”，不同之处是例（210）的背景“脸”发生形状上的“变形”。例（214）和例（215）中背景的形状没有改变，但是例（214）的图形“新闻联播”是视觉加听觉感知的，例（215）的图形“新闻”则只有视觉能感知。例（216）的图形“问题”和背景“思想”，以及例（217）的图形“可行性”和背景“不足之处”都是抽象而非实体的事物，这和我们的一般认知经验存在较大的区别，因为在图形和背景这一关系中，绝大多数的图形和背景是我们通过感官能感知到的“实体”。①

以上的简要分析里，可以看出方位词“上”的语义众多且复杂，相互之间存在某些关联，但又各有不同，其中的一些实例中甚至运用了隐喻的手法，如例（216）和例（217）。从上面的例子里似乎感觉到有的例句比较接近我们一般的认知，如例（203）；一些例句则稍微偏离了一般认知，如例（204）到例（207）；而另外一些例句则偏离得更远，如例（208）到例（210）；例（211）到例（213）的图形和背景没有接触；例（214）和例（215）在视觉上感知图形和背景融合在一起；例（216）和例（217）就更难让人想到图形和背景具有方位上的联系了。这些不同的语义都隶属于同一个范畴，都是该范畴中的成员，但是它们在范畴中的地位并不平等，这些成员以中心语义为核心，居于范畴里的不同位置，呈辐射状扩散。

---

① 需要注意此处所说的“实体”一般指视觉上能够感知的物体，从更加普遍的认知经验上来看，真正的“实体”是指在触觉上能够感知的物体，只是我们一般容易把能看到的物体都当作触觉上的“实体”了，这是一种认知上的模糊性。

方位词“上”的语义范畴具有较大的复杂性，一是指语义的数量众多，二是指各语义之间连接为一个复杂的网络，某个语义和其他语义之间存在或紧密或疏远的联系。因此，我们先从中心意义开始分析，再分别一一分析其他的非中心意义。

2.1 “在……上面”义（图形和背景相接触）

缑瑞隆（2004）认为以下实例表示的是方位词“上”的基本义：[①]

放在桌上。
放在地板上。
长在手背上。
躺在床上。

从缑文后面对另外一组例子的描述来看，可以看出他认为图形位于平行放置的面（即水平面）朝上的位置。[②] 弗里德里希·温格瑞尔、汉斯－尤格·施密特（2009）指出“主体（即图形）应有形状或外形，背景则无定形”，主体有“结构及连贯性”，背景是“无结构、无形状、均匀的”[③]。从人类普遍的认知模式来看，水平面物体做背景，在背景水平面之上的物体做图形，图形比背景小，是方位词“上”的一种典型认知模式，所以我们认为“较小的物体在某个水平面上面且相互接触”是方位词“上”的中心意义。[④]

让我们先看一下该意义的图示：

① 缑瑞隆：《方位词“上”“下”的语义认知基础与对外汉语教学》，《语言文字应用》2004 年第 4 期，第 69—75 页。

② 第三个句子中的背景“手背”不一定是处于水平的位置，因此我们认为这个例子中的背景和其他例子的背景不完全相同。

③ ［德］弗里德里希·温格瑞尔、汉斯－尤格·施密特：《认知语言学导论》（第二版），彭利贞、许国萍、赵微译，复旦大学出版社 2009 年版，第 186 页。

④ 这里的“较小物体”是相对于作为背景的“水平面”而言的。

图示 1 中显示的就是“图形在背景之上”的中心意义，此时图形和背景是相互接触的。接触时用［+接触］和［+附着］表示，非接触时用［-接触］和［-附着］表示。背景皆为水平面或接近水平面，图形在背景的上面，上下方向的判断依据重力作用的方向来确定，重力作用的方向为下，反方向为上。这种标准是从我们的身体对重力的感知经验来确定的。

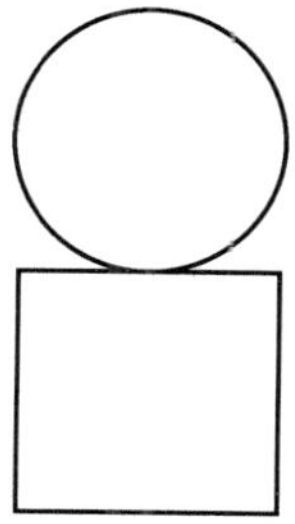

图示 1

下面，我们将讨论图示 1 的各种变式。

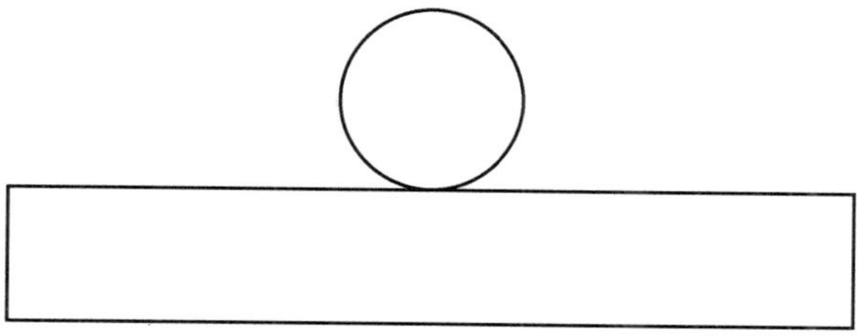

图示 1-1

图示 1-1 是图示 1 的下位图示，也是图示 1 的原型，该图示显示图形在背景的上面，并且图形和背景相接触，即图形“笔”在背景的上面，并且图形和背景是接触的。另外需要关注的是，作为中心意义来了解时，这里的背景是水平面，因为人们在考虑到“名词+上”（方位词）时，其原型理解中背景是以水平面的形式显示的。这样的认知经验来源于我们已经非常熟悉的重力作用——因为重力作用，使得背景在水平面上“承载”图形，背景成为承载体。这种承载作用力的方向是和重力的方向相反，最佳的承载体（背景）是呈水平面的，而承载的同时需要消除重力的影响，所以图示 1-1 里的图形和背景需要接触。另外，该图示中的图形相对于背景来说是静止的，所以其语言表达式是静态存在句。

图示 1-1 的例句在语言运用中非常多，如：

（218）广场上摆放着一些凳子。

（219）床上躺着一个人。

（220）地板上洒了一滩水。

（221）窗台上站着一个人。

我们把图示 1－1 的特征归纳为以下几点：

1. 背景以水平面的形式呈现。
2. 图形和背景在水平方向相接触。
3. 图形与对应的背景之间相对静止。
4. 存在和重力相反的作用力。
5. 这种作用力抵消了重力的影响。

在实际的语言交流里，还会经常出现和图示 1－1 既有联系又有区别的例子，如：

（222）窗户上贴着窗花。

（223）墙上站着一只虫子。

（224）车身上画着广告画。

（225）门上挂着菖蒲。

我们可以从以下图示中发现它们和图示 1－1 的不同：

图示 1－2 和图示 1－1 的不同在于前者的图形和背景的接触处于垂直方向，后者的图形和背景的接触处于水平方向，相同的是两个图示中图形和背景都有接触。图示 1－2 也是图示 1 的下位图示，图示 1－2 的图形通过某种作用力“抵消”了重力的影响，使之和背景能够在垂直方向产生接触。从其他面来说，这种能抵消重力的作用力对图形起到了一种变相的“承载”作用。该图示中的图形相对于背景来说是静止的，所以其语言表达式是存在句。

我们把该图示的特征归纳如下：

1. 背景以垂直面的形式呈现。
2. 图形和背景在垂直方向相接触。
3. 图形与对应的背景之间相对静止。
4. 存在和重力相反的作用力。
5. 这种作用力抵消了重力的影响。

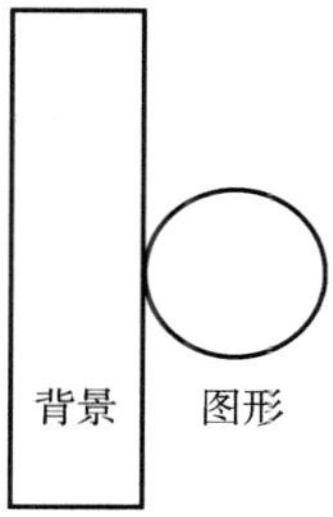

图示 1－2

图示 1－1 和图示 1－2 的不同是什么原因造成的？我们把上面两类的例句放在一起进行对比，图示 1－1 为 A 组，图示 1－2 为 B 组，如：

A 组：	B 组：
a 广场上摆放着一些凳子。	a 窗户上贴着窗花。
b 床上躺着一个人。	b 墙上站着一只虫子。
c 地板上泼了一滩水。	c 车身上画着广告画。
d 窗台上站着一个人。	d 门上挂着菖蒲。

A 组的动词“摆”“躺”“泼”和“站”强调的是后面的图形以什么样的方式和前面的背景接触，但是由于图形位于呈水平面的背景之上，这类动词代表的动作没有产生某种作用力，并使之和重力相抵消。因为作为背景的物体自然而然具有了“承载”功能，起到了抵消重力的作用，所以句中的动词代表的动作不需产生其他作用力，但其对“附着”义有一定贡献。该组动词的“附着”义可以看作“被动附着义”或“弱附着义”。B 组表示背景的物体没有“承载”图形的功能，“承载”的功能被句中动词表达的动作所替代，这组的动词“贴”“站”“画”和“挂”既表示图形以什么样的方式和背景接触，也表示

产生某种和重力相反的作用力，用于抵消重力的影响。为了对抗重力，B 组动词的义素中一般带有较强的“使附着”义，这在一定程度上加深了“上”本身具有的“附着”义，我们称之为“主动附着义”或“强附着义”。此外，A 组的 d 句虽然和 B 组的 b 句一样有动词“站”，但是要完成 B 组的“站”需要另外的作用力才能实现。从句中的信息可知，“站”的施动者是“虫子”，通过百科知识可以知道能站在垂直面上的虫子的爪子上大都有黏液之类使之能“附着”在垂直面上的成分，这种“强附着”义是句中的图形“虫子”带来的。另外，B 组的 a、c、d 句中动词自带“强附着”义。同时 B 组动词需要的“承载”作用力比 A 组大，因此其图形代表的物体一般体积较小或重量较轻。B 组 b 句的“强附着”义和整个句子有关联，在识解 b 句时需要付出更多的认知努力。

从以上分析来看，图示 1－2 来源于构式及构式中的主语、动词和宾语表述的内容。这个结论和莱考夫（2017）分析介词“over”时得出的结论具有相似之处，莱考夫在其论著中经过论证发现中心图示之外的其他图示的产生都是因为动词及直接宾语添加的内容①。

由此可知，图示 1－1 和图示 1－2 的不同之处主要体现在以下几点：

1. 图示 1－1 和图示 1－2 都有“附着”义，但是图示 1－1 是“被动附着”或“弱附着”，而图示 1－2 是“主动附着”或“强附着”。

2. 图示 1－1 的“弱附着”取决于“图形在水平面背景之上”这一位置关系，图示 1－2 的“强附着”取决于“图形在垂直面背景之侧”这一位置关系。

3. 图示 1－1 中的动词对附着义几乎没有直接贡献，图示 1－3

① ［美］乔治·莱考夫（George Lakoff）：《女人、火与危险事物：范畴显示的心智》（二），李宝嘉、章婷、邱雪玫译，世界图书出版公司 2017 年版，第 446 页。

中的动词和图形同时对附着义有较大贡献。

方位词“上”还可以表示“图形附着于事物的底部”，我们用图示1-3来呈现，其例句如下：

（226）鞋底上沾着泥土。
（227）椅脚上贴着椅脚垫。

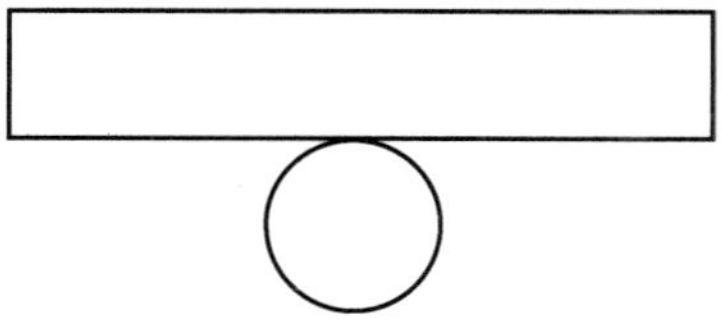

图示1-3

这是一种比较特殊的用法，在这里图形和背景相接触，但是背景在图形的上方，图形反而在下方。按照一般的用法，不应该用“上”指称图形的方位，之所以这么表达是因为这反映了人们真实的身体经验。例（226）里如果想要知道鞋底上是否沾着泥，单纯移开鞋子是看不到的，一般情况下需要把鞋子翻转过来，鞋底朝上才能看到。有时观察者的观察取向也会发生变化，比如如果鞋子穿在别人脚上，那个人把脚抬起并翻转过来，使斜面朝上，观察者就只需要采用正常的观察取向即可看到。如果穿鞋的人翻转鞋底的角度不够大，观察者还需要弯腰侧身。这样，只要鞋底翻转过来，即使翻转后鞋底可能不一定是向上的水平面，从观察者观看的角度来看，鞋底的泥土就是在鞋底之上。在观察取向发生变化时，可能还伴随了观察位置的变化。这样，通过图形的翻转、观察者改变观察取向（有时还会改变观察位置），在观察者眼中，泥土在鞋底之上，所以该句可以用“上”来表达方位。鞋子被翻转过来后，鞋底基本呈水平面，为什么句中的动词使用的是表示“强附着”的“沾”呢？百科知识告诉我们，如果没有表示“强附着”的作用力，当鞋底向下时泥土因重力影响就不会附着在鞋底上，把鞋底翻转过来时就不会在鞋底上看到泥土了。同样的解释也适用于例（227）。我们还可以用其他例子来证明上面的看法，如：

（228）脚下踩着鹅卵石。

（229）枕头底下压着几个信封。

上面两例中的方位词“下”都不能用“上”来替换，句中的动词所代表的动作也不能产生用于抵消重力的作用力。从视觉的角度来看，不需要翻转脚底或枕头，挪开脚就能看到“鹅卵石”，移开枕头就能看到“信封”。而且即使翻转脚底或枕头，也看不到“鹅卵石”和“信封”。当观察者看到图形时，与之对应的背景不是句中的“脚”或“枕头”，而是土地、河床或床单。也就是说，真实背景没有出现在语言表达中。原先的背景“脚”和“枕头”是通过后期视觉看到的情景以想象、猜测或回忆的方式来实现，因为在“看到”图形的一瞬间，背景已经发生了转换，只能依靠想象、猜测或回忆。另外，图示 1－3 还存在一个变体，即背景没有发生转换，如：

（230）脚下踩着祖国的大地。

这时不需要翻转或移动脚，就能知道图形是“祖国的大地”，这个例句中的图形比背景大。但是不管怎么样，句中的动词只有“接触义”，“附着”义则极其微弱。

另外还有一些例子也适用于图示 1－3，但是观察者的观察取向和例（228）和例（229）稍有区别，如：

（231）天上点缀着一颗颗星星。

（232）天花板上装着吸顶灯。

例（231）中，按照常规理解，图形“一颗颗星星”应该是在背景“天”的下面，这里用“上”来表达方位同样是基于人们的真实体验。我们在观看天空时，都要改变观察取向，抬头仰望，这时我们的视线和天空形成直角或近似于直角，从而让我们产生一种错觉，觉得“星星”是放置在“天上”。同时因为天空在我们的视野里看起来呈水平面，所以我们感觉天空可以“承载”着星星的重量，这样句中的动词就不需要有“强附着”义。这一点我们可以从以下例句中看出来，如：

（233）天上点缀着点点繁星。

（234）天上有许多星星。

（235）*天上贴着许多星星。

（236）*天上粘着许多星星。

从上面例句中可知，例（233）和（234）中的动词“点缀”和“有”表示“弱附着”，它们的可接受程度很高，但是例（235）和（236）中的动词“贴”和“粘”表示“强附着”，在人们的认知中，“天”无法像真正的实体一样和其他事物“紧密”附着在一起，因此，句子不正确。

例（232）中，同样需要抬头仰望才能看到图形“灯”和背景“天花板”，所以句中使用了“上”表达图形和背景之间的方位关系。动词“装”有“把……放置于某一位置”义，但是并没有强调“强附着”义。

另外，当背景为“天”时，观察位置一般不需要发生调整，这和背景的面积有关，面积极大时往往不需要调整观察位置。当“天花板”这样的面积不是极大的背景时，根据情况观察位置有可能需要调整也有可能不需要调整。

因此，我们认为例（226）、例（227）和例（230）、例（232）分别代表图示1－3的两个不同变式，例（226）和例（227）代表的变式需要翻转图形/背景组合，例（231）和例（232）代表的变式需要观察者改变观察取向，产生变式的原因来自于人们观察世界的方式和普遍认知模式。

另外，该图示中的图形相对于背景来说是静止的，所以其实例也是用存在句来表达。

我们把图示1－3的特征总结如下：

1. 方位词“上”可以表示“图形位于水平面之下”，这是因为受到我们观察世界的方式和普遍认知模式的影响。

2. 为了便于观察，有时图形/背景组合出现“翻转向上”的情况。

3. 观察者有时需要调整观察取向，有时还需要调整观察位置，根据图形/背景组合的不同观察取向和观察位置可能存在差异。

4. 在第一类变式中动词具有“强附着”义，而在第二类变式中动词有时具有“强附着”义，有时没有。

5. 图形与背景相接触。

6. 图形与对应的背景之间相对静止。

除了水平面和垂直面两种背景以外，还有其他不规则背景（相对于水平面和垂直面而言）。如：

（237）书包上挂着一个小饰品。

（238）衣服上打着一个补丁。

（239）山上有一块大石头。

（240）脸盆上沾着油漆。

（241）窗帘上沾了灰。

（242）椅子上搭了一块布。

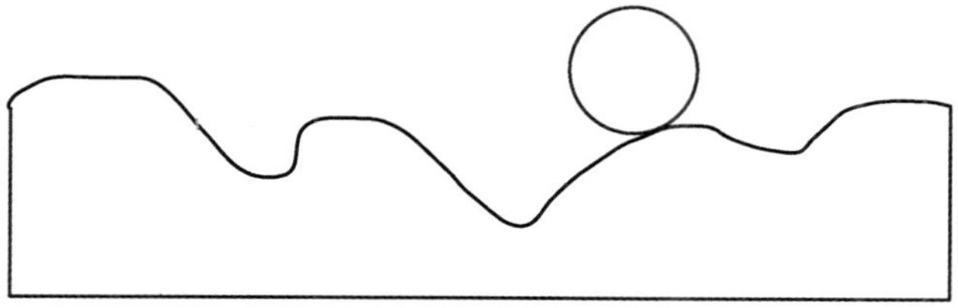

图示 1－4

上面例句里，背景的形状并不像上面我们讨论过的水平面或垂直面，其表面形状非常复杂，同时图形和背景接触的位置具有一定的任意性，也就是说图形有可能出现在背景的多个位置。如例（237）中图形“小饰品”可能挂在书包的拉链处、书包带和书包相接处等；例（238）中的图形“补丁”可能出现在衣领、衣袖以及衣服的其他任何一处地方；例（239）中的图形“大石头”可能出现在山顶、山腰和山脚的任何一个地方；例（240）中图形“油漆”可能出现在脸盆的凸面、凹面或盆沿上；例（241）中的图形“灰”可能出现在窗帘的任何地方甚至包括窗帘背面；例（242）中的图形“一块布”可能出现在椅背、扶手、座位或者整个椅子上。这些例句里的动词有表示“强附着”义的，如例（237）（238）（240）（241），也有表示“弱附着”义的，如例（239）和例（242）。因为它们的背景是各种形状的“表面”，导致图形和背景接触时受重力影响的程度不同，从而导致动词的“附着义”的程度也有所不同。这些例句都是图示 1－1、图示 1－2 和图示 1－3 的综合变式。

图示 1－4 呈现以下几个特征：

1. 背景为复杂表面体。
2. 图形和背景的具体接触位置在非水平面上。
3. 图形受重力影响程度和其所在的位置有关。

4. 句中的动词“附着”义的强弱程度取决于图形受到重力影响的程度。

5. 图形与对应的背景之间相对静止。

前面所作的论述都是针对图形和背景的表面接触，我们将在下面分析图形和背景内嵌和内含的情况，请看以下例句：

（243）地上种着一株兰花。

（244）水上停着一艘小船。

（245）墙上钉着一颗钉子。

（246）膝关节上扎着针。

上面四个例子的图形的一部分嵌入背景之中，形成一种半内嵌关系，背景可能是水平面、垂直面或斜面等多种形态。这种半内嵌形式是一种紧密接触方式，语义特征为［＋接触］和［＋强附着］，因为例句里的动词大都有“嵌入”的含义。有的动词本身并不具有明显的“嵌入”义，如例（244）中“小船嵌入水中”的含义不能单独从句中动词“停”中得到，需要在通读或听到全句的基础上，借助语言知识和百科知识才能知道。句首处所词语（背景）、动词和句末宾语（图形）共同作用产生了该含义，此时重力是“内嵌”的作用力来源。另外，一般情况下图形只有小部分内嵌在背景中，大部分在背景外，内嵌的部分在视野之外。我们对此的解释是如果图形大部分或全部内嵌于背景中，就远离或背离了中心语义“图形在背景之上”，其语义就有可能位于方位词“上”的语义范畴边缘或不属于该范畴，有时更可能属于相邻的其他范畴。比如图形全部内嵌于背景中时，更适合方位词“中”的语义范畴。①

① 根据原型理论的解释，相邻范畴之间的界限具有模糊性，两个范畴可能共同拥有同一个成员，该成员在不同范畴中的地位有差异。

以上的几个例句中，图形和背景之间处于相对静止状态，可以用存在句来表示该情景。

以上所论述的内嵌式可以用图示 1－5 表示：

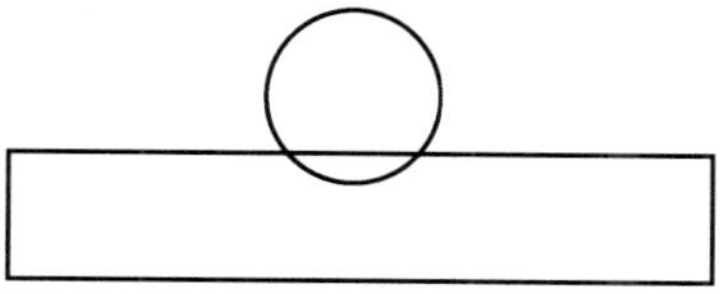

图示 1－5

由此得知，图示 1－5 的特征表现为：

1. 图形和背景的接触方式为“内嵌型”。
2. 背景和图形的接触面形状各异。
3. 一般情况下图形的小部分“嵌入”背景里，形成“半内嵌”关系。
4. 动词大部分含有“嵌入”义。
5. 动词不含或较少含“嵌入”义时，“完整的语言信息＋语言知识＋百科知识”可以使人理解其中隐含的“嵌入”义。
6. 图形与对应的背景之间相对静止。

兰盖克（2013）曾经指出，视点包括观察位置和观察取向。同一个场景可以从不同的角度来进行观察，因观察者视点角度不同就会导致看到的情景有相应的差别①。我们可以想象自己坐在一辆车上，当车开动时，我们的观察位置发生了变化，观察到的场景也随之发生了变化。如果我们坐在过山车上，我们看到的场景中的图形和背景在不断发生变化，而我们对方向的判断也发生了变化。这说明观察位置和观察

① ［美］兰盖克（Ronald W. Langacker）：《认知语法基础》（第一卷），牛宝义、王义娜、席留生、高航译，北京大学出版社 2013 年版，第 128 页。

取向的不同会影响图形/背景的组合和关系，请看一下下面的例句：

(247) 飞机上有200多个人。

(248) 车上装满了货物。

(249) 船上已经坐了好几个人。

(250) 高铁上不允许抽烟。

上面的例句中作为背景的都是交通工具，交通工具的外形和用途很容易让人联想到容器，因此交通工具可以和方位词“里”“中”或“内”结合，如“飞机里”“车内”“船中”“高铁里”。但是上面例子里的方位词都是“上”，这和观察者的视点有关。首先，这几种交通工具所在的地点不是地面，就是水面，或是铁轨上、地面上方。从方位上来说这些交通工具都位于所在地点的上面或上方，这可能会让观察者感觉乘客进入交通工具后就是在交通工具所在位置的上面，而交通工具和其所在位置连为一体，因而乘客的位置是在交通工具的上面。其次，乘坐这些交通工具时，可以带上表示方位的补语“上”，如“登上（或搭上）飞机”“登上（或爬上）车”“登上（跳上）船”“登上高铁”，再一次印证交通工具在所在位置之上。另外，乘客（即图形）和交通工具（即背景）的接触位置在交通工具的底部，使得观察者对背景的感知集中在交通工具底部。这种情况下，观察者可能对背景进行一定的调整，交通工具顶部和四周被虚化或忽略，被“注意”到的只有呈水平面状平铺的平台（交通工具底部），而乘客位于该平台之上。

上面的四个例句里表述的场景是观察者在交通工具外看到的，或即使没有看到，也可以受到视觉经验的影响通过“自觉加工”获得。当观察者在交通工具外面而乘客在交通工具里面时，观察者所在位置比乘客所在位置低，这也让观察者感觉乘客在自己的“上面”或“上方”。有时观察者本人就在交通工具上，也会使用“上”作为方位词。

这是一个很有趣的现象，因为此时观察者注意到的场景不是通过视觉直接看到的实际场景，而是把视觉经验经过认知加工后获得的场景，即观察者想象自己在交通工具外边，从一个完全旁观的角度来观察场景。另外，也可能因为观察者自己的位置正在交通工具底部的上面，所以使用“交通工具 + 上”来表达自己所在的位置。兰盖克（2013）将观察注意力的位置称为“客观场景”①。人们在感知世界时，在潜意识中会不自觉地寻找最佳模式，在现存条件没有达到标准时，会在一定程度上调整为“优化型观察方案”，此时被观察的物体应该位于“最大敏感度区域”，即被观察的物体应位于最便于观察者进行观察活动的区域。在优化型模式下，客观场景和最大敏感度区域将会“重合”②。这种重合将使观察者能够观察到最希望看到的场景，同时也是最方便、最清晰的一种观察方式。我们上面所举的例句中，观察者虚化或忽略交通工具的顶部和四周，把目光聚焦于交通工具的底部，缩小背景的范围，就是一种优化型认知模式。我们这里讨论的优化型模式是观察者主动选择的结果，虽然“加工”的过程付出了额外的认知努力，但是从另一方面来讲，通过调整使客观场景和最大敏感度区域重合，也会极大地减少认知努力的付出，从而抵消了多付出的认知努力，甚至还可能节省了更多的认知付出，同时达到最佳的认知效果。通过这样一番操作，观察者做到了“旁观者清”。

为了更加清晰地体现以上分析，我们将其图示显示如图示 1 -6：

我们把图示 1 -6 的特征具体总结如下：

1. 背景为容器，在认知中被“虚化”为平台。
2. 观察者采用了优化认知模式。

---

① ［美］兰盖克（Ronald W. Langacker）：《认知语法基础》（第一卷），牛宝义、王义娜、席留生、高航译，北京大学出版社 2013 年版，第 134 页。

② ［美］兰盖克（Ronald W. Langacker）：《认知语法基础》（第一卷），牛宝义、王义娜、席留生、高航译，北京大学出版社 2013 年版，第 134 页。

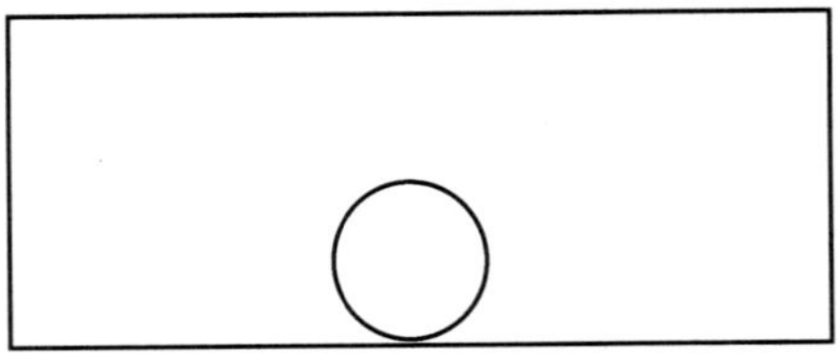

图示 1-6

3. 为达到认知目的，观察者可能通过“自主加工”调整了观察位置和视点，使被观察的场景成为“客观场景”，从而“旁观”被观察的物体。

4. 通过优化模式，使客观场景和最大敏感度区域重合，提高了认知效果。

5. 图形与对应的背景之间相对静止。

6. 图形和背景的底部相接触

以上所有的图式显示的图形与背景都是各自独立的，它们是不同的事物。图形是独立的个体，具有清晰的外形，图形和背景不是部分和整体关系。但是有时存在一些特例，在这些特例中图形看上去似乎和背景“融为一体”，如：

(251) 裤子上破了一个洞。
(252) 这幅画缺了一角。
(253) 地上砸了一个大坑。
(254) 木牌上雕刻着花纹。

这类例子都有一个共同的特点就是它们的图形不是原来就存在的，而是因为背景的部分缺失或变形而产生的。我们可以使用图示 1-7 表示这类例句：

为了便于区别，图示 1-7 中代表图形的圆圈用黑色填充，空白的

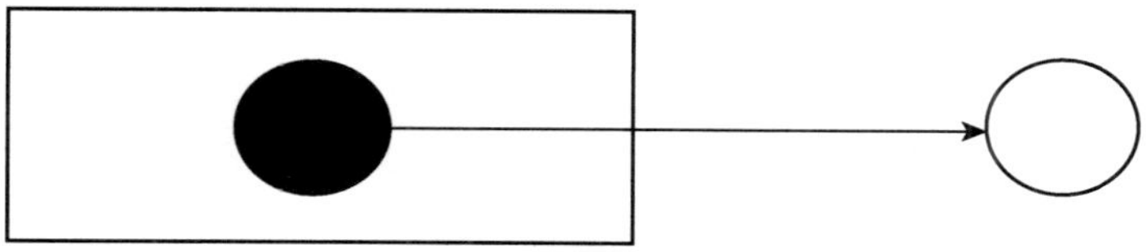

图示 1－7

圆圈原先是背景的一部分，因为外力作用而“缺失”或“凹陷”了。在例（251）和例（252）中，背景缺失的这部分成为一个空洞，从视觉上看起来和剩余的背景之间有清晰的边界，其本身也具有了外形，被视觉感知为图形。而例（253）和例（254）中的背景除了“缺失”外还产生了“凹陷”，或者说是因为“凹陷”而出现了“缺失”。[①]“缺失”的部分成为了图形，这类图形同样和背景之间界限分明，其本身具有固定的形状。例（251）到例（254）中的图形并不是实体，但是在视觉上看起来像实体。这里的图形完全“嵌入”背景之中，看上去图形在背景之上，因此例句里的方位词使用的是“上”。

例（251）中的图形“一个洞”和例（252）中的图形“一个角”是“空白”，例（253）中的图形“一个大坑”和例（254）中的图形“花纹”是“凹面”。但是例（253）中图形的凹面可能是背景受到挤压而形成的，而例（254）中图形的凹面则是因为背景的缺失产生的。

图示 1－7 中的图形和背景的组合类似于一种“内嵌”式组合，也就是说图形内嵌于背景中。但是和图示 1－5 的“半内嵌”模式不同，图示 1－7 是一种“全内嵌”模式，同时也是一种特殊的全内嵌模式。因为通常的全内嵌模式中，背景基本上遮盖了图形，所以看不到图形的全貌。但是图示 1－7 的这种特殊全内嵌模式，导致人们可以从背景的表面完全看到图形。

通过以上分析，我们把图示 1－7 的特点总结如下：

---

① 如果模糊其具体的差异，“凹陷”也是一种缺失。

1. 图形产生的原因比较特殊，部分背景的缺失或背景的某部分受到挤压形成了图形。

2. 图形部分即是背景缺失或凹陷的部分。

3. 图形的表现形式是“空白”或“凹面”。

4. 图形表示的事物不是实体。

5. 图形和背景的组合使用特殊的全内嵌模式。

另一个需要注意的地方是，例（254）中的图形除了可能是上面分析过的凹面的虚化实体，也有可能是一个凸面的实体，如浮雕。如果这样理解的话，图形就是一个实体，它和背景之间有轮廓线，并且具有形状，它因高出背景平面而“凸显”出来，如图示 1－8。

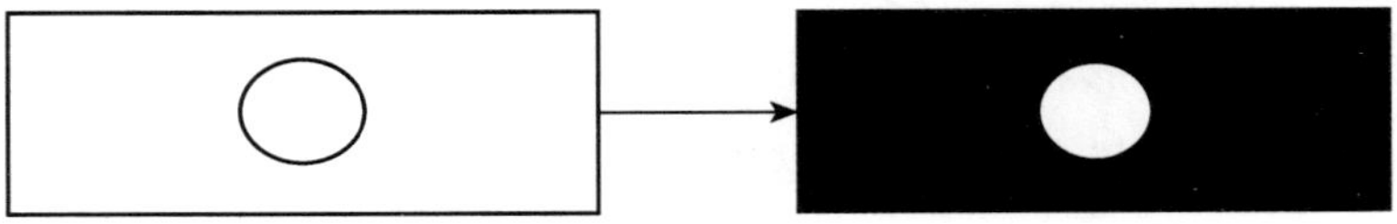

图示 1－8

图示 1－7 因为背景出现“缺失”或“凹陷”才凸显出图形的存在，而图示 1－8 则刚好相反，图示 1－8 因为背景的一部分“凸出”才凸显出图形的存在，因此图形和背景的组合不是内嵌模式。换言之，图示 1－8 中的图形看上去就像“长”在背景之上。在视觉感知经验中，图示 1－8 中的图形和背景连为一体，图形和背景之间看上去像部分和整体的关系。

我们把图示 1－8 的特点总结如下：

1. 图形比背景平面高。

2. 图形的表现形式是“凸面”。

3. 图形表示实体。

4. 图形和背景相连为一个实物整体。

5. 图形和背景的组合为非内嵌模式。

2.2　“在……上方”义（图形和背景不接触）

“图形在背景之上”存在两种变式：一种是图形和背景相接触，另一种是图形和背景未接触。

前面讨论了第一种变式，分析了图形和背景相接触时的各种下位变式。下面我们将要讨论第二种变式。先看一下第二种变式的实例，如：

（255）小区的广场上拉着晾衣绳。

（256）头上亮着一盏灯。

图形和背景未接触只有一个图示，即图示2，表示“在……上方”之义。从图示2里可以看到，和前面分析的图示不一样的是，图示2中的图形和背景是分离的，而且图形是静止的，没有移动的轨迹和路径。另外，图形不一定在背景的正上方，可以允许一定程度的偏离，如例（255）和例（256）。

图示2里的变体相对较少，如例（255）就是一个变体的实例，其图示可以表现为图示2－1：

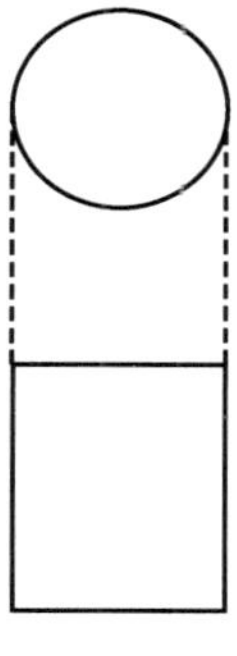

图示2

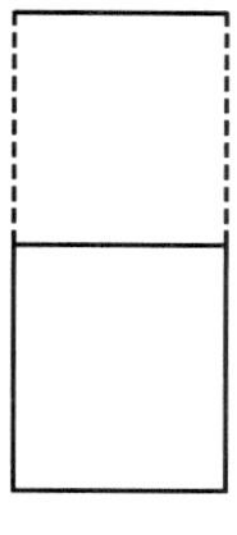

图示2－1

图示 2－1 是图示 2 的下位图示，此图示中的图形是一维的，图形呈现一维轨迹[①]。由于该一维轨迹并不表示延伸的路径轨迹，所以图形相对于背景来说是静止的，该图示适用于存在句。例（255）中的动词“拉”是一个行为动词，其原型语义表示一个具有运动轨迹（路径）的行为，但是当这个动词进入存在句构式时，受到构式的压制，失去了“移动”义，转为静态的存在。

图示 2 中的图形和背景都位于垂直于水平面的方向，并且背景更接近于地面，图形和背景之间的位置不能颠倒，图形不能比背景更接近于地面。另外，图示 2 中的图形也不能在背景的两侧或其他地方。如设想一下桌子的旁边有一个凳子时，不能说“凳子在桌子上”。

通过以上分析，我们将图示 2 的特征总结如下：

1. 图形可以理解为在背景的“上方”；
2. 图形和背景无接触；
3. 图形是静止的，没有移动轨迹和路径；
4. 图形可以在一定程度上偏离或超出背景的垂直上方范围；
5. 图形和背景图形和背景都位于垂直于水平面的方向。
6. 背景比图形更靠近地面。

2.3 “在……上移动”义（图形和背景相接触）

方位词“上”既可以表示静态的“在……上面”义和“在……上方”义，也可以表示动态的“在……上移动”义。

方位词“上”为“在……上移动”义的图示为图示 3，其例句如下：

（257）路上走着不少人。

---

① ［美］乔治·莱考夫（George Lakoff）：《女人、火与危险事物：范畴显示的心智》（二），李宝嘉、章婷、邱雪玫译，世界图书出版公司 2017 年版，第 449 页。

（258）跑道上滑行着几架飞机。

（259）广场上走着很多人。

（260）操场上跑着一群学生。

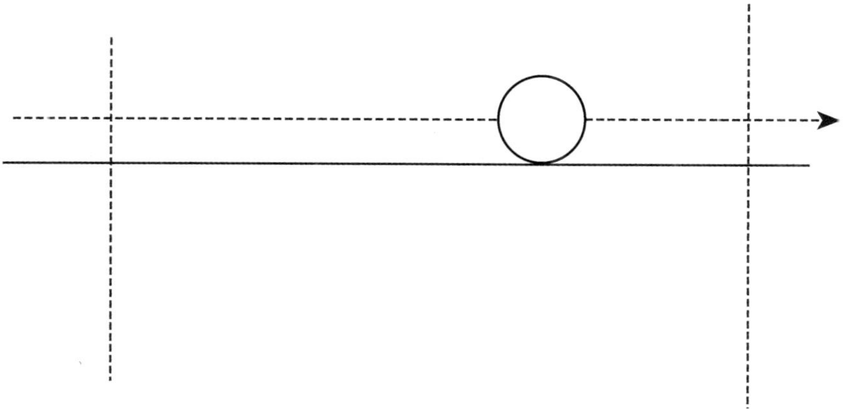

图示 3

图示 3 的图形和背景相接触。背景用粗线表示，图形用圆圈表示，图形移动的路径用虚线及箭头表示，两个垂直的虚线表示没有明确的起点和终点，下同。

图示 3 显示图形在水平背景上移动，动词有“移动”义，图形经历了一个动态的移动过程，图形的移动有其移动“路径”（path）。弗里德里希·温格瑞尔和汉斯－尤格·施密特（2009）指出因子弹或导弹移动的路径被看作“弹道”，所以图形可以被称为“射体”，和其对应的背景因是“定位的参照点”，所以被称为“界标”。“射体”和“界标”是“更广泛运用的‘图形’和‘背景’的特殊表现”①。在对于射体和界标的界定方面，兰盖克（2013）指出“无标记的射体选择与一般感知背景下识解为图形的实体相对应”，这具有“跨语言倾

① ［德］弗里德里希·温格瑞尔、汉斯－尤格·施密特：《认真语言学导论》（第二版），彭利贞、许国萍、赵微译，复旦大学出版社 2009 年版，第 189 页。

向”，他认为“通常情况下，在固定背景中移动的物体几乎都会被感知为该情景中的图形”①。因此，在这里射体等同于图形，而界标等同于背景。为使全文表述统一，我们继续使用“图形”和“背景”这两个术语。

人们的视觉对移动的物体更加敏感，在视觉上容易优先选择移动的物体。我们通过对比静态义“在……上”中的图示里的图形/背景，就可以发现相比较静止的物体而言，移动的物体更容易被当作图形（即图形）。从另一方面来看，无论在表静态义还是表动态义时，“NP＋上”结构实际上起到了“固化”背景的作用，因为它有显性的语言表现。从这个意义上来说，“NP＋上”表示的背景更倾向于是无标记的。

“在……上移动”义的图示为图示3，该图示中可以看到，“图形”和“背景”相接触，并且“图形”在“背景”上沿着一定的路径移动。上面四个例句里，“不少人”“几架飞机”“很多人”和“一群学生”都是“图形”，其中例（257）和例（258）里“路”和“跑道”是背景，但是这里的背景是呈细长形，图形沿着背景的形状前行，背景的延伸也是路径的延伸。换句话说，这里的背景为图形限定了固定的移动路径，其对应的图示为图示3－1。而例（259）和例（260）中，图形对路径可能有两种选择，一种是背景没有限定图形的路径，图形在背景上自由移动；另一种是和前面的例（257）和例（258）一样，背景限定了图形移动的路径，图形沿着固定的路径移动，如例（259）中可能设有专门的走道，例（260）中可能设有专门的跑道。通过百科知识可以知道，后一种场景更加常见。其对应的图示为图示3－1，前一种场景对应的图式是图示3－2。图示3是一种高层级的图式，图示3－1和图示3－2都是图示3的下位变式。在这里我们也可以用图示3来表示这两种场景，由于图式的高度抽象化，实

① ［美］兰盖克（Ronald W. Langacker）：《认知语法基础》（第一卷），牛宝义、王义娜、席留生、高航译，北京大学出版社2013年版，第237页。

例可能体现出图式中没有显示的特征值，越是高层级的图式越不能体现一些细节的特征。兰盖克（2013）就曾指出“图式性是相对的，设定图式的层级性很有必要”①。因此图示3无法具体展示图形是否沿着背景规定的路径移动，只有层次更低一些的图式如图示3－1和图示3－2才能更加具体地揭示这两种不同的情况，因为降低图示性层级可以更为清晰地体现细微特征。

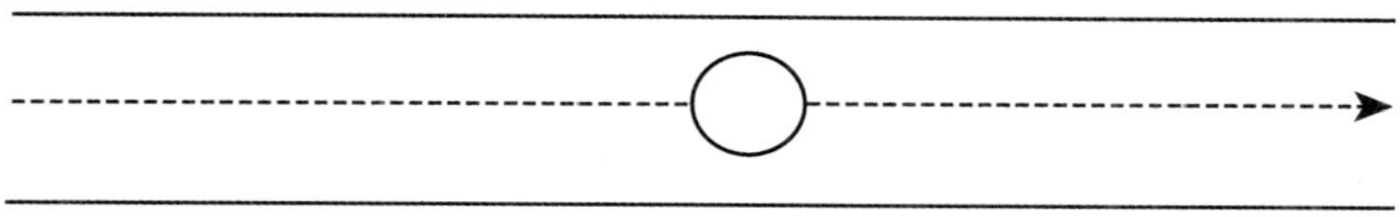

图示3－1

图示3－1中的粗线表示背景两侧的界限。

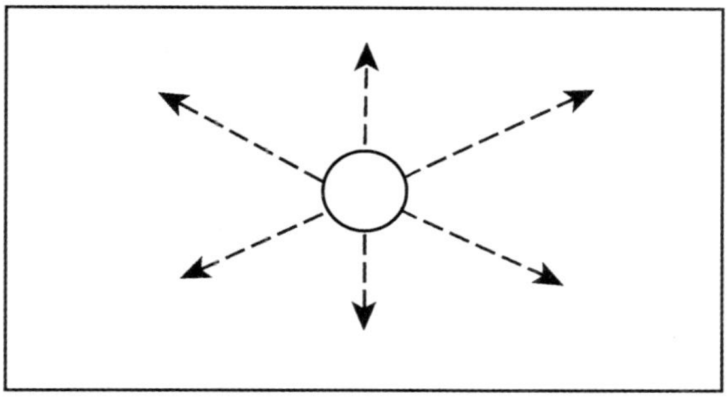

图示3－2

图示3－1表示图形沿着背景内规定的路径移动，图示3－2表示图形在背景上向各个方向自由移动。图示3是图示3－1和图示3－2的上位图式，两种场景中不同的一些细节特征在后面的两个图示里分别得以展示，但是在图示3中这些细节却消失了。

图示3具有延伸性，它还存在另外几个下位图示，这里我们选取

① ［美］兰盖克（Ronald W. Langacker）：《认知语法基础》（第一卷），牛宝义、王义娜、席留生、高航译，北京大学出版社2013年版，第138页。

一些下位图示进行分析。这些下位图示的背景有的是垂直的，如例（261），有的是既有斜面又有水平延伸性的，如例（262）。

（261）窗台上爬进去一个人。

（262）从那边山上走过来一个人。

上面的两个例句的图示在图形和背景相接触这一点上是共通的，唯一不同的是每个实例对应图示的背景形状有差异。在这些下位图示中，可能还存在一些变式，背景是垂直的时候，有例（261）里表示图形“翻越”背景，也可能图形只是沿着背景移动，并没有“翻越”背景，如以下例句：

（263）从树下爬上来一只虫子。

运用图示可以更加清晰地看出它们之间的不同之处，图示 3－3 表示的是例（263），图示 3－4 表示的是例（262）。

另外，在背景既有斜面又有水平延伸性时，其图示为图示 3－5，实例为例（261）。

综上所述，我们对图示 3 的特征总结如下：

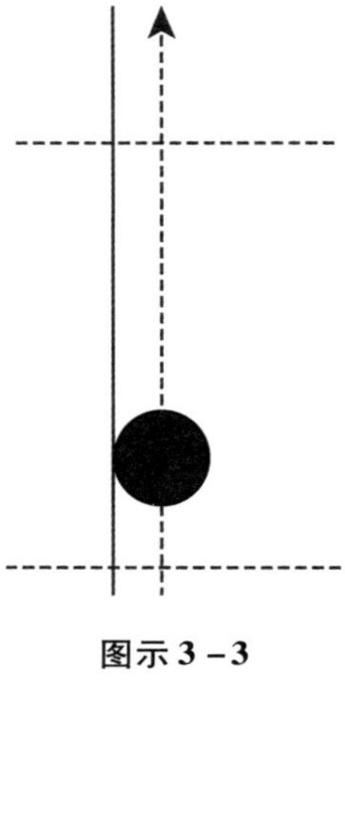

图示 3－3

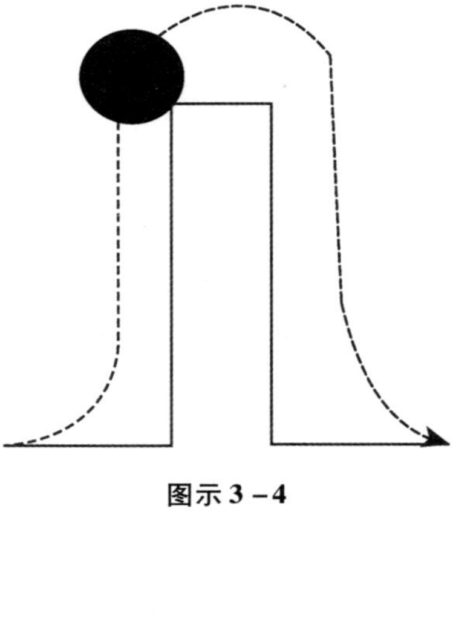

图示 3－4

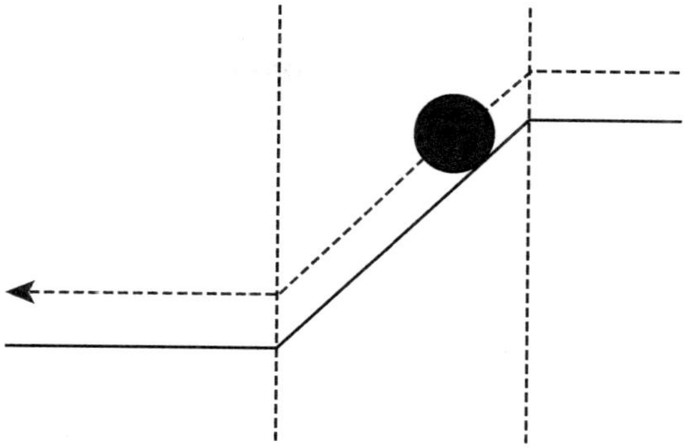

图示 3－5

1. 图形和背景相接触。
2. 图形的移动轨迹受到背景形状的影响。
3. 背景可能表现为不同的形状。

4. 从移动路径来看，存在两个变式，一个是图形沿着背景规定的路径移动。另一个是背景上没有固定的路径，图形的移动轨迹不固定。

2.4 “从……上通过”义（图形和背景不接触）①

“从……上通过”义中图形和背景不接触，图形在背景上方通过，如：

（264）从窗台那边跳过来一只猫。

（265）从桥上飞过来一架无人机。

其图式表示如图示4：

此类图示显示了一个特征，即由于图形和背景不接触，图形的移

① “从……上通过”在本文中被理解为图形和背景不接触。

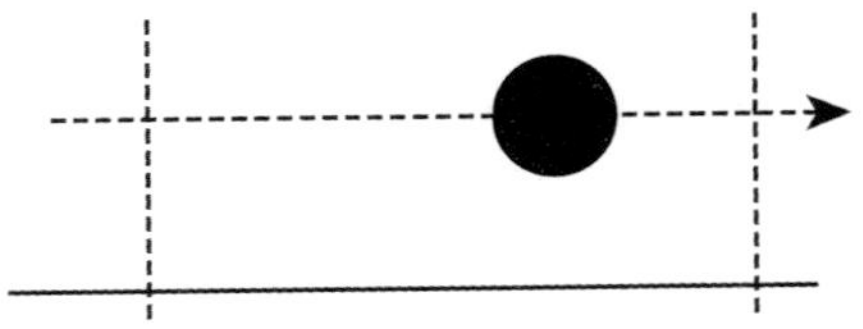

图示 4

动轨迹有时和背景上移动路径的形状起伏有些类似，如例（264）。但是有时图形的移动轨迹和背景上移动路径的形状轮廓无关，如例（265）。大部分情况下，图形的移动轨迹和背景上移动路径的形状起伏并没有必然联系，在我们的日常体验中，从运动力的自然轨迹来说，图形大都以倾向于直线的轨迹水平越过背景 。

另外，图形和背景不接触时，也可能出现图形不沿着固定路径移动的情况，如：

（266）天上飞着许多蜻蜓。

我们把图示 4 的特征归纳如下：

1. 图形和背景不接触。
2. 图形的移动轨迹有时受到背景形状轮廓的影响，有时不受影响。
3. 有时图形没有固定的路径移动。

2.5 “（覆盖）在……上”义（图形和背景接触）

汉语的方位词“上”的“（覆盖）在……上”义的图示如下：
其实例如下：

图示 5

（267）车顶上覆盖着一层厚厚的黄土。

（268）天上布满了乌云。

（269）蒸锅上盖着锅盖。

"上"的覆盖义范畴中，其中心语义指的是完全覆盖，即图形和背景重合，如例（267）和例（268），但是在图形和背景是否接触这一点上，例（267）和例（268）的图形和背景是完全接触的，例（269）里的图形"锅盖"和背景"蒸锅"的边缘部分有接触，但是和"蒸锅"的其他部分无接触。①

中心语义之外，还存在一些具有细微差异的变体，如：

（270）钢琴上盖着一块布。

（271）脸上戴着口罩。

例（270）里图形可能比背景的范围大，这违背了一般认知中背景比图形大这样一种印象，而例（271）正好相反，这里的背景比图

① 这里的完全接触仅指图形而言，因为背景一般比图形大，对背景而言图形和背景的接触是不完全接触。

形大，符合一般的认知规律。但是具体从“覆盖”义来看，这种现象却又违背了一般的认知常识，一般情况下“覆盖”义被理解为“全部覆盖”，而例（271）的“覆盖”却只是“部分覆盖”。所以例（270）和例（271）分别代表了“上”的“覆盖”义的两种变体。

除此之外，有一种特殊变体的产生与人们的视觉距离和视角有关，如：

（272）楼梯上站满了人。

（273）纸上写满了字。

（274）桌子上全是灰尘。

（275）床上到处是书。

（276）舞台上到处站满了人。

（277）广场上人山人海。

以例（272）来进行说明，观察者距离较近时，可以看到作为个体的“人”（即图形），也可以看到这些个体之间存在一定的空隙，但是如果观察者距离较远，或者从楼梯顶端往下看时，感知到的图形不是个体，而是一个“集合”。因此在语言表达中使用了表全量的形容词“满”做补语，如例（272）和例（273），或使用表全量的副词“全”或“到处”做状语，如例（274）和例（275），或两种手段都使用，如例（276）。当然，也可以使用其他的方式表示这类覆盖义，如例（277）里的“人山人海”。此时视觉感知到的是图形完全覆盖了背景。

这类情况可以使用图示 5 – 1 展示：

汉语的方位词“上”的图式和实例都是指静态的“覆盖”义。

我们把图示 5 的特征总结如下：

1. 图形和背景的接触可能是完全接触也可能是部分接触。

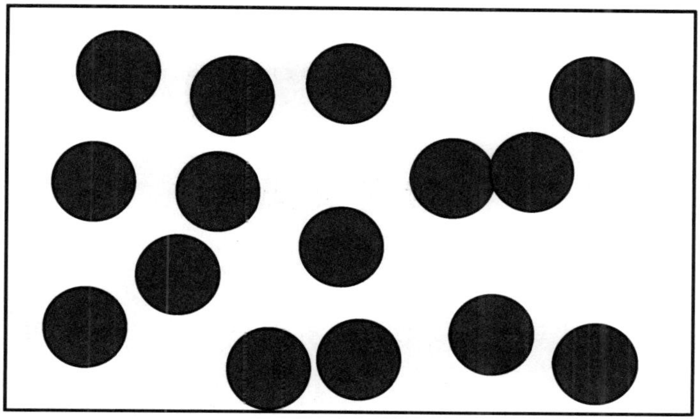

图示 5 – 1

2. 图形对背景全覆盖或部分覆盖。

3. 在某些变式中，观察者的视觉距离和视角可能使图形的“个体”被感知为“集合”，从而在视觉上呈现出“覆盖”的效果，并且在语言的表达式中得以体现。

参考文献

曹琳琳、刘丹青:《转喻和次生否定词》,《汉语学习》2021 年第 1 期。

陈昌来:《汉语介词框架研究》,商务印书馆 2014 年版。

陈昌来:《现代汉语介词的内部差异及其影响》,《上海师范大学学报》(哲学社会科学版)2002 年第 5 期。

陈廷珍:《汉语中处所词作主语的存在句》,《中国语文》1957 年 8 月。

储泽祥、魏红:《汉语量词"片"及其自相似性表现》,《语言科学》2005 年第 2 期。

崔璨、袁毓林:《从跟"有"字存在句的替换限制看"是"字存在句的语义特点》,《语言科学》2020 年第 2 期。

崔璨、袁毓林:《存在句的关系结构及其转指偏向研究》,《华文教学与研究》2019 年第 2 期。

崔璨、袁毓林:《存在句中及物动词施事的隐现问题研究》,《当代语言学》2020 年第 3 期。

董成如:《存现句的认知研究——基于参照点的行为链模式》,苏州大学出版社 2009 年版。

董成如、许明:《存现句的语篇功能研究》,《外语学刊》2014 年第 6 期。

杜丹、吴春相:《从分裂施格现象看汉语存现句的类型特征》,《解放军外国语学院学报》2019 年第 4 期。

范芳莲:《存在句》,《中国语文》1963 年第 5 期。

缑瑞隆:《方位词“上”“下”的语义认知基础与对外汉语教学》,《语言文字应用》2004 年第 4 期。
古川裕:《外界事物的“显著性”与句中名词的“有标性”——“出现、存在、消失”与“有界、无界”》,《当代语言学》2001 年第 4 期。
胡建刚:《述语为“有”、“是”、“在”的存在句的语义、句法分析》,《暨南大学华文学院学报》2001 年第 2 期。
胡文泽:《汉语存现句及相关并列紧缩结构的认知概念语法分析》,《语言教学与研究》2004 年第 4 期。
胡旭辉:《汉语存现句的句法—语用界面研究》,博士学位论文,南京大学,2010 年。
胡壮麟:《浅析“语音隐喻”的有关特性》,《中国外语》2021 年第 4 期。
华鸿燕:《语言表征的认知拓扑性质》,《外国语文》2015 年第 6 期。
黄健秦:《汉语空间量表达研究》,博士学位论文,上海师范大学,2013 年。
姜兆梓:《现代汉语存在句 A 段的论元与非论元属性》,博士学位论文,山东大学,2016 年。
金立鑫:《汉语动词的典型性等级》,《语言教学与研究》2022 年第 2 期。
雷涛:《存在句的范围、构成和分类》,《中国语文》1993 年第 4 期。
李福印、刘娜编著:《认知语义学基础理论十讲》,北京大学出版社 2022 年版。
李虹、齐沪扬:《汉语“V 满”结构的情状类型与句式选择》,《西北农林科技大学学报》(社会科学版)2009 年第 2 期。
李杰:《试论发生句——对隐现句和领主属宾句的句式意义的重新审视》,《世界汉语教学》2009 年第 1 期。
李莉华、熊学亮:《也谈汉语存现句中动词的非宾格性》,《东华大学学报》（社会科学版）2020 年第 2 期。
李临定：《现代汉语句型》，商务印书馆 1986 年版。
李思旭：《“有界”“无界”与补语“完”的有界化作用》，《汉语学习》2011 年第 5 期。
李挺：《语篇视角下的汉语存现句研究》，博士学位论文，华东师范大学，2010 年。
李旭平：《汉语“有”字句和存在命题》，《当代语言学》2020 年第 2 期。
李宇明：《存现结构中主宾互易现象研究》，《语言研究》1987 年第 2 期。
刘街生：《存在句的动词考察》，《汉语学习》2013 年第 1 期。
刘月华、潘文娱、故韡：《实用现代汉语语法》（第三版），商务印书馆 2019 年版。
卢顺英：《关于汉语“存在句”几个问题的新思考》，《语言教学与研究》2017 年第 3 期。
陆俭明：《构式与意象图式》，《北京大学学报》（哲学社会科学版）2009 年第 3 期。
陆俭明：《句类、句型、句模、句式、表达格式与构式——兼说“构式—语块”分析法》，《汉语学习》2016 年第 1 期。
陆俭明：《现代汉语语法研究教程》（第五版），北京大学出版社 2019 年版。
陆俭明：《现代汉语语法研究教程》，北京大学出版社 2019 年版。
鹿荣、齐沪扬：《“处所 + V + 受事”句法可逆的语义制约》，《北京理工大学学报》（哲学社会科学版）2010 年第 4 期。
鹿士义、邓彧君、杨诗雨：《“着”类存在句构式的语义特征及其提取》，《当代外语研究》2019 年第 2 期。
吕叔湘主编：《现代汉语八百词》，商务印书馆 2019 年版。
吕文华：《对外汉语教学语法讲义》，北京大学出版社 2014 年版。

马志刚：《基于引元结构分析“着”汉语存现句的句法语义属性》，《华文教学与研究》2012 年第 2 期。
聂文龙：《存在句和存在句的分类》，《中国语文》1989 年第 2 期。
牛宝义、李香玲、申少帅：《构式语法研究》，外语教学与研究出版社 2020 年版。
潘文：《现代汉语存现句研究》，博士学位论文，复旦大学，2003 年。
齐沪扬：《现代汉语空间问题研究》，学林出版社 1998 年版。
齐沪扬：《现代汉语现实空间的认知研究》，商务印书馆 2014 年版。
秦亚勋：《专有名词存现句的构式地位及特征》，《福州大学学报》（哲学社会科学版）2010 年第 1 期。
任鹰：《“个”的主观赋量功能及其语义基础》，《世界汉语教学》2013 年第 3 期。
任鹰：《静态存在句中“了”等于“着”现象解析》，《世界汉语教学》2000 年第 1 期。
芮旭东：《汉语存现句的句法特征及习得研究综述》，《华北电力大学学报》（社会科学版）2019 年第 3 期。
杉村博文：《论现代汉语“把”字句“把”的宾语带量词“个”》，《世界汉语教学》2002 年第 1 期。
沈家煊：《名词和动词》，商务印书馆 2016 年版。
史有为：《关于“动 + 有”》，《语言学论丛》（第十三辑），商务印书馆 1984 年版。
束定芳：《认知语义学》，上海外语教育出版社 2008 年版。
束定芳：《隐喻学研究》，上海外语教育出版社 2000 年版。
束定芳、史李梅选编：《隐喻研究》，上海外语教育出版社 2020 年版。
束定芳主编：《隐喻与转喻研究》，上海外语教育出版社 2011 年版。
帅志嵩：《从词汇—构式范式看汉语存现句的分类和范围》，《语言教学与研究》2017 年第 3 期。
税昌锡：《动词界性分类试说》，《暨南学报》（哲学社会科学版）2005

年第 3 期。
宋玉柱：《从“定心谓语存在句”看存在句的结构分析》，《汉语学习》1984 年第 1 期。
宋玉柱：《存现结构及其句法功能》，《逻辑与语言学习》1987 年第 1 期。
宋玉柱：《存现句中动词后边的“着”和“了”》，《天津教育学院学报》1988 年第 1 期。
宋玉柱：《存在句的确认》，《语文月刊》1992 年第 11 期。
宋玉柱：《存在句研究史上的一篇重要文献》，《汉语学习》2004 年第 1 期。
宋玉柱：《存在句与兼语句相结合的构式》，《语文月刊》1993 年第 10 期。
宋玉柱：《定心谓语存在句》，《语言教学与研究》1982 年第 3 期。
宋玉柱：《动态存在句》，《汉语学习》1982 年第 6 期。
宋玉柱：《范围谓语存在句》，《语文月刊》1994 年第 6 期。
宋玉柱：《经历体存在句》，《汉语学习》1991 年第 5 期。
宋玉柱：《略谈“假存在句”》，《天津师范大学学报》1988 年第 6 期。
宋玉柱：《略谈存现句的转换方式》，《汉语学习》1981 年第 3 期。
宋玉柱：《名词谓语存在句》，《徐州师范学院学报》1988 年第 4 期。
宋玉柱：《评“存现宾语”》，《汉语学习》1989 年第 4 期。
宋玉柱：《完成体动态存在句》，《汉语学习》1989 年第 6 期。
宋玉柱：《为什么说“存现句”是主谓句》，《语文学习》1984 年特色期刊。
宋玉柱：《现代汉语十讲》，南开大学出版社 1986 年版。
宋玉柱：《现代汉语特殊句式》，山西教育出版社 1991 年版。
孙宏林：《由“V＋有”构成的存在句》，《世界汉语教学》1996 年第 6 期。
汤廷池：《国语的“有无句”与“存在句”》，《中国语文》（台湾）1977 年第 40 卷第 2 期。
田延明、王淑杰：《语言图式表征认知拓扑性与二语习得能力探索》，

《北方论丛》2019 年第 3 期。
汪昌松：《句法—形态接口视域下的汉语存现句研究》，《现代外语》2021 年第 3 期。
王建军：《汉语存在句的历时研究》，天津古籍出版社 2003 年版。
王健：《现代汉语存现句研究综述》，《常熟理工学院学报》（哲学社会科学版）2007 年第 1 期。
王晓亮：《汉语存现构式的认知分析》，《南阳师范学院学报》2006 年第 4 期。
王寅：《构式语法研究（上卷）：理论思索》，上海外语教育出版社 2011 年版。
王寅：《构式语法研究（下卷）：分析应用》，上海外语教育出版社 2011 年版。
王勇、徐杰：《汉语存在句的构式语法研究》，《语言研究》2010 年第 3 期。
王羽熙、储泽祥：《“一量名”结构的指称功能》，《湖北大学学报》（哲学社会科学版）2017 年第 4 期。
宣恒大：《现代汉语隐现句研究》，博士学位论文，华东师范大学，2011 年。
杨京鹏、袁凤识：《隐喻，转喻，还是隐转喻？——虚构运动认知理据研究》，《现代外语》2022 年第 4 期。
杨悦：《汉语无定专有名词的语义》，《新疆大学学报》（哲学·人文社会科学版）2019 年第 4 期。
姚占龙：《 方位词“里、内”的方位表达及其范畴化》，《汉语学习》2009 年第 6 期。
张伯江：《复杂句式的扁平化——纪念朱德熙先生百年诞辰》，《中国语文》2018 年第 1 期。
张伯江：《现代汉语的非论元性句法成分》，《世界汉语教学》2018 年第 4 期。

张耕：《从动态存在句看及物动词施事的隐现》，《汉语学习》2021 年第 4 期。
张静：《新编现代汉语》，上海教育出版社 1980 年版。
张旺熹：《汉语句法的认知结构研究》，学林出版社 2016 年版。
张先亮、范晓等：《现代汉语存在句研究》，中国社会科学出版社 2010 年版。
张新华：《从存现句的形成看其结构原理》，《语言教学与研究》2013 年第 1 期。
张谊生：《汉语介词及介词短语再演化的模式、动因与功用》，《语言教学与研究》2019 年第 5 期。
张志公：《汉语语法常识》，中国青年出版社 1954 年版。
张志敏：《现代汉语存现句的句法、语义和语用分析》，硕士学位论文，内蒙古师范大学，2003 年。
中国语文杂志社：《语法研究和探索（十三）》，商务印书馆 2006 年版。
周芳、刘富华：《现代汉语隐现句的构成及其相互关系》，《汉语学习》2002 年第 3 期。
［德］德克·盖拉茨主编：《认知语言学基础》，上海译文出版社 2012 年版。
［德］弗里德里希·温格瑞尔、汉斯－尤格·施密特：《认知语言学导论》（第二版），彭利贞、许国萍、赵微译，复旦大学出版社 2009 年版。
［美］阿黛尔·戈德堡：《构式：论元结构的构式语法研究》，吴海波译，冯奇审定，北京大学出版社 2007 年版。
［美］阿黛尔·戈德堡：《运作中的构式：语言概括的本质》，吴海波译，北京大学出版社 2013 年版。
［美］埃里克·查尔斯·斯坦哈特：《隐喻的逻辑：可能世界之可类比部分》，兰忠平译，商务印书馆 2019 年版。
［美］兰盖克：《认知语法导论》（上卷），黄蓓译，刘辰诞审校，商务

印书馆 2016 年版。

［美］兰盖克：《认知语法导论》（下卷），黄蓓译，刘辰诞审校，商务印书馆 2016 年版。

［美］兰盖克：《认知语法基础》（第一卷），牛宝义、王义娜、席留生、高航译，北京大学出版社 2013 年版。

［美］兰盖克：《认知语法基础》（第二卷），牛宝义、王义娜、席留生、高航译，北京大学出版社 2017 年版。

［美］伦纳德·泰尔米：《认知语义学》（第一卷），李福印等译，北京大学出版社 2017 年版。

［美］伦纳德·泰尔米：《认知语义学》（第二卷），李福印等译，北京大学出版社 2019 年版。

［美］乔治·莱考夫：《女人、火与危险事物：范畴显示的心智》（一），李宝嘉、章婷、邱雪玫译，世界图书出版公司 2017 年版。

［美］乔治·莱考夫：《女人、火与危险事物：范畴显示的心智》（二），李宝嘉、章婷、邱雪玫译，世界图书出版公司 2017 年版。

［美］乔治·莱考夫、马克·约翰逊：《我们赖以生存的隐喻》，何文忠译，浙江大学出版社 2015 年版。

［美］威廉·克罗夫特、［英］D. 艾伦·克鲁斯：《认知语言学》，邵军航译，商务印书馆 2022 年版。

Croft, William, 2001, *Radical construction grammar: syntactic theory in typological perspective*, Oxford: Oxford University Press.

De Swart, Henriëtte, 1998, Aspect Shift and Coercion, *Natural Language and Linguistic Theory*, 16.

Lakoff, George and Mark Turner, 1989, *More than Cool Reason: A Field Guide to Poetic Metaphor*, Chicago: The University of Chicago Press.

Michaelis, Laura A., 2004, Type Shifting in Construction Grammar: An Integrated Approach to Aspectual Coercion, *Cognitive Linguistics*, 15 (1).

Michaelis, Laura A. , 2005, Entity and Event Coercion in a Symbolic Theory of Syntax, In Östman, Jan-Ola & M. Fried (eds.), *Constructional Approaches to Language*, *Vol.* 3: Construction Grammars: Cognitive Grounding and Theoretical Extensions, *Amsterdam*: *John Benjamins.*

后　　记

我在2020年参加了齐沪扬教授主持的国家社科基金重大项目《对外汉语教学语法大纲研制和教学参考语法书系》课题组，并承担了《存现句》一书的撰写任务。在撰写该书的过程中，我发现如果从教学和习得的角度看，有不少语言现象难以运用传统语法进行详细和合理的解释。由于近年来我对认知语言学产生了浓厚的兴趣，陆续阅读了不少这方面的论著，在给本科生和研究生上课时，曾经尝试使用认知语言学的观点来解释汉语中的一些语言现象，获得了不错的效果，听课的学生也对这种看上去很新颖的研究角度比较感兴趣。因此，当我在撰写《存在句》一书时，不知不觉中就运用认知语法和认知语义学中的相关理论来思考和解释其中的语言现象，同时也在大脑中慢慢形成了《现代汉语存现句认知研究》一书的章节雏形。

在撰写《现代汉语存现句认知研究》一书期间，我查阅了很多文献资料，一边学习，一边思考，一边写作。“教学相长”指教和学相互影响和促进，对我来说这是“读写相长”，在阅读文献资料和撰写书稿的过程中，我涉及了很多以前从未或很少涉及的领域，学习到了很多新知识和新方法。因此，本书尝试运用虚构运动、语言的拓扑性、词化并入、构式分析、情景植入、隐喻映射和转喻映射、图形与背景等理论知识，从认知的角度来分析汉语存现句，

我读博和工作中，一直得到齐沪扬教授的关心和帮助，在参与齐沪扬教授的课题研究中，也得到了齐教授的悉心指导。这次，齐教授

又在百忙中为本书作序，师长给予的温暖关怀一直在我心，衷心感谢齐教授的指导和帮助！

本书的出版得到第八批云南师范大学学术精品文库和云南师范大学华文学院王秀成院长省级一流学科国际中文教育项目资助出版，在此表示衷心的感谢！

感谢本书的责任编辑王越女士在本书的出版过程中给予了极大的帮助，在校勘过程中付出了辛勤的努力。

感谢家人在我写作过程中的理解和支持，特别是父亲经常询问和关注本书的出版进程，本书能够顺利问世，父亲应该是非常欣慰和高兴的。

《现代汉语存现句认知研究》一书肇始于《存现句》一书，也是《对外汉语教学语法大纲研制和教学参考语法书系》课题的延伸研究。希望得到各位专家和读者的指教。

费惠彬

2023 年 4 月 20 日